Kirsten Stang
Ulrich Sachsse

Trauma und Justiz

Kirsten Stang
Ulrich Sachsse

Trauma und Justiz

Juristische Grundlagen für Psychotherapeuten – psychotherapeutische Grundlagen für Juristen

Mit einem Geleitwort von
Gisela Friedrichsen

 Schattauer Stuttgart
New York

Kirsten Stang
Zeppelinstraße 2
38106 Braunschweig

Prof. Dr. med. Ulrich Sachsse
Niedersächsisches Landeskrankenhaus Göttingen
Rosdorfer Weg 70
37081 Göttingen

Bibliografische Information der Deutschen Nationalbibliothek:
Die Deutsche Nationalbibliothek verzeichnet diese Publikation in der Deutschen Nationalbibliografie; detaillierte bibliografische Daten sind im Internet über <http://dnb.d-nb.de> abrufbar.

© 2007 by Schattauer GmbH, Hölderlinstraße 3, 70174 Stuttgart, Germany
E-Mail: info@schattauer.de
Internet: http://www.schattauer.de
Printed in Germany

Lektorat: Volker Drüke, Münster
Umschlagabbildung: Hendrik Faure, Göttingen
Satz: typocepta, Köln
Druck und Einband: AZ Druck und Datentechnik GmbH, Kempten/Allgäu

ISBN 978-3-7945-2567-6

Geleitwort

Das vorliegende Buch ist wichtig – weit über sein eigentliches Sujet hinaus. Denn: Was recht ist und was unrecht, bestimmen im Medienzeitalter nicht mehr allein der Gesetzgeber und die das Gesetz anwendenden Richter. Das mediale Tribunal drängt sie in Aufsehen erregenden Fällen bisweilen an den Rand und akzeptiert ihre Urteile nur noch dann, wenn sie den lange vor Prozessende schon laut gewordenen Forderungen von Volkesstimme entsprechen. Auf dem Medientribunal wird mit dem Opfer verhandelt – auf Kosten des Angeklagten natürlich, dem nicht einmal ein kurzer, geschweige denn ein fairer, sondern am besten gar kein Prozess mehr zugestanden wird. Der Mechanismus ist leicht zu durchschauen: Während der (mutmaßliche!) Täter entweder in Untersuchungshaft sitzt oder vor der Zudringlichkeit von Kameras und Mikrophonen flüchtet, steht das Opfer meist für Bilder, Filmaufnahmen und so genannte O-Töne zur Verfügung. Oder die Angehörigen kommen bereitwillig den Wünschen der Medien nach, die Nachbarn, Freunde und Bekannten. Jeder will schließlich auch mal ins Fernsehen.

So entsteht lange vor Prozessbeginn bereits ein eindrucksvolles und unwiderlegbares Bild mit später kaum noch auszugleichender Schlagseite, nämlich zugunsten des Opfers. Seine rechtliche Stellung im Strafprozess ist in den vergangenen Jahren ohnehin gestärkt worden, da es nicht mehr hinnehmbar erschien, nur die Verletzung von Gesetzen zu ahnden, ohne den Verletzungen des Opfers gleichermaßen Rechnung zu tragen. Zu diesen neuen Rechten, die das Opfer als Neben-Ankläger dem staatlichen Ankläger fast gleichstellen, ohne dass auch dem Angeklagten mehr Rechte gewährt werden, gesellt sich im Medienzeitalter ein – in keinem Gesetzbuch vorgesehenes – weiteres Recht hinzu: das Recht, berühmt zu werden. Die Medien lassen Opfer rasch wie Stars strahlen, um sie allerdings nach Gebrauch ebenso rasch wieder fallen zu lassen. Doch für diesen kurzen Moment im Scheinwerferlicht ist so manchem alles recht. Nichts ist vergänglicher als Ruhm und Beachtetwerden, also muss man zugreifen. Leid, Unglück, Schicksalsschläge haben kurzfristig einen hohen Marktwert, Verbrechen steigern den Gruselfaktor, Gewalttaten haben Empörungspotenzial, an Sexualtaten delektiert sich der Voyeur. Tagtäglich finden sich Belege dafür in Zeitungen und Zeitschriften, in Fernseh-Magazinen und Spielfilmen.

Ein in dieser Krassheit noch nie da gewesenes Beispiel war Ende 2006 der Prozess vor dem Landgericht Dresden gegen Mario M., der eine dreizehnjährige Schülerin namens Stephanie auf dem Schulweg überfallen, in eine Holzkiste gepfercht und in seine Wohnung verschleppt hatte, wo er sie fünf Wochen lang täglich mehrfach vergewaltigte. Der Polizei gelang die Befreiung Stephanies erst, nachdem sie während eines nächtlichen Ausgangs, den der Entführer mit ihr unternommen hatte, einen Zettel mit einem Hilferuf unbemerkt hatte fallenlassen können. Ein aufmerksamer Passant fand dieses beunruhigende Stück Papier, nahm es zum Glück ernst und brachte es zur Polizei. Nun erst endete das Martyrium des Kindes.

Stephanie hatte wochenlang Todesängste ausgestanden. Ihre Eltern, die sich nicht erklären konnten, warum ihre Tochter nicht mehr nach Hause gekommen war, ebenfalls. Als sie ihr Kind endlich in die Arme schließen konnten, waren sie überglücklich – aber auch völlig aus der Bahn geworfen. Sie hätten dringend verantwortungsvoller, behutsamer Beratung und Unterstützung bedurft. Stattdessen ließen sie sich jedoch auf die aggressive Verwertungsstrategie so genannter Opferjuristen ein, die nur eines im Sinn hatten: mit ihrem Kind und dem spektakulären Stoff (sexuelle Ausbeutung eines blutjungen Mädchens), einer kostbaren Ware also, soviel Geld wie möglich zu verdienen.

Diese Berater führten nicht nur die Familie in ihrer Rat- und Hilflosigkeit in die Irre, sondern auch die Öffentlichkeit, indem sie die gesamte Justiz in Misskredit brachten und den Eindruck vermittelten, ein Opfer sei im Rechtsstaat rechtlos, ja, einer unfähigen Justiz ausgeliefert. Der Bürger dürfe sich nicht auf die Recht und Gesetz anwendenden Staatsanwälte und Richter verlassen. Ein Opfer müsse sich der Medien bedienen, damit der Täter auch sicher mit der Höchststrafe belegt werde. Nur mittels medialen Drucks komme ein Opfer zu seinem Recht – und zu Geld. Mit schwindelerregenden Zahlen verwirrten sie den Menschen den Verstand: 36 Tage Gefangenschaft, das bedeutet drei Vergewaltigungen pro Tag im Schnitt, à 20 000 Euro Schadensersatz plus Therapiekosten für das Mädchen, die Eltern, den Bruder und so fort. Die Vierzehnjährige hatte nach der Befreiung eine Delphin-Therapie kennen gelernt und danach, jungmädchenhaft, den Wunsch geäußert, später Meeresbiologin zu werden – also fünf Jahre Studium, pro Monat 1 000 Euro Unterhalt, da kommt man rasch auf rund 1,1 Millionen Euro oder mehr für beschädigtes Seelenleben. Zu zahlen vom Freistaat Sachsen, also dem Steuerzahler.

Die Eltern glaubten diesen Beratern nur zu gern. Die Medien transportierten eilfertig all ihre Klagen, Ängste und Meinungen und erzeugten damit ein verheerendes Bild von angeblich fortwährendem staatlichen Versagen. Auch ein Großteil der Medien fiel auf die „Opferjuristen" herein. Nicht aus Bosheit oder aus Lust am Zersetzen der Grundfesten unserer Gesellschaft, sondern aus schlichter Unkenntnis. Was? Das Mädchen sollte nach dem Willen der Staatsanwaltschaft nicht vor Gericht aussagen? Da steckt doch Unrat dahinter! So und ähnlich wurde fortwährend spekuliert. Andere, die es hätten besser wissen müssen, ließen sich die schöne Geschichte nicht kaputtmachen von Fakten. Traurig, aber wahr: Im Kampf um Erfolg, Auflage und Quote trübt sich oft der nüchterne Blick. Mit dem Verantwortungsbewusstsein der Medien verhält es sich wie mit der Unschuldsvermutung gegenüber dem Angeklagten: Längst zu Grabe getragen. Als Mario M. dann zur Höchststrafe verurteilt wurde, fühlten sich die Eltern und

mit ihnen die Öffentlichkeit bestätigt. Man habe alles richtig gemacht, bekunde-
te der Vater Stephanies vor den Kameras.

Um solchen Irrungen und Wirrungen vorzubeugen, ist ein aufklärerisches
Buch über den Strafprozess, über Begutachtung und Opferrechte Handwerks-
zeug nicht nur für Juristen und forensisch tätige Sachverständige, sondern gerade
auch für Journalisten. Denn mit dem Bild, das sie dem Bürger vom Rechtsstaat
vermitteln, steht und fällt ein demokratisches Gemeinwesen.

Gisela Friedrichsen
DER SPIEGEL

Inhalt

Danksagung

Wir danken Frau Angelika Kistner, die aus unseren Seminarmitschnitten in mühsamer Arbeit den Rohentwurf dieses Buchs erstellt hat.

Wir danken Frau Roswitha Ahlborn, die unser Manuskript geschrieben hat.

Wir danken Herrn Tilmann Sachsse, ehemals Jura-Student, jetzt Student der Medizin, für seine gründliche Manuskriptlektüre und seine Hinweise.

Und wir danken den Teilnehmerinnen und Teilnehmern unserer Seminare „Juristisches Denken für (Trauma-)Therapeutinnen" für ihre Fragen, Hinweise, Ergänzungen und Anregungen. Hinweise auf diese Seminare finden Sie unter www.ulrich-sachsse.de.

Ulrich Sachsse und Kirsten Stang

Einleitung

Am Dienstag, den 1. März 2005, schreibt Bettina Thoenes in ihrem Artikel „Jungen 300-mal sexuell missbraucht" in der „Braunschweiger Zeitung":

> „Vor dem Saal 125 im Landgericht wartet still ein junger Mann. Er wirkt angespannt, beteiligt sich kaum am Gespräch seiner Familie. Drinnen, vor der Jugendschutzkammer, wird unter Ausschluss der Öffentlichkeit gerade der Mann vernommen, der ihn über sechs Jahre hinweg immer wieder sexuell missbraucht haben soll. 300 Fälle sind aufgelistet. Sie reichen lange zurück – in die Kindheit des 21-Jährigen. 1988, er war knapp sechs Jahre alt, soll ihn der Fremde am Inselwall zu einer Paddeltour eingeladen und sich fortan ‚das Vertrauen der Familie erschlichen' haben, wie es in der Anklage der Staatsanwaltschaft heißt. Der heute 42 Jahre alte Alleinstehende galt den Ermittlern zufolge als kinderfreundlicher ‚Patenonkel', der dem Jungen Nachhilfestunden gab und ihn großzügig beschenkte. An Wochenenden soll es in der Wohnung des Angeklagten und auch während einer gemeinsamen Urlaubsreise nach Gran Canaria zu den sexuellen Übergriffen gekommen sein. Die Eltern waren arglos. Bis ihr Sohn 16 Jahre später sein Schweigen brach: Er offenbarte sich der Polizei erst, als er hörte, dass sich der Täter einem anderen Kind genähert haben soll. Die Polizei war dem Mann zu diesem Zeitpunkt bereits auf der Spur: Die Kripo München hatte den Hinweis gegeben, dass der Angeklagte möglicherweise kinderpornografische Bilder über das Internet verbreitet habe. Während einer Durchsuchung der Wohnung entdeckten Ermittler private Videoaufnahmen. Ein gefilmter Junge hatte ‚frappierende Ähnlichkeit' mit dem Kind auf den pornografischen Abbildungen, wie Polizeibeamte feststellten. Sie machten den Namen (…) ausfindig. Der schwieg zunächst. Monate später aber erstattete er Anzeige. Auf seine Aussage stützt sich wesentlich die Anklage gegen den 42-Jährigen, der seit vergangenem September in Untersuchungshaft sitzt. Vor Gericht äußerte sich der Beschuldigte gestern in nichtöffentlicher Verhandlung erstmals zu den Vorwürfen. Der Prozess wurde daraufhin unterbrochen. Eine Sachverständige soll nach seiner Aussage ein ergänzendes psychiatrisches Gutachten erstellen."

Dieser Artikel führt mitten hinein in Fragen, Meinungen, Vorurteile und schlichtweg falsche Unterstellungen der Justiz gegenüber. An fast jeden Satz dieses

Artikels könnte im Rahmen eines Gespräches unter Nicht-Juristen eine Frage angeschlossen werden:

„Wieso wartet der junge Mann vor dem Saal im Landgericht? Wieso muss er quasi in der Öffentlichkeit Platz nehmen, nicht selten gemustert, gelegentlich sogar bedrängt von Medienvertretern oder neugierigen Zuhörern?"

„Wieso wird das Verfahren gegen einen 42 Jahre alten Mann vor der Jugendschutzkammer geführt? Der Angeklagte ist ja nun wohl sicher kein Jugendlicher. Und auch das Opfer ist jetzt 21 Jahre alt. Jugendkammern verhängen bekanntlich ja immer besonders milde Urteile und schonen kriminelle Jugendliche. Was hat dieses Verfahren vor dieser Kammer zu suchen? Welche Kammer, welches Gericht ist eigentlich wofür zuständig? Das ist völlig undurchschaubar, finde ich."

„Wieso wird unter Ausschluss der Öffentlichkeit verhandelt? Wieso darf der Täter unter Ausschluss der Öffentlichkeit aussagen? Warum wird ihm dieser Schutz gegeben? Andererseits: Eigentlich gehen diese Sachen im Einzelnen die Öffentlichkeit ja auch alle gar nichts an. Das sind sehr intime Ereignisse und Geschehnisse. Warum wird da die Öffentlichkeit nicht generell immer ausgeschlossen? Warum finden solche Verfahren überhaupt vor Zuhörern und Zuschauern statt?"

„Wie genau verhält sich das nun eigentlich mit Ermittlungen der Polizei, Ermittlungen der Staatsanwaltschaft, Verdacht, Anzeige, Anklage? Mal ist von dem Angeklagten die Rede, mal heißt er Beschuldigter. Sind diese Begriffe beliebig austauschbar? Wenn nicht, was ist der richtige Begriff wofür?"

„Der junge Mann hat 16 Jahre nach der Tat sein Schweigen gebrochen. Dann ist so was aber doch eigentlich schon längst verjährt. Wie sind eigentlich die Verjährungsfristen? Warum verjähren Straftaten überhaupt? Manche Sachen verjähren doch angeblich gar nicht. Warum dann so was?"

„Die Anklage stützt sich auf die Aussage des jetzt 21-Jährigen. In diesem Fall gibt es ja wohl auch Videoaufnahmen. Was wäre aber, wenn die Aussage des Opfers einfach nur gegen die Aussage des mutmaßlichen Täters stehen würde? Gilt dann nicht grundsätzlich: Im Zweifel für den Angeklagten, *in dubio pro reo*? Hat man dann überhaupt eine Chance mit einer Anzeige? Wird dann nicht jeder Täter, der frech weg alles leugnet, grundsätzlich frei gesprochen, weil einfach nur Aussage gegen Aussage steht? Ist so was denn gerecht? Da werden doch die Täter krass bevorzugt!"

„Eine Sachverständige soll ein psychiatrisches Gutachten erstellen. Wer wird denn hier begutachtet? Wird dem Täter hier der rote Teppich ausgerollt: Er habe bei allen 300 Taten ja sicher einen Dachschaden gehabt und brauche deshalb nicht ins Gefängnis? Diese Psychiater sind doch alle auf der Seite der Täter, die haben für die doch unbegrenzt Verständnis, und mit Psychiater kommt jeder Täter besser weg. Oder soll das Opfer begutachtet werden? Das wäre ja wohl eine doppelte Gemeinheit. Erst wird er Opfer, und dann muss der auch noch einen Idiotentest über sich ergehen lassen, ob er überhaupt glaubwürdig ist, ob das nicht alles Kinderphantasie gewesen ist. Und warum wird eigentlich nur das Opfer auf Glaubwürdigkeit untersucht? Angeblich soll es in anderen Staaten, etwa in den Niederlanden, durchaus üblich sein, auch den Täter auf seine Glaubwürdigkeit zu untersuchen. Warum machen wir das eigentlich nicht?"

„Deutschland hat ja offenkundig ein krass täterbezogenes und täterzentriertes Strafrecht. Als Täter kommt man immer besser weg, als wenn man Opfer gewesen ist."

„Und was kommt am Ende als Urteil dabei raus? Wie immer wahrscheinlich viel zu wenig. Da gibt es doch dieses bissige Gedicht ‚Selber Schuld'[1]:

Als der Bankräuber aussagte,
die Bank habe ihn durch ihr Geld
zum Bankraub gereizt,
wurde seine Strafe selbstverständlich
von den beantragten sechs auf vier Jahre vermindert.

Als er dann noch behauptete,
die Bankangestellten hätten
sich nicht gewehrt, setzte
man die Strafe von vier auf zwei Jahre herab
(er konnte schließlich stillschweigendes
Einverständnis der Angestellten voraussetzen).

Schließlich gab er noch an,
er habe vor der Tat, früher,
mehrmals mit der Bank verkehrt.

Da sprachen ihn die Richter frei.
Warum sollten sie hier auch anders verfahren als
bei Vergewaltigungen?

So ein Gedicht entsteht ja nicht ohne Grund. Das weiß man doch: Opfer werden von der Justiz erneut traumatisiert. Andererseits: Einige vertreten vehement, ein Strafprozess helfe bei der Bewältigung des Traumas. Was stimmt denn nun?"

„Was aber bestimmt richtig ist: Der Ausgang so eines Prozesses ist immer ungewiss. ‚Vor Gericht und auf hoher See ist man allein in Gottes Hand' heißt es ja. Da ist ein bisschen was dran. So richtig berechenbar, so ganz sicher ist ein Prozess nie. Da gibt es immer Unwägbarkeiten."

So oder ähnlich könnte ein Gespräch über den oben ausführlich zitierten Zeitungsartikel in jeder Kantine ablaufen. Dies könnte aber durchaus auch der Gesprächsverlauf einer Diskussion im Kreise von Psychotherapeutinnen und Psychotherapeuten sein.

Immer dann, wenn Vermutungen, Unterstellungen, Vorurteile und Halbwissen dominieren, können Information und Wissen nicht schaden. An den meisten Un-

---

1   Das Gedicht ist zitiert nach Mörth (1994).

terstellungen und an vielen lockeren Sprüchen ist was dran. Aber was genau? Was stimmt, was ist falsch?

Was für alle Menschen gilt, stimmt natürlich auch für die Juristen: dass sie weder allwissend noch Hellseher sind. Als Menschen sind sie aber in einem bestimmten sozialen Kontext aufgewachsen, den sie nicht immer flexibel verlassen können. Die meisten Juristen stammen aus dem bürgerlichen Kontext, nicht selten aus dem Bildungsbürgertum. Dies haben jedenfalls die wenigen rechtssoziologischen Studien zu diesem Thema ergeben. Das Bürgertum hat so seine eigene Weltsicht, seine eigene Gesellschaftssicht und Tradition. Die muss nicht immer mit derjenigen der Täter übereinstimmen. Diese stammen sehr häufig aus ganz anderen gesellschaftlichen Bezügen. Wenn Juristen dann als Richter oder Staatsanwälte aufgrund von Berufserfahrung allmählich über so viel soziale Kompetenz und gesellschaftspolitisches Wissen verfügen, dass sie sich auch auf ganz unterschiedlichen sozialen Entwicklungsfeldern gut auskennen, dann bewegen sie sich oft auch schon auf die Pensionierung zu. Damit beginnt die Entwicklung von vorn.

Da Juristen Menschen sind, können sie sich irren. Aber sie geben es nur selten zu. Die Justiz hat Probleme damit, ihre Fehlbarkeit einzugestehen. Wo Menschen entscheiden, hat es auch immer wieder Fehlentscheidungen gegeben. Unser Rechtssystem macht es den Juristen aber schwer, Fehler einzugestehen. Und die Gesellschaft hätte auch gerne unfehlbare Juristen. Keine Fehlurteile, keine Justizirrtümer, kein schlechtes Gewissen der Gesellschaft! Die Gesellschaft hätte natürlich auch gerne unfehlbare Ärzte und unfehlbare Fußballschiedsrichter und unfehlbare Politiker. Und wir alle regen uns immer wieder darüber auf, dass dieser unser Wunsch nach Unfehlbarkeit unter Menschen unerfüllbar ist.

Juristen haben so ihre eigene Sprache. Das wird in unserem Buch immer wieder deutlich werden. Ein Wort heißt im juristischen Kontext oft etwas anderes als im umgangssprachlichen Kontext oder im Psycho-Kontext. Es hat eine andere Bedeutung. Dies gilt allerdings umgekehrt auch für Psychiater und Psychotherapeuten. Wenn die ihr Gutachten erstatten, tun Juristen auch immer wieder gut daran, ganz genau nachzufragen: Wie verwenden Sie diesen Begriff eigentlich? Verstehen wir darunter das Gleiche?

Psychotherapeuten sind auch Menschen, die in einem bestimmten Kontext aufgewachsen sind und diesen nicht immer verlassen können. Therapeuten sind übrigens meistens Therapeutinnen, und deshalb sind jetzt einige Entscheidungen und Festlegungen zum Sprachgebrauch in diesem Buch erforderlich. Die Verwendung von Sprache ist alles andere als beliebig. Sprache beeinflusst, bildet geradezu Bewusstsein. Das weiß jede Werbefachfrau und jeder Werbefachmann, jede Politikerin und jeder Politiker auch. Das wissen auch Juristinnen und Juristen, erst recht natürlich Therapeutinnen und Therapeuten. Da ist der korrekte Sprachgebrauch geradezu eine Frage von Political Correctness. Leider kennt die deutsche Sprache für dieses Problem keine elegante sprachliche Lösung. Mitgliederinnen und Mitglieder klingt immer schon recht merkwürdig, und ein ganzes Buch in dieser Sprache wäre eine Zumutung. Von „das Jurist" und „das Therapeut" können wir auch nicht schreiben. Was tun?

Wir sind beide höflich. Frau Oberstaatsanwältin Stang wird höflicherweise jeweils von Juristen und Therapeuten oder Psychiatern schreiben. Wenn Sie also eine Textpassage überwiegend mit Gebrauch des Maskulinums als *pars pro toto* lesen, stammt sie wahrscheinlich von Frau Stang. Das wird natürlich dann verlassen, wenn diese Sprachwahl widersinnig und entstellend wäre. Opfer sexualisierter Gewalt sind meistens Frauen, und da wäre eine maskuline Sprachwahl verfälschend. Herr Psychotherapeut Sachsse wird von Therapeutinnen und Patientinnen und Juristinnen schreiben. Wenn Sie also eine Textpassage überwiegend mit Gebrauch des Femininums (Wieso heißt das eigentlich nicht „mit Gebrauch der Feminina"? Diese Lateiner waren ziemlich patriarchal-chauvinistisch. Sollten wir nicht auch das Lateinische mal aktualisieren im Sinne des Gender Mainstreams?) als *pars pro toto* lesen, stammt sie wahrscheinlich von Herrn Sachsse. Das entspricht auch der feministisch korrekten Sprachwahl unter Psychos. Auch er wird aber von Tätern schreiben, wenn der Begriff „Täterinnen" schlichtweg falsch wäre; oder auch „Ich als Therapeut" und nicht: „Ich als Therapeutin meine …". Also: Präzision geht vor Political Correctness. Oft wird der Sprachgebrauch ein wenig unkorrekt durcheinandergehen. Wie das Leben ja auch meistens.

Psychotherapeutinnen sind also auch Menschen, die in einem bestimmten Kontext aufgewachsen sind und diesen nicht immer verlassen können. Therapeutinnen lernen und trainieren in ihrer Aus-, Weiter- und Fortbildung allerdings eine gewisse soziale Empathie. Sie werden geschult, ihren eigenen Kontext zu verlassen und denjenigen anderer Menschen empathisch aufzusuchen. Psychotherapeutinnen nähern sich ihren Patientinnen immer wieder wie Ethnomedizinerinnen einer ihnen fremden Ethnie: Sie begegnen einer fremden Kultur, müssen zumindest partiell innerlich an dieser teilnehmen und teilhaben und können sich dann über Rückfragen und Einfühlung wenigstens teilweise in diese Welt hineindenken, hineinfühlen, hineinphantasieren.

Das gilt ausdrücklich nicht für juristisches Denken. Psychotherapeutinnen werden nirgends darin geschult, juristisch zu denken. Bei Psychiaterinnen ist das etwas anders, weil die häufiger juristisch relevante Gutachten schreiben müssen und die Schulung in den Grundlagen juristischen Denkens mit zur Weiterbildungsordnung gehört. Psychiaterinnen müssen eine gewisse Anzahl von Gutachten erstatten, zumindest im Bereich des Sozialrechts.

Psychotherapeutinnen haben genau wie Juristinnen ihre eigene Sprache. Was das Ganze noch erschwert: Unterschiedliche Schulen, unterschiedliche Richtungen haben unterschiedliche Sprachen. Bekanntlich gehört es zum Phänomen der Gruppenbildung und der Institutionalisierung dazu, erstmal eine eigene Sprache zu entwickeln. Das lernt jeder, der die erste Unterrichtsstunde im Tennis nimmt: Im Tennis gilt ein ganz anderes System des Zählens als sonst auf der Welt. Wo sonst auf der Welt gilt die Reihenfolge: 0 – 15 – 30 – 40?

Auch Juristen haben übrigens unterschiedliche Sprachen und unterschiedliche Denkweisen, zumindest dann, wenn sie aus verschiedenen Staaten und damit aus unterschiedlichen Rechtstraditionen kommen. Unser Rechtssystem ist nicht das einzige auf der Welt. Und Dinge, die in unserem Rechtssystem richtig sind, sind in anderen Rechtssystemen falsch. Während wir zum Beispiel den Faktor Alkohol strafmildernd werten, werten ihn Richter in Großbritannien stets als straf-verschärfend. Das nur mal als Beispiel. Wichtig ist dieser Gesichtspunkt dann, wenn Menschen sich an Kinofilmen orientieren. Unser Strafprozess und unser ju-ristisches Denken sind völlig anders als dasjenige in den Vereinigten Staaten. Sehr viele Kinofilme kommen aber aus den USA, und Opfer oder Zeugen gehen dann in einen deutschen Prozess mit der Erwartung hinein, dort auf ein ähnliches Ver-halten zu treffen wie in amerikanischen Filmen. So sind unser Prozess und unser Rechtssystem nicht aufgebaut. Wir werden darauf noch zu sprechen kommen.

Leider muss sogar gesagt werden, dass ein üblicher deutscher Strafprozess auch erheblich anders abläuft, als es in kurz gefassten Fernsehserien am Nachmittag in manchen Privatsendern vorgeführt wird. Die Abläufe in diesen Fernsehserien sind häufig so extrem verkürzt, dass sie eigentlich schon wieder falsch sind. Dadurch dass sich manche Sendungen nur über Effekthaschereien verkaufen lassen, werden viele Abläufe übertrieben oder gar falsch dargestellt. Leider findet sich diese Ten-denz auch immer mehr im öffentlich-rechtlichen Fernsehen. Da gab es sogar ei-nen „Polizeiruf 110", der Anlass für einen Artikel in einer namhaften juristischen Zeitung war, insbesondere, weil in dieser Sendung das Opfer vom Fernsehgericht völlig realitätsfern behandelt wurde und so keiner Frau Mut gemacht wird, eine an sich sinnvolle Anzeige zu erstatten.

Warum sollten sich Psychotherapeutinnen dann, wenn sie selbst nicht gutach-terlich tätig werden, überhaupt groß mit juristischem Denken befassen? Weil alle diejenigen, die traumatisierte Patientinnen behandeln, über kurz oder lang mit der Frage konfrontiert werden: „Anzeigen oder nicht anzeigen? Das ist hier die Frage."

Aus dem Bauch heraus möchten fast alle Psychotherapeutinnen fast jeder Pa-tientin nach der ersten Trauma-Exposition wie anno 33/34 zubrüllen: „Zeigen Sie das Schwein gefälligst an! Und dann: Rübe ab! Und vorher noch Eier ab!" Da werden basal-plebejische Schichten in den Untiefen der Seele erreicht. Wenn nur 10% von dem, was in einer Trauma-Exposition zur Sprache kommt, auf Tat-sachen beruht, dann gehört der Täter für einige Jahre ins Gefängnis. Fast alle Menschen empfinden es als ein schreiendes Unrecht, wie viele Täter völlig unbe-helligt herumlaufen und wie selten von einer Patientin zu hören ist: „Der hat dann übrigens fünf Jahre bekommen und die auch fast ganz abbrummen müssen." Von den Patientinnen auf der Trauma-Behandlungsstation in Göttingen ist es schät-zungsweise nicht einmal ein Drittel, deren Täter strafrechtlich verfolgt oder ver-urteilt worden sind.

Aber wir haben in Göttingen inzwischen schon sehr viel erfahren über Anzei-gen, Ermittlungen, Strafverfolgungen, Anklagen und Prozessverläufe. Dabei ha-ben wir uns schon manchmal gefragt: Waren diese Opfer so naiv? Oder waren ihre Therapeutinnen so naiv? Wieso ist diesen Patientinnen nicht frühzeitig gera-ten worden, von einer Anzeige abzusehen? Dieser Ermittlungsverlauf und dieser Prozessverlauf waren doch eigentlich absehbar. Wer nicht völlig blauäugig an so eine Sache herangeht, der hätte nur warnen können.

Oder haben hier politisch engagierte Psychotherapeutinnen ihre Patientinnen ein zweites Mal missbraucht, dieses Mal für gesellschaftspolitische Zwecke? Sollte über die Justiz das Patriarchat vorgeführt und unterminiert werden? Solche Abläufe hat es Anfang der 90er Jahre sicherlich einige gegeben. Mittlerweile sind das seltene Ausnahmen. Im Allgemeinen basieren Empfehlungen, die sich dann ungünstig oder gar retraumatisierend auf Opfer ausgewirkt haben, auf Informationsmangel und Unkenntnis. Dem ist durch Information abzuhelfen.

Ziel unseres Buchs ist es, eine gewisse Basisinformation zu geben, sodass Psychotherapeutinnen ihren Patientinnen fundierter Empfehlungen geben können, ob eine Anzeige in ihrem Falle sinnvoll, richtig und erfolgversprechend sein könnte. Die Patientin wird auch an ihre Psychotherapeutin die Frage richten: „Wie wird mit mir denn bei der Polizei, bei der Staatsanwaltschaft und im Hauptverfahren umgegangen? Was kommt auf mich als Opfer zu? Wie wird mit mir als Opfer umgegangen? Wie läuft das Ganze ab? Wie lange dauert es? Wo kann und soll ich mir welche Hilfe holen?" Gerade darauf, dass möglicherweise die Psychotherapeutin im Rahmen eines Prozesses nur begrenzt hilfreich sein kann und dass für andere Aspekte als die therapeutischen andere Fachleute hilfreicher sein mögen, wird immer wieder eingegangen werden.

Ein solches Buch kann kein Studium ersetzen. Es ist zu hoffen, dass Studenten der Jurisprudenz bei allen juristischen Ausführungen empört einwerfen: „Das ist aber nun wirklich zu einfach gesehen! So schlicht kann man das nicht darstellen; hier kommen die wesentlichen Feinheiten gerade nicht zur Sprache." Die einfache Antwort hierauf: Das stimmt. Wer vermitteln und zwischen den Fachdisziplinen Verständnis schaffen will, muss auf Feinheiten und Einzelheiten manchmal verzichten. Umgekehrt ist zu hoffen, dass alle Psychotherapeutinnen und Psychiaterinnen immer wieder einwenden: „Das ist viel zu schablonenhaft! Das ist viel zu undifferenziert, das ist viel zu populärwissenschaftlich! So vereinfachen kann man das nun auch wiederum nicht." Die Antwort auch hierauf: Das stimmt. Medizinisches, psychiatrisches und psychotherapeutisches Wissen will gründlich studiert und erarbeitet sein. Schließlich dauern das Jurastudium und das Medizinstudium mehrere Jahre, und die Qualifikationen zur Fachärztin oder zum Staatsanwalt in einem Sonderdezernat sind auch nicht mit einer Kurzlektüre zu erlangen.

Etwas zu uns persönlich:

Ich heiße Kirsten Stang und bin seit meinem Studium der Rechtswissenschaften in Osnabrück und dem Referendariat im Justizdienst des Landes Niedersachsen. In der Assessorenzeit war ich als Vorsitzende eines Schöffengerichts erstmalig mit einem Vergewaltigungsverfahren befasst und habe das Leid eines Opfers vor Gericht erlebt. Dieses Verfahren hat mich bewogen, mich um das Dezernat „Sexuelle Gewalt" bei der Staatsanwaltschaft zu bemühen, das ich von 1993 bis zum Jahr 2000 auch innehatte. Dabei habe ich ganz andere Facetten meines Berufs kennen gelernt. Zwar gehören die rechtlichen Probleme einer konfliktbehafteten Hauptverhandlung zur Ausbildung, nicht aber der Umgang mit traumatisierten Menschen und deren Betreuern, Therapeuten und Angehörigen. *Sine ira et studio:* Das fiel mir manchmal recht schwer. Und dennoch muss ein Staatanwalt gerade bei diesen emotional geprägten Verfahren die Gratwanderung zwischen Rechtsstaat und Opferschutz beherrschen, damit ein gerechtes Urteil zustande kommen kann. Das Land Niedersachsen hat im Jahr 2001 die Stiftung Opferhilfe ins Leben gerufen, und ich bin Vorsitzende für die Region Braunschweig geworden. Seit 2003 bin ich zudem stellvertretende Vorsitzende des Niedersächsischen Richterbundes, Mitglied des Niedersächsischen Landesjustizprüfungsamtes, Richterin am Niedersächsischen Disziplinargericht und Mitglied der Staatsanwaltskommission des Deutschen Richterbundes.

Ich heiße Ulrich Sachsse, habe in Göttingen Medizin studiert und mich schon in den ersten Semestern für Psychologie und Psychotherapie interessiert. Vorlesungen von Heigl-Evers und Heigl in Psychoanalyse, von Leuner in Psychotherapie, von Sperling in Familientherapie haben mich fasziniert. Meine erste Assistenzarztstelle hatte ich in der psychoanalytisch orientierten Fachklinik Tiefenbrunn bei Göttingen. Am Göttinger Institut habe ich die Weiterbildung in Psychoanalyse abgeschlossen und bin Lehr- und Kontrollanalytiker. Vielem in der Psychoanalyse begegne ich heute sehr kritisch. – Seit 1982 arbeite ich am Niedersächsischen Landeskrankenhaus Göttingen, einer Fachklinik für Psychiatrie und Psychotherapie. Ich bin inzwischen Facharzt für Psychiatrie und Psychotherapie, Facharzt für Psychosomatik und Psychotherapie und Funktionsbereichsleiter der Akutpsychiatrie III: Psychotherapie und Allgemeine Tagesklinik. Meine therapeutischen und wissenschaftlichen Arbeitsschwerpunkte sind Selbstverletzendes Verhalten, Borderline-Persönlichkeitsstörung und Komplexe Posttraumatische Belastungsstörung. – Mein wichtigster psychiatrischer Lehrer war Ulrich Venzlaff, der mich frühzeitig in psychiatrische Schuldfähigkeitsgutachten eingearbeitet hat. Er hat ein Standardwerk zur Forensischen Begutachtung herausgegeben, das inzwischen in der 4. Auflage vorliegt. – Ich bin Mitglied im Beirat der Opferhilfe Niedersachsen in Göttingen und Ehrenamtlicher Richter der Disziplinarkammer des Landgerichts Göttingen.

Wir beide haben uns im Rahmen der Stiftung Opferhilfe des Landes Niedersachsen kennen gelernt und gemeinsam beschlossen, dieses Buch zu schreiben. Auch in Seminaren geben wir unser Wissen gemeinsam an Interessierte weiter.

Auf wenigen Feldern der Rechtsprechung sind die Meinungen der Bevölkerung dazu, wie mit einem möglichen Täter und einem möglichen Opfer im Prozess umgegangen wird, so polarisiert wie bei sexualisierter Gewalt. Eine Feministin könnte die Position von Sabine Kirchhoff einnehmen:

„Die Interessen der Opfer sexueller Gewalt sind im Strafprozess belanglos. Die (…) Untersuchung zeigt, dass (…) die Opfer und die von ihnen eingebrachten Perspektiven teilweise oder sogar vollständig ausgeblendet werden. (…) Bei dem Prozess, der Opfer erneut zu Opfern werden lässt, spielen die Gesetze, die Angeklagten und die Richter eine tragende Rolle.“ (Kirchhoff 1994, S. 284)

Ein Rechtsanwalt könnte genau die gegenteilige Position vertreten:

„Zu den vor Gericht privilegierten Zeugen zählen (…) auch die mutmaßlichen Geschädigten von Sexualstraftaten. (…) Der Angeklagte sieht sich bei Vier-Augen-Delikten (…) einer de facto in-dubio-contra-reo-Rechtsprechung (im Zweifel gegen den Angeklagten) ausgesetzt. Die Gerichte berücksichtigen zu selten, dass es sich um Parteiangaben handelt.“ (Meyer-Mews 2000, S. 916 f.)

Gegensätzlicher könnten die Positionen, könnten die Einschätzung und Bewertung kaum ausfallen. Bei Straftaten aus dem Bereich der sexualisierten Gewalt kommt es sehr rasch zu Polarisierungen. Das gilt für Diskussionen auf gesellschaftlichen, politischen, aber auch auf psychotherapeutischen oder juristischen Feldern.

Eine weitere Frage, die mutmaßliche Opfer und ihre Therapeutinnen immer stellen, ist diejenige: „Warum wird so genau nachgefragt? Welche intimen Fragen werden mir gestellt? Warum wollen die das alles so haarklein und genau wissen? Sind das alles perverse Voyeure, die mich lustvoll ausquetschen werden, um meine Aussage dann irgendwelchen schmierigen Reportern der Boulevard-Presse zu verscherbeln?" In der Tat wird bereits bei der ersten Vernehmung, wird schon im Ermittlungsverfahren sehr präzise nachgefragt. Fragen betreffen mit Sicherheit den ganz genauen Ablauf einer Vergewaltigung, den Alkoholisierungsgrad des Opfers und des Täters bei der Tat, Überschreitung der Körpergrenzen vaginal, anal oder oral, Ejakulation oder nicht, Berührungen wo genau, über der Kleidung oder unter der Kleidung u.Ä. Im Kapitel zur Problematik der sog. Subsumtion wird deutlich werden, warum solche Fragen juristisch unverzichtbar sind. Ein Verfahren ohne so präzise und detaillierte Fragen, auch mehrfach gestellt, ist in unserem Rechtssystem unmöglich – in den meisten anderen Rechtssystemen übrigens auch.

Beantworten werden wir auch die Frage: Wer außer der Therapeutin kann denn noch helfen? Hier gibt es zum Beispiel als rechtlichen Beistand den Rechtsanwalt als Nebenklagevertreter. Bei finanziellen Hilfen unterstützt der Weiße Ring, in Niedersachsen die Stiftung Opferhilfe oder das Versorgungsamt nach dem Opferentschädigungsgesetz OEG. Auf eine Prozessbegleitung sind inzwischen eine Reihe von ehrenamtlichen oder aus öffentlichen Geldern subventionierten Opferschutzeinrichtungen oder Zeugenbetreuungseinrichtungen, aber auch der Weiße Ring regelrecht spezialisiert. Und wie beim Herzkatheter oder der Behandlung von Tropenkrankheiten gilt auch auf juristischem Gebiet: Spezialisten sind für spezielle Probleme spezialisierter als Nicht-Spezialisten.

Eine sehr gute Informationsquelle nicht nur für Juristen, sondern für alle Interessenten ist die Website des Bundesministeriums für Justiz (www.bmj.de/Service/Ratgeber). Dort gibt es beispielsweise Hinweise auf Informationsbroschüren, die kostenlos erhältlich sind. Besonders empfehlenswert auch für Erwachsene ist die Informationsbroschüre für jugendliche Opferzeugen „Ich habe Rechte". Sie ist besonders informativ und leicht verständlich aufgebaut. Auch das Niedersächsische Justizministerium hat eine informative Website. Dies wird für die Justizministerien der anderen Bundesländer ebenso gelten. Ministerien verstehen sich zunehmend auch als qualifizierte Service-Einrichtungen für die Bürger, und auch Spezialisten können auf diesen Websites Informationen zu neuesten Entwicklungen erhalten.

Eine Frage werden wir in diesem Buch nicht befriedigend beantworten können: Was bringt ein Prozess? Denn an dieser Stelle kann das berechtigte Interesse des Rechtsstaats nach Rechtsfrieden und Rechtssicherheit in einen Zielkonflikt mit dem berechtigten Interesse des Opfers nach Genugtuung geraten. Unser Strafrecht ist in erster Linie ein Recht, das der Aufrechterhaltung des Rechtsstaats, der Rechtssicherheit und des Rechtsfriedens dient. Die Bundesrepublik Deutschland ist ein demokratischer Rechtsstaat.

Der Staat verfolgt bestimmte Straftaten generell, weil er vertritt, dass diese Straftaten in einem Rechtsstaat nicht vorkommen dürfen. Das sind die so genannten Offizialdelikte. Auch darauf werden wir noch eingehen. Das, was das Gesetz als Verletzung der sexuellen Selbstbestimmung bewertet, ist ein Offizialdelikt. In Grenzfällen kann es aber auch sein, dass nur ein Privatklagedelikt vorliegt, das nur bei einem besonderen öffentlichen Interesse verfolgt wird.

Das Verfahren und das Strafmaß sollen nach rechtsstaatlichen Kriterien gerecht, fair und angemessen sein. Wenige Täter erwarten übrigens, von der Justiz freigesprochen zu werden: Auch wenn das durch ihr Prozessverhalten nicht deutlich wird, so haben sie am Ende letztlich nur die Erwartung, fair und gerecht behandelt zu werden und eine angemessene Strafe zu bekommen.

Bis heute ist unser Rechtssystem so aufgebaut, dass nach der Perspektive „Rechtsstaat" und der Perspektive „Gerechtigkeit für den mutmaßlichen Täter" erst an dritter Stelle die Perspektive des Opfers kommt. Hier ist es wichtig, zunächst einmal deutlich zu machen, was ein Prozess nicht leisten kann. Ein Strafverfahren und ein Urteil sind keine Wiedergutmachung. Eine schwere Straftat, möglicherweise ein schweres Trauma sind nicht wiedergutzumachen. Sie sind geschehen, sie sind künftig Bestandteil des persönlichen Lebens, und es gibt im Grunde keine Vorgehensweise, die dieses Ereignis völlig kompensieren kann. Manchmal gleicht ein Prozess mit seinen genauen, detaillierten Fragen und seiner gelegentlich konfrontativen Atmosphäre sogar innerseelisch einer Wiederholung des Tatablaufs. Dann wird der Prozess zur Retraumatisierung. Jede Trauma-Therapeutin kennt solche Verläufe.

Manchmal sind ein Prozess und eine Verurteilung des Täters aber zumindest eine gewisse Genugtuung. Dem Leid des Opfers wird in begrenztem Umfang Genüge getan. Die psychoanalytische Theorie zur optimalen Kindererziehung spricht von der „genügend guten Mutter", nicht von der „optimalen" oder gar „perfekten Mutter". Die gibt es nicht. Mehr als „genügend gut" ist oft nicht erreichbar, und das gilt eben auch für Prozesse. Der Prozess kann aber auch eine sehr positive Wirkung entfalten. Viele Opfer haben hinterher das berechtigte Empfinden: Der Staat hat dafür gesorgt, dass mein Recht auch mein Recht bleibt. Mein Recht ist mir genommen worden, und das hat der Staat anerkannt und darauf reagiert (Freudenberg 2002). Meine Rechte sind damit wieder in Kraft getreten, und der Rechtsstaat war stärker als der Täter, der mir meine Rechte genommen hat oder nehmen wollte. Jan Philipp Reemtsma hat in einem Vortrag diesen Aspekt differenziert erarbeitet (Reemtsma 1998).

Für ein Opfer kann ein Prozess auch die Bestätigung der eigenen Wahrnehmung sein. Die eigene Wahrnehmung war: „Das ist Unrecht. So etwas darf der nicht, hier geschieht ein Verbrechen." Diese berechtigte, richtige Wahrnehmung kann aber überlagert sein durch Äußerungen des Täters wie: „Du willst das doch, das macht dir Spaß, das ist in Ordnung, das ist mein Recht, ich bin im Recht." Diese Täterperspektive kann als pathologisches Täter-Introjekt innerseelisch zu schweren Verwirrungen, Konfusionen, Selbstzweifeln und Selbstwertzweifeln führen. Ein guter Prozessverlauf kann hier zu dem Resümee führen: „Die eigene Wahrnehmung war richtig. Dieses Geschehen war eine Straftat, dazu hatte der Täter kein

Recht. Mein Rechtsempfinden, meine Wahrnehmung waren richtig. Mir wurde Unrecht getan." Eine solche quasioffizielle Bestätigung der eigenen Wahrnehmung kann eine Therapie sehr erleichtern. Auch dafür wird jede Trauma-Therapeutin Beispiele aus der Praxis haben, dass also ein Prozess für die weitere Entwicklung eines Opfers hilfreich und für seine Therapie sehr erleichternd gewesen ist.

Die Höhe des Strafmaßes ist übrigens für Opfer meist nachrangig gegenüber der prinzipiellen Schuldfeststellung. Zentral ist die Feststellung: „Der Täter ist schuld, dem Opfer wurde Unrecht getan, der Staat und die Gemeinschaft stehen auf der Seite des Opfers und bestrafen den Täter." Das Strafmaß wird dann allerdings meistens von den Opfern als zu niedrig empfunden. Das gilt aber für sehr viele Straftaten. Unter anderem diese Tatsache hat möglicherweise dazu beigetragen, dass wir nicht mehr die Blutrache haben, sondern ein Rechtssystem mit Gesetzen und Richtern. Beim Rechtssystem der Blutrache sind Abläufe häufig, in denen ein Unrecht aus der Wut der Opfer heraus überhart beantwortet und sanktioniert wird. Es wird quasi eins draufgesetzt. Damit wird die Vergeltung ihrerseits wiederum zum Unrecht, was dazu führt, dass die Gegenseite im Zuge der Blutrache Vergeltung für das Unrecht bei der Vergeltung des ersten Unrechts verübt. Diese Spirale endet sehr schnell bei Mord und Totschlag, und dieses Rechtssystem ist von allen Kulturnationen verlassen worden für ein Rechtssystem mit Priestern, Richtern und Gesetzen. Das gilt auch für das Strafrecht zur Ahndung von Straftaten gegen die sexuelle Selbstbestimmung in der Bundesrepublik Deutschland des 21. Jahrhunderts.

Literatur

Freudenberg D (2002). Opferschutz durch Strafverfahren. Widerspruch oder realistische Alternative zur Aufarbeitung strafrechtlich relevanter Traumata? Özkan I, Streeck-Fischer A, Sachsse U (Hrsg). Trauma und Gesellschaft. Vergangenheit in der Gegenwart. I. Göttingen: Vandenhoeck & Ruprecht; 165–95.

Kirchhoff S (1994). Sexueller Mißbrauch vor Gericht. Bd. 1: Beobachtung und Analyse. Opladen: Leske + Budrich.

Meyer-Mews H (2000). Die „in dubio contra reo"-Rechtsprechungspraxis bei Aussage-gegen-Aussagen-Delikten. Neue Juristische Wochenzeitung (NJW): 916–9.

Mörth G (1994). Schrei nach innen. Vergewaltigung und das Leben danach. Wien: Picus Verlag.

Reemtsma JP (1998). Das Recht des Opfers auf die Bestrafung des Täters – als Problem. Vortrag auf dem Kongress „Trauma und kreative Lösungen", Köln 06.03.1998. Erlangen: TLC AudioService Thomas Lindenberg.

1 Grundlagen

1.1 Wichtige Begrifflichkeiten

Wir haben schon darauf hingewiesen, dass die Justiz und die Rechtsprechung wie jedes Denkgebäude ihre eigene Sprache haben. Das gilt ja für die unterschiedlichen Schulen der Psychotherapie genauso. Wir wollen diese Begrifflichkeiten an den Anfang der Ausführungen stellen und im Folgenden immer wieder darauf zurückkommen. Wir hätten auch ein Glossar an den Schluss stellen können, aber bei der Erläuterung der Begrifflichkeiten wird ein gewisser Rahmen, wird unser Prozedere in Umrissen schon deutlich werden.

Zunächst ist es wichtig, sich klar zu machen, dass zwischen Anzeige und Urteil verschiedene, klar gegeneinander abgegrenzte Verfahren liegen.

Mit der **Anzeige** wird das **Ermittlungsverfahren** eröffnet. Im Ermittlungsverfahren wird ein Verdächtiger als **Beschuldigter** bezeichnet.

Hat die Staatsanwaltschaft das Ermittlungsverfahren abgeschlossen, dann stellt sie das Verfahren ein oder erhebt **Anklage** bei dem zuständigen Gericht. Die Staatsanwaltschaft gibt die Ermittlungsakte dem zuständigen Gericht, und das Gericht prüft im **Zwischenverfahren**, ob es die Anklage vor Gericht zulässt. Im Zwischenverfahren ist aus dem Beschuldigten ein **Angeschuldigter** geworden.

Lässt das Gericht die Anklage zu, dann wird das Verfahren eröffnet. Damit wird aus dem Angeschuldigten der **Angeklagte**. Sofern der Angeklagte am Ende des Prozesses verurteilt wird und sofern das Urteil rechtskräftig wird, wird der Angeklagte zum **rechtskräftig verurteilten Täter**. So viel zur Karriere vom Verdächtigen zum rechtskräftig verurteilten Täter.

Ein Beschuldigter tut gut daran, sich im Dschungel der Paragrafen einen kompetenten Rechtsbeistand zu suchen. Der Rechtsanwalt für den Beschuldigten, später den Angeschuldigten und schließlich den Angeklagten ist der **Verteidiger**. Bei vielen schweren Straftaten ist von Rechts wegen ein Verteidiger zwingend erforderlich. Dieser **Pflichtverteidiger** wird von Amts wegen dem Beschuldigten beigeordnet, damit er im Prozess die Rechte des Beschuldigten, Angeschuldigten oder Angeklagten wahrnimmt.

Erst seit einigen Jahren ist das Tatopfer aus der Position des bloßen Zeugen herausgetreten und hat einen eigenständigen Rechtsstatus im Prozess. Das Opfer kann **Nebenklage** erheben, sein Rechtsanwalt wäre dann der **Nebenklagevertreter**. Wir werden im Laufe unserer Ausführungen immer wieder darauf hinweisen, wie wichtig es für ein Opfer ist, so früh wie möglich einen Rechtsbeistand im Sinne eines Nebenklagevertreters zu bekommen.

Das Strafrecht unterscheidet weiter zwischen **Verbrechen** und **Vergehen**. Unterschieden wird zwischen diesen beiden Straftatbeständen je nach der Höhe der Strafandrohung. Sofern eine Straftat mit einer Mindeststrafe von mehr als einem Jahr bedroht ist, wird sie als Verbrechen bezeichnet. Beträgt die Mindeststrafe weniger als ein Jahr, wird die Straftat als Vergehen eingestuft. Verbrechen sind die meisten Tötungsdelikte wie Mord und Totschlag, Delikte wie Brandstiftung, Raub, schwere Körperverletzung und auch Vergewaltigung, sexuelle Nötigung und der schwere sexuelle Missbrauch von Kindern (z.B. der Geschlechtsverkehr mit einem Kind). Verbrechen werden auch als Kapitaldelikte bezeichnet, und es sind Offizialdelikte. Das bedeutet, dass sie von Staats wegen verfolgt werden, sofern Polizei oder Staatsanwaltschaft von solchen Delikten Kenntnis erlangen. Dann ist nicht einmal eine Anzeige erforderlich. Polizei und Staatsanwaltschaft müssen von sich aus aktiv ein Ermittlungsverfahren einleiten und die Sache verfolgen. Wenn ein Staatsanwalt von einem Offizialdelikt erfährt, muss er von sich aus ein Ermittlungsverfahren einleiten. Er darf von Amts wegen nicht untätig bleiben. Eine Leserin dieses Buchs darf also nicht schreiben: „Liebe Frau Stang, Ihre Ausführungen haben mir sehr gut gefallen und mich sehr überzeugt. Ich will Ihnen mal Folgendes schildern, aber das müssen Sie auf jeden Fall für sich behalten, und ich will auch nicht, dass Sie irgendwas machen: (Es folgt die glaubhafte Schilderung einer schweren Straftat) …" Wenn eine Staatsanwältin dann nicht die Polizei zu der Briefeschreiberin schickt, damit diese ermittelt, könnte sie sich wegen Strafvereitelung im Amt sogar selbst strafbar machen.

Herrin des Ermittlungsverfahrens ist übrigens die Staatsanwaltschaft. In einigen Folgen der TV-Serie „Tatort" oder anderen Serien wird das inzwischen auch deutlich. Die Polizeibeamten unterstützen die Staatsanwaltschaft. Sie sind Spezialisten, die für die Aufgaben der Ermittlung im tatsächlichen Bereich eine spezielle Ausbildung haben. Dazu gehören auch Vernehmungen und natürlich alle anderen Formen der Beweisaufnahme und der Beweissicherung.

Bei Bagatelldelikten ermittelt die Polizei zunächst allein. Hier sind nur Routineaufgaben zu erfüllen, die der vorherigen Einschaltung des Staatsanwalts und dessen rechtlicher Unterstützung nicht bedürfen. Es stimmt auch nicht mehr, dass die Polizei „immer erst aktiv werden darf, wenn was passiert ist". Im Rahmen des Polizeirechts handelt die Polizei nicht nur repressiv, sondern auch präventiv. In bestimmten, engen Grenzen dürfen also Polizeibeamte durchaus schützend, vorsorglich aktiv werden, damit es gar nicht erst zu Straftaten kommt. Die Staatsanwaltschaft wird allerdings wirklich immer erst aktiv, wenn schon was passiert ist.

Über dieses Problem ließe sich jetzt sehr lange diskutieren. Eine **Präventivhaft** ist in Deutschland eigentlich unzulässig, zumindest sind ihr sehr enge Grenzen gesetzt. Wie soll der Staat umgehen mit einem stadtbekannten Kneipenschläger, der mehrmals im Monat in einer Kneipe eine Schlägerei anzettelt? Sollte man ihn vorsorglich vor dem Schützenfest schon mal einbuchten, weil er bestimmt wieder eine Schlägerei vom Zaun brechen wird? Sollten alle bekannten und registrierten Hooligans vor dem nächsten Fußballspiel vorsorglich inhaftiert werden? Und wie soll mit Demonstranten vor einem anstehenden Castortransport umgegangen werden? Sie sehen, hier kommt man sehr schnell an die Grenze zum Polizeistaat. Sobald es eine Möglichkeit zur Präventivhaft gibt, ist die Gefahr sehr groß, dass interessierte politische oder gesellschaftliche Kreise dieses Recht missbrauchen. Umgekehrt ist es mit dem „gesunden Rechtsempfinden" manchmal nicht nachvollziehbar, dass bestimmte Menschen gar nicht erst in Untersuchungshaft genommen werden oder sehr schnell aus dieser entlassen werden. Darauf werden wir bei der Diskussion der Untersuchungshaft noch ausführlicher zu sprechen kommen.

Delikte, die keine Offizialdelikte sind, also nicht von Amts wegen zu verfolgen sind, sind **Privatklagedelikte**. Ihre Verfolgung geschieht nur mit Strafantrag. Außerdem muss an der Strafverfolgung ein öffentliches Interesse bestehen. Wenn ein Fußballfan von Borussia Dortmund auf dem Heimweg dem Fußballfan von Schalke 04 etwas Unfreundliches sagt – sicherlich eine absolute Rarität –, so mag das durchaus den Straftatbestand der Beleidigung erfüllen. Aber die Strafverfolgung dieser Beleidigung liegt nicht unbedingt im öffentlichen Interesse. Wenn ein Vater zu seiner heranwachsenden Tochter „Du blöde Kuh" sagt, dann erfüllt auch das die Kriterien der Beleidigung. Auch hier liegt eine Strafverfolgung aber nicht im öffentlichen Interesse. Insofern würde die Strafverfolgungsbehörde, also die Staatsanwaltschaft mit der Polizei, wahrscheinlich auf den Weg der Privatklage verweisen. Anders ist es dann schon, wenn jemand nicht seine Tochter als blöde Kuh, sondern einen Polizeibeamten als blöden Bullen bezeichnet. Die Strafverfolgung dieser Beleidigung könnte durchaus im öffentlichen Interesse liegen, weil Polizeibeamte letztlich die Interessen der Allgemeinheit vertreten. Viele Polizisten zeigen aber nicht gleich jede Beleidigung an, der sie im Laufe ihres Arbeitstags ausgesetzt sind.

Täter wie Opfer können Kinder, Jugendliche, Heranwachsende oder Erwachsene sein. Als **Kind** im juristischen Sinne gilt ein Mensch „bis zur Vollendung des 14. Lebensjahres". Ein Kind ist strafrechtlich nicht strafmündig. Zivilrechtlich ist ein Kind ab 8 Jahren bereits für Schäden, die es verursacht, verantwortlich, es sei denn, es sind Schäden, die aus den typischen Gefahren des Straßenverkehrs resultieren.

Nach Vollendung des 14. Lebensjahres bis zur Vollendung des 18. Lebensjahres ist ein Mensch strafrechtlich ein **Jugendlicher**. Für ihn gilt das **Jugendrecht**. Zuständig sind besondere Gerichte und besondere Kammern. Bei der Strafverfolgung des Jugendlichen steht der Gedanke der Strafe nicht an erster Stelle. Vielmehr geht es um Erziehung, Entwicklung, pädagogische Maßnahmen und Prävention.

Nach Vollendung des 18. Lebensjahres bis zur Vollendung des 21. Lebensjahres gilt ein Mensch im juristischen Sinne als **Heranwachsender**. Auf Heranwachsende wird in der Bundesrepublik das Jugendrecht angewendet, wenn nicht ausgeschlossen werden kann, dass Reifeverzögerungen vorliegen.

Auf welche Bücher und Gesetzeswerke greifen wir zurück?

Grundlage unseres Rechtsstaates ist unser **Grundgesetz (GG)**. Seit einigen Jahren wird es ergänzt um die Rechtsnormen der **Europäischen Menschenrechtskommission (EMRK)**, die einen immer größeren Einfluss bekommen und durchaus verändernd in die Prozessabläufe und die Rechtsprechung der Mitgliedsstaaten der Europäischen Union eingreifen. Die Normen der EMRK beinhalten viele Täterrechte. Sehr viele Täterrechte sind **generelle Menschenrechte**. So ist Folter beispielsweise verboten. Warum Verdächtige in unserem Rechtssystem nicht gefoltert werden dürfen, werden wir noch erläutern, wenn es um das Problem der Untersuchungshaft und um die generellen Rechte von Verdächtigen, Beschuldigten oder Angeklagten geht. Welches Verhalten strafbar ist, steht im **Strafgesetzbuch (StGB)**. Das Strafrecht dient dem Rechtsgüterschutz. Etwas, das den Kriterien des Strafgesetzbuchs nicht entspricht, ist im Allgemeinen auch nicht strafbar. Zahlreiche weitere strafrechtliche Vorschriften sind allerdings noch in vielen Nebengesetzen geregelt, etwa dem Straßenverkehrsgesetz, dem Zuwanderungsgesetz oder dem GmbH-Gesetz. Der Ablauf eines Strafprozesses ist strikt festgelegt und ritualisiert in der **Strafprozessordnung (StPO)**, die formelles Recht beinhaltet. Der Strafprozess kann also nicht beliebig gestaltet werden, und Verstöße gegen das formelle Recht der Strafprozessordnung können dazu führen, dass ein Prozess wiederholt werden muss. Die Frage der Zuständigkeiten, welches Gericht und welche Kammer denn nun für welchen Prozess zuständig ist, wird durch das **Gerichtsverfassungsgesetz (GVG)** geregelt. Dessen Regelungen können zur Konsequenz haben, dass ein Prozess, in dem ein 42-jähriger Mann Angeklagter ist und sein Opfer ein inzwischen über 21 Jahre alter Mann, vor der Jugendschutzkammer verhandelt wird, weil die Straftat in einer Zeit geschah, als das Opfer noch ein Kind oder ein Jugendlicher war.

In allen Rechtssystemen ist die **Anwendung von Gesetzen Auslegungssache**. Im religiösen Bereich geht beispielsweise die jüdische Religion mit dem Bibeltext ganz anders um als viele christliche Religionen. Im Talmud, einem jüdischen Buch der Bibelauslegung, sind zentrale Bibelstellen des Alten Testaments umrahmt von Kommentaren bedeutender Rabbiner aus unterschiedlichen Zeiten. Diese Kommentare zu ein und demselben Text können durchaus unterschiedlich sein, oft widersprechen sie sogar einander. Damit wird von vornherein klargestellt, dass die menschliche Auslegung des Gotteswortes nicht feststeht, sondern immer wieder neu erfolgt. Sie unterliegt Zeitströmungen und kann widersprüchlich sein. Das ist ein ganz anderer Umgang mit dem Text als etwa in Luthers Katechismus, in dem jede Auslegung beginnt mit einem apodiktischen „Das ist: …". Hier maßt sich Luther also in bester christlicher Tradition an, die einzig richtige Auslegung des Gotteswortes zu kennen und verkünden zu dürfen. Dieses einfache Richtig-Falsch-Denken hat die deutsche Jurisprudenz aber nicht übernommen. Wir haben auch anders als in den angloamerikanischen Rechtssystemen kein „Case-Law" (also Fallrecht). In den USA gilt eine Gerichtsentscheidung als Gesetz, bei uns stellt ein Gerichtsurteil erst einmal nur die Auslegung des Gesetzes und eine Einzelfallentscheidung dar, die für andere Gerichte nicht zwingend bindend ist, auch wenn sie vom Bundesgerichtshof stammt. Anders ist das nur für Entscheidungen des Bundesverfassungsgerichts; diese sind bindend, haben aber dennoch nicht den Charakter eines Gesetzes.

Im therapeutischen Bereich kann diese Problematik auf jeder Psychotherapie-Station beobachtet werden (Sachsse 1989). Da haben die Mitarbeiterinnen des therapeutischen Teams eine wunderschöne Stationsordnung erarbeitet – in der Hoffnung, dass sie dann nicht mehr diskutieren und entscheiden müssen. Mit der Stationsordnung müsste eigentlich alles klar geregelt sein. Schon zwei Wochen später wird deutlich, dass auch diese Stationsordnung möglicherweise auslegungsbedürftig ist. Einige fordern dann, die Stationsordnung präziser zu gestalten, um so viele Eventualitäten wie möglich von vornherein fest zu regeln. Die Stationsordnung wird dann immer umfangreicher, aber die Diskussionen im Team werden trotzdem nicht weniger.

Ordnungen und Gesetzestexte bleiben interpretationsbedürftig. Insofern ist an dem Spruch „Zwei Juristen, drei Rechtsmeinungen" etwas Wahres dran. Selbstverständlich wird ein Strafverteidiger juristisch fundiert eine Straftat etwas anders bewerten als ein Vertreter der Nebenklage.

Um den Juristen zu helfen, gibt es zu allen Gesetzeswerken deshalb **Kommentare**. Auf diese Kommentare können sich die Juristen beziehen, und sie halten die gegenwärtige Rechtsauslegung, die aktuelle Rechtswirklichkeit fest. Juristische Kommentare sind also quasi eine Gesetzestext-Exegese. Kommentare sind aber selbst keine Gesetzestexte. Sie unterliegen dem gesellschaftlichen Wandel, und ein Kommentar zum Straftatbestand der Vergewaltigung aus dem Jahre 1954 war völlig anders, als es ein heutiger Kommentar, etwa aus dem Jahre 2007, wäre.

In unserem Zusammenhang weniger wichtig ist das **Bürgerliche Gesetzbuch (BGB)**. Das hat mit dem Strafrecht wenig zu tun, allenfalls bei der Thematik des Schadensersatzes. Im BGB sind weite Bereiche des Zivilrechts geregelt. Damit werden Ansprüche von Bürgern untereinander geregelt: Wie ist zu verfahren, wenn der Nachbar seine Birke so nahe an meine Grundstückgrenze gepflanzt hat, dass die Blätter auf meinen Golfrasen wehen und den beschädigen? Welcher Schadensersatz ist angemessen, wenn das minderjährige Kind des Nachbarn mit meinen Gartenzwergen Fußball gespielt hat und die dabei zerstört wurden? Welchen seelischen Schaden kann ich in beiden Fällen geltend machen? All das betrifft das Zivilrecht, es besteht keinerlei öffentliches Interesse daran, diese Rechtsverletzungen zu verfolgen.

Etwas ausführlicher müssen wir uns noch einem Element des Verfahrens widmen, das einen ausgesprochen hohen Stellenwert hat: der **Akte der Justiz**. Justizakten sind etwas anderes als Krankenakten. Juristen geraten nicht selten in einen Hyperarousal, wenn sie eine Krankenakte zu Gesicht bekommen, denn im Vergleich zu Justizakten sind Krankenakten lückenhaft, unstrukturiert und luschig zusammengeschrieben. Die Akte der Justiz ist die Grundlage des gesamten Verfahrens. Im Zwischenverfahren, in dem das Gericht entscheidet, ob es die Anzeige der Staatsanwaltschaft zulässt, ist die Akte oft die (einzige) Grundlage der Entscheidungsfindung. Sie enthält alle Zeugenaussagen, Vermerke von Polizeibeamten, Urkunden, Gutachten, Vollmachten für Anwälte, Fotos, Vermerke und Gutachten zu Ermittlungsergebnissen und sonstige Papiere mit Beweiswert. Enthalten sind manchmal sogar Tatwaffen, wenn sie vom Umfang her beigefügt werden können und nicht aus der so genannten Asservatenkammer geholt werden müssen. Wenn ein Opfer also etwas ausgesagt hat, dann kommt es in die Justizakte und ist dort dokumentiert. Es darf auch keine Erkenntnisse außerhalb der Akte geben, bzw.

diese dürfen nicht im Prozess verwertet werden. Zu etwas, was nicht in der Akte steht, kann sich der Beschuldigte oder Angeklagte nicht äußern, und das würde sein Grundrecht auf Gehör (Artikel 103 GG) verletzen. Was nicht in der Akte steht, das gibt es für das Verfahren nicht.

In die Justizakte hat natürlich nicht jeder ein Einsichtsrecht, aber doch sehr viele Menschen. Ein absolut umfassendes **Akteneinsichtsrecht** besteht spätestens zum Zeitpunkt der Anklageerhebung für den Verteidiger und den Nebenkläger. Über den Verteidiger können Akteninhalte dann auch dem Beschuldigten oder Angeklagten zur Kenntnis kommen. Auch der Verteidiger ist in unserem Rechtssystem Organ der Rechtspflege. Er ist nicht uneingeschränkt Partei für den Angeklagten, sondern eingebunden in Rechtsnormen. So ist ein Verteidiger verpflichtet, dem Angeklagten oder Beschuldigten alles das zu verheimlichen, was er missbrauchen könnte. Hier gibt es aber natürlich eine sehr große Grauzone. Problematisch ist es zum Beispiel, wenn die Adresse des Opfers in der Akte steht. Die Anklageschrift muss in jedem Fall dem Angeklagten zugestellt werden. In der Anklageschrift soll die Adresse des Opfers nicht mehr erscheinen. In der Hauptverhandlung muss das Opfer als Zeuge auch nur den Wohnort angeben, nicht die gesamte Adresse. Schon das kann problematisch sein, etwa bei organisierter Kriminalität, aber dafür gibt es dann Zeugenschutzprogramme und Sonderregelungen. Die Anschrift eines Opfers kann aus der Akte aber ganz entfernt werden. Schließlich muss das Opfer als Zeuge ja auch geladen werden können. Alternativ kann eine Ladung aber auch über den Rechtsanwalt erfolgen, der die Nebenklage vertritt.

Akteneinsicht haben auch sehr viele Behörden. Hier gibt es zwar Datenschutzbestimmungen, aber im Rahmen eines Opferentschädigungsverfahrens hat das Versorgungsamt als Behörde ebenfalls das Recht auf Akteneinsicht. Akteneinsicht kann beispielsweise auch eine Krankenkasse fordern, um Rechtsansprüche gegen einen Täter prüfen zu können. Die Justizakte erfährt also nicht den gleichen Schutz wie eine Krankenakte.

Auch wenn der Täter die Akte über seinen Verteidiger lesen kann, so bedeutet dies nicht zwangsläufig eine Gefahr für das Opfer. Es wird zwar verbal viel gedroht, viel geschimpft, es wird viel geschrieben und oft auch telefonisch bedrängt. Körperliche Bedrohungen oder Tätlichkeiten kommen aber in Filmen sehr viel häufiger vor als in der Wirklichkeit. Da sind sie sehr, sehr selten. Gerade bei Sexualdelikten ist dies auch leicht zu erklären: Vergewaltiger suchen sich oft schwache Frauen. Haben die aber durch die Anzeige erst einmal Stärke bewiesen, zieht der Vergewaltiger sich ängstlich zurück. Das gilt übrigens auch für die Bedrohung bzw. Gewaltanwendung gegen die Polizei, die Staatsanwaltschaft oder die Richter. Fast immer bleibt es hier bei Worten. Anders kann das allerdings bei organisierter Kriminalität sein.

Literatur

Sachsse U (1989). Psychotherapie mit dem Sheriff-Stern. Zum Umgang des Therapeuten mit der Hausordnung in der stationären Psychotherapie und zu möglichen Auswirkungen auf seine Sozialisation zum Psychoanalytiker. Gruppenpsychother Gruppendyn; 25(2): 141–58.

1.2 Maximen des Strafrechts

Was ist das Ziel des Strafprozesses? **Es soll Rechtsfrieden geschaffen und nach Gerechtigkeit gestrebt werden.** Diese Formulierung ist realistisch und bescheiden: Es soll nicht Gerechtigkeit erreicht oder geschaffen, sondern es soll nach Gerechtigkeit gestrebt werden.

Dieses Ziel muss erreicht werden in einem **fairen, rechtsstaatlichen Verfahren** unter Wahrung der Grundrechte. Artikel 1 GG stellt fest: „Die Würde des Menschen ist unantastbar." Zunächst einmal gelten die Grundrechte für alle, für das Opfer und für den Täter. Dass die Menschenwürde nicht angetastet werden darf, beinhaltet beispielsweise, dass niemand gefoltert werden darf, denn dadurch würde der Mensch zum reinen Objekt der Strafverfolgung und seine Würde verletzt. Da kann man auch nicht sagen: „Was soll's? Der hat die Würde des Opfers verletzt und damit sein Recht auf Menschenwürde verwirkt." Über das Rechtsprinzip „Auge um Auge, Zahn um Zahn" sind wir seit Christi Geburt ohnehin lange hinweg. Im Übrigen darf nicht vergessen werden, dass der Beschuldigte bis zu seiner Verurteilung als unschuldig zu gelten hat.

Die Verpflichtung zur Achtung der Menschenwürde beinhaltet auch, dass eine Sicherungsverwahrung nicht unbegrenzt ausgesprochen oder verfügt werden darf. Jeder Mensch ist ein Element der Menschengemeinschaft, unabhängig davon, welche Taten er begangen hat. Die Menschengemeinschaft darf nur unter ganz strengen Voraussetzungen sagen: „Aus dir wird nichts mehr, hast keine Perspektive, keine Chance. Du wirst für den Rest deines Lebens sicherheitshalber verwahrt." Um die Aussichtslosigkeit jeglicher Resozialisierungsmaßnahme und eine Gefährdung für die Allgemeinheit annehmen zu können, bedarf es einer gründlichen psychiatrischen Untersuchung. Auch Sicherheitsverwahrung darf zur Bewährung ausgesetzt werden, und sie muss immer wieder überprüft werden. Nur dann beinhaltet sie keinen Verstoß gegen die Menschenwürde (Entscheidung des Bundesverfassungsgerichts vom 05.02.2004, 2 BvR 2029/01).

Artikel 2 GG besagt: „Die Freiheit der Person ist unverletzlich. In diese darf nur aufgrund eines Gesetzes eingegriffen werden." Einem solchen Eingriff in das Grundrecht der Person auf Freiheit sind enge Grenzen gesetzt. Der Entzug der Freiheit darf nur im Rahmen eines Gesetzes und aufgrund richterlicher Anordnung (Art. 104 GG, s. unten) erfolgen. Das wissen ja auch Psychiater und Psychotherapeuten. Der Freiheitsentzug im Rahmen einer zwangsweisen Behandlung in der Psychiatrie unterliegt stets gesetzlichen Bestimmungen.

Artikel 103 Abs. 1 GG beinhaltet: „Jedermann hat Anspruch auf rechtliches Gehör." Dieser Artikel entspricht der Europäischen Menschenrechtskonvention. Bei uns darf niemand bestraft werden, ohne dass ihm rechtliches Gehör eingeräumt wurde, und zwar in einer ihm geläufigen Sprache. Außerdem muss er zu allen ihn belastenden Umständen gehört werden, ihm dürfen also keine Beweismittel verschwiegen werden.

Artikel 103 Abs. 2 GG besagt: „Eine Tat kann nur bestraft werden, wenn die Strafbarkeit gesetzlich bestimmt war, bevor die Tat begangen wurde." Der Staat kann also nicht im Nachhinein festlegen, dass etwas strafbar gewesen ist. Ein

Tatbestand muss zu der Zeit, als die Tat begangen wurde, als gesetzlich strafbar definiert gewesen sein, damit die Handlung strafrechtlich verfolgt werden kann.

Artikel 104 Abs. 2 GG besagt: „Über die Zulässigkeit und Fortdauer einer Freiheitsentziehung hat nur der Richter zu entscheiden." Das gilt für alle freiheitsentziehenden Maßnahmen, so zum Beispiel die Untersuchungshaft, die Strafhaft oder die Unterbringung auf einer geschlossenen Station. Hier liegt die Entscheidungsgewalt nicht bei den Staatsanwälten oder der Polizei.

Artikel 6 EMRK ist besonders bedeutsam: „Jede Person, die einer Straftat beschuldigt wird, gilt bis zum Beweis ihrer Schuld als unschuldig." Das bedeutet, dass bis zum Urteilsspruch die Unschuldsvermutung zu gelten hat. In Untersuchungshaft sitzen also nach grundgesetzlicher und allgemeinjuristischer Definition ausschließlich Unschuldige. So etwas ist natürlich nur statthaft in sehr engen Grenzen, die gesetzlich geregelt sein müssen. In der allgemeinen Wahrnehmung ist das natürlich anders: Wer schon mal in Untersuchungshaft sitzt, ist schon halb verurteilt. Außerdem können viele Menschen nicht nachvollziehen, warum Menschen nicht in Untersuchungshaft genommen werden, obwohl sie eine Straftat schon eingestanden haben. Wenn Menschen etwas bereits gestanden haben, dann besteht häufig keine Verdunkelungsgefahr mehr, weil der Tatbestand ja offenkundig und eingestanden ist. Wenn dann auch keine Fluchtgefahr als Untersuchungshaftgrund besteht, gibt es keine Rechtsgrundlage, einen Menschen in Untersuchungshaft zu nehmen. Allerdings kann es sein, dass bei einer besonderen Höhe der zu erwartenden Strafe die Anforderungen an das Vorliegen der Fluchtgefahr nicht so hoch gestellt werden (§ 112 Abs. 2 StPO).

Der Haftrichter darf und will natürlich auch keinen Unschuldigen einsperren. Jemand, der einer Straftat beschuldigt wird und gegen den ermittelt wird, hat genau die gleichen Grundrechte wie jeder andere. Auch für Sie, die Leserinnen und Leser dieses Buchs, gilt: Wir alle sind unschuldig – bis wir durch ein Urteil schuldig gesprochen worden sind. Das bedeutet für die Justiz natürlich: Es gibt einen fortwährenden Balanceakt zwischen den Rechten des Angeklagten und den Schutzbedürfnissen des Opfers.

Blicken wir in die Geschichte der Entwicklung dieses Konflikts, so ist diese Balance nach unserem heutigen Rechtsverständnis früher überhaupt nicht gelungen. Einst war das Opfer ausschließlich Objekt des Strafverfahrens. Es war eine Zeugin oder ein Zeuge, nichts anderes. Über die Opferschutzgesetze der Jahre 1986, 1998, 2001 und 2004 hat sich das gewandelt. Wir sind auf dem Weg zu einem immer besseren Opferrecht. Inzwischen ist das Opfer mitwirkungsbefugt. Diese Mitwirkungsbefugnis darf allerdings nie zu Lasten der Rechte des Täters gehen. Ein reines Opferstrafrecht wäre auch problematisch, denn jeder Therapeut kann sich leicht vorstellen, was es für seine Arbeit bedeuten würde, wenn jeder einfach sagen könnte: „Der Sachse hat mich 1993 vergewaltigt. Damals habe ich nichts gesagt, heute zeige ich ihn aber an." – Und dann würde Herr Sachse die volle Beweislast für seine Unschuld tragen. Hier zwischen den unterschiedlichen Rechten die richtige Balance zu finden ist wirklich nicht einfach und unproblematisch.

Die heutigen, weiten Mitwirkungsbefugnisse des Opfers zwingen dieses aber nicht, die Rechte auch wahrzunehmen. Zu den allgemeinen Pflichten kommen wir noch. Das Opfer darf mitwirken, beispielsweise über die Nebenklage, muss dies aber nicht. Allerdings stärken diese Rechte die Opferposition und können sich daher auch positiv auf den Belastungsfaktor des Verfahrens für die Geschädigte/den Geschädigten auswirken. Als Nebenkläger darf das Opfer zum Beispiel in der Hauptverhandlung von Anfang bis Ende anwesend sein. Als Zeuge hätte es den Verhandlungssaal erst betreten dürfen, wenn es zu seiner Vernehmung aufgerufen wird. Die Aussage des Täters hätte das Opfer dann gar nicht mitbekommen. Wenn ein Nebenkläger bei der Aussage des Angeklagten dennoch nicht zugegen sein will, so kann er auch heute noch den Gerichtssaal verlassen, um dann vom Nebenklage-Rechtsanwalt zu seiner Zeugenaussage hereingeholt zu werden. Die meisten Opfer nutzen übrigens heute ihr Recht, als Nebenkläger von Anfang bis zum Ende dem Prozess beizuwohnen.

2 Die Stationen des Strafverfahrens

Das Strafverfahren gliedert sich in:
- das Ermittlungsverfahren
- das Zwischenverfahren
- das Hauptverfahren
- die Strafvollstreckung

2.1 Das Ermittlungsverfahren

Ein Ermittlungsverfahren wird eingeleitet, wenn eine Straftat bei der Polizei oder der Staatsanwaltschaft angezeigt wird oder wenn die Polizei oder die Staatsanwaltschaft von einer Straftat Kenntnis erhält. Die Staatsanwaltschaft ist von Amts wegen verpflichtet, bei Offizialdelikten, von denen sie Kenntnis erhält, ein Ermittlungsverfahren einzuleiten.

Es ist übrigens selten, dass die Staatsanwaltschaft das Ermittlungsverfahren inhaltlich selbst durchführt. Fast immer werden Opfer und Zeugen zur Polizei geschickt, weil die Polizisten in Zeugenvernehmungen, Aussagen und Beweissicherungen einfach besser geschult und ausgebildet sind.

Herrin des Ermittlungsverfahrens ist und bleibt aber die Staatsanwaltschaft. Nach deutschem Recht ist die Staatsanwaltschaft „die objektivste Behörde der Welt". Die Staatsanwaltschaft muss alles ermitteln, was für und was gegen den Angeklagten spricht. Sie ist also ausdrücklich gehalten, auch Hinweisen zu folgen, die zur Entlastung des Angeklagten beitragen oder führen könnten.

Das ist anders als z.B. in den USA. Dort ist die Staatsanwaltschaft reine Partei. Sie ermittelt ausschließlich gegen den Angeklagten. Die Verteidigung muss alles das sammeln, was den Angeklagten entlasten könnte. Deutsche Kino- und Fernseh-Fans verwirrt das manchmal, weil sie das Bild haben, die Staatsanwaltschaft arbeite in Deutschland genauso wie in den USA. Das tut sie definitiv nicht.

Die Staatsanwaltschaft schließt das Ermittlungsverfahren dadurch ab, dass sie das Verfahren einstellt und dies in einem Einstellungsbescheid dem oder der Betroffenen mitteilt oder dass sie Anklage erhebt beim zuständigen Gericht.

Dass die Staatsanwaltschaft objektiv ermitteln muss, kann schon daran abgelesen werden, dass die Staatsanwaltschaft gelegentlich am Ende des Beweisverfahrens in der Hauptverhandlung einen Freispruch beantragt.

2.2   Das Zwischenverfahren

Im Zwischenverfahren überprüft das Gericht nach Aktenlage, ob es die Anklage zulässt. Zu Beginn des Zwischenverfahrens stellt das Gericht dem Angeschuldigten die Anklage zu. Nachdem dieser Gelegenheit zur Stellungnahme hatte, wird die Anklage vom Gericht überprüft und das Hauptverfahren durch Beschluss eröffnet. Es kann aber auch sein, dass das Gericht die Beweis- oder Rechtslage für nicht ausreichend hält. Dann lehnt es die Eröffnung des Hauptverfahrens ab oder vernimmt im Zwischenverfahren schon Zeugen. Letzteres ist aber sehr selten. Mit der Eröffnung des Hauptverfahrens ist das Zwischenverfahren abgeschlossen.

2.3   Das Hauptverfahren

Auf den Ablauf der Hauptverhandlung gehen wir in Kapitel 12 noch genau ein. Im Urteil erfolgt ein Freispruch oder eine Verurteilung. Wird ein Täter verurteilt, so folgt die Strafvollstreckung.

2.4   Die Strafvollstreckung

Für die Strafvollstreckung ist wiederum die Staatsanwaltschaft zuständig. Bei Jugendlichen wird die Strafe durch den Jugendrichter vollstreckt.

Von diesem Ablauf bekommt ein Opfer nichts mit, wenn es nicht Nebenkläger ist. Bei jugendlichen Straftätern gibt es gar keine Nebenklage. Ein Opfer bekommt inzwischen aber auf Antrag immer Auskunft. Heute (seit dem Opferrechtsreformgesetz vom 01.09.2004) hat das Opfer Anspruch darauf, über den Stand der Vollstreckung informiert zu werden. Das kann natürlich sehr wesentlich sein, um das eigene Verhalten darauf abzustimmen. Ein Opfer ist dann vor Überraschungen sicherer. Früher konnte es passieren, dass ein Opfer plötzlich dem Täter in der Fußgängerzone gegenüberstand, weil der geständige Täter oder Jugendliche bereits aus der Strafhaft entlassen worden war.

3 Juristische Subsumtionen

Jetzt wird es etwas komprimiert, etwas vereinfachend und trotzdem noch kompliziert. Was Subsumtion ist, füllt beim Jurastudium locker mehrere Semester. Grundlage der Subsumtion ist Artikel 103 GG, der Bestimmtheitsgrundsatz, wonach eine Bestrafung nur erfolgen kann, wenn dies gesetzlich bestimmt ist. Was nicht per Gesetz verboten und mit Strafe bedroht wird, kann nicht abgeurteilt und bestraft werden. Da alle Gesetze abstrakt sind, muss überprüft werden, ob ein Lebenssachverhalt von einem gesetzlichen Tatbestand erfasst wird. Eine Handlung, eine Tat, muss also die gesetzlichen Kriterien eines Straftatbestands erfüllen, um abgeurteilt und bestraft werden zu können.

Es ist wichtig, dass wir uns klar machen, dass es sehr viele Verhaltensweisen gibt, die eine absolute zwischenmenschliche Schweinerei sind, aber eben nicht strafbar, weil sie keinen Straftatbestand erfüllen. So ist es eine zwischenmenschliche Schweinerei, einen Lebenspartner nach 30 Jahren Beziehung plötzlich und unerwartet zu verlassen, weil man sich in jemand anderen verliebt hat. Das kann für den Verlassenen eine solche Härte bedeuten, dass er suizidal wird oder sich sogar tatsächlich das Leben nimmt. Nach unserem Strafrecht ist diese Schweinerei aber nicht strafbar. Sie erfüllt keinen Straftatbestand. Das ist uns erlaubt, das dürfen wir, so dürfen wir miteinander umgehen. Anderenfalls würde die Freiheit des einen die Freiheit des anderen über Gebühr einschränken. Es gibt Lebenssachverhalte, die zwar zwischenmenschlich schuldhaft sind, nicht aber strafrechtlich. Das bedeutet: Ich darf einen anderen Menschen durch mein Verhalten in akute Lebensgefahr bringen, ohne dass das einen Straftatbestand erfüllen muss. Sehr viele zwischenmenschliche Verhaltensweisen unterliegen in ihrer strafrechtlichen Bewertung zudem ganz erheblichen gesellschaftlichen Prozessen. Ehebruch und Ehescheidung sind in vielen verschiedenen Kulturen zu vielen unterschiedlichen Zeiten völlig entgegengesetzt gewertet und behandelt worden. In der Bundesrepublik Deutschland ist vielen jüngeren Menschen gar nicht mehr bekannt, dass bis Anfang der 70er Jahre etwas strafbar war, was heute niemanden daran hindert, Regierender Bürgermeister einer Großstadt zu werden oder Vorsitzender einer großen demokratischen Partei zu sein: Homosexualität. Bis Anfang der 70er Jahre gab es den § 175, und die Homosexuellen wurden als „175er" tituliert. Sie wurden bestraft, ins Gefängnis weggesteckt, oder flüchteten sich in psychiatrische Behandlung, ohne sich krank zu fühlen. Die Behandlungen von Homosexuellen in der Psychiatrie oder durch Psychoanalyse waren auch fast alle erfolglos. Nach heutiger Überzeugung ist Homosexualität keine psychische Erkrankung. Homosexualität ist heute auch kein Straftatbestand mehr, und viele andere Verhaltensweisen im zwischenmenschlichen Nahbereich sind es ebenfalls nicht mehr. Fast lässt sich sagen: Was zwei erwachsene Menschen einvernehmlich miteinander machen, geht den Staat nichts an. Das ist nicht strafbar.

An eine Grenze kommt dieser Grundsatz natürlich beispielsweise dann, wenn zwei Menschen sich einvernehmlich dazu verabreden, dass der eine den anderen zerstückelt und aufisst. Das ist dann keine Privatsache mehr. Unter Umständen kann dies den Straftatbestand des Mordes erfüllen. Auch eine Tötung auf Verlangen ist bis heute strafbar, eine Beihilfe zum Selbstmord dagegen nicht.

Ein völliger Wandel in der Würdigung durch den Gesetzgeber ist auch beim Straftatbestand der Vergewaltigung in der Ehe erfolgt. Früher war dieses Vergehen allenfalls als Körperverletzung zu verfolgen oder im besonders schweren Fall als sexuelle Nötigung. Bis in die 70er Jahre waren Sexualstraftaten so genannte Sittlichkeitsdelikte – geschützt wurde also nicht die sexuelle Selbstbestimmung, sondern die allgemeine Moral. Unter diesem Gesichtspunkt erschien die Inanspruchnahme „ehelicher Rechte" nicht als verwerflich und strafwürdig. Bei einer Vergewaltigung in der Ehe gilt heute der gleiche Strafrahmen wie bei einer Vergewaltigung außerhalb einer Ehe. Hier hat sich in den letzten Jahren ein völliger Wandel in der gesellschaftlichen Bewertung vollzogen, dem der Gesetzgeber 1996 Rechnung getragen hat.

Das gilt beispielsweise auch für das Gewaltschutzgesetz. Bis vor kurzem hatte der Staat die Haltung: Was in einer Familie oder einer eheähnlichen Gemeinschaft hinter verschlossenen Türen vor sich geht, ist Privatsache. Wenn es nicht angezeigt wird, geht es die Polizei und die Öffentlichkeit nichts an, und wenn die Polizei in eine Wohnung kommt, in der offenkundig gewalttätig gehandelt wurde und alle sie auffordern, wieder zu gehen, dann muss die Polizei die Wohnung eben wieder verlassen. Das ist heute anders. Die Öffentlichkeit betrachtet es nicht als Privatsache, wenn in einer Familie geprügelt oder vergewaltigt wird. Die Öffentlichkeit, der Staat und die Gesellschaft haben erkannt, dass die Sozialisation in der Familie die Weichen stellt für späteres Verhalten, eben auch für kriminelles Verhalten. Aber es stellt auch die Weichen für Erkrankungshäufigkeit, Arbeitsfähigkeit, allgemeine Gesundheit und Lebensglück. Das kann nicht ausschließlich Privatsache sein, wenn Menschen hier wiederholt und nachhaltig geschädigt werden. Hier hat der Staat ein eigenes Interesse, frühzeitig einzugreifen und Gewalt präventiv entgegenzuwirken. Dies geschieht in einem immer größeren Ausmaße.

3.1 Der Straftatbestand der „sexuellen Nötigung" und der „Vergewaltigung"

Schildern wir jetzt einmal im Einzelnen, wie das Denken in Subsumtion geschieht oder erfolgt. Unser Beispiel ist jenes objektive Tatgeschehen, das heute unter der Überschrift „Sexuelle Nötigung" erfasst wird. Grundlage ist der § 177 Abs. 1 StGB. In ihm ist festgelegt:

„Wer eine andere Person
1. mit Gewalt
2. durch Drohung mit gegenwärtiger Gefahr für Leib oder Leben oder
3. unter Ausnutzung einer Lage ...
nötigt, sexuelle Handlungen des Täters ... an sich zu dulden oder ...
vorzunehmen, wird mit Freiheitsstrafe nicht unter einem Jahr
bestraft."

Wer oder was ist eine „andere Person"? Juristen verstehen unter einer anderen Person einen anderen lebenden Menschen. Nicht verboten ist es somit, sich selbst, seinen eigenen Körper gewaltsam zu behandeln, ihn zu quälen. Eine andere Person ist ein Mensch, kein Tier. Dieser Paragraf erfasst also nicht sexuelle Handlungen an Tieren, die so genannte Sodomie. Auch auf diesem Feld ist nicht alles erlaubt, das Tierschutzgesetz definiert den Straftatbestand der Tierquälerei. Dies ist aber ein Tatbestand, der unter einen anderen Paragrafen fällt, nicht unter denjenigen der Vergewaltigung. Nicht erfasst wird mit dieser Norm auch der Tatbestand sexueller Handlungen an einem verstorbenen Menschen, die so genannte Nekrophilie. Auch für dieses Verhalten gibt es einen Straftatbestand, die Störung der Totenruhe. Sexuelle Handlungen an Leichen erfüllen nicht den Straftatbestand der sexuellen Nötigung oder Vergewaltigung. Wird ein Mensch allerdings getötet, um danach Geschlechtsverkehr mit der Leiche zu vollziehen, so liegt ein Mord vor.

Gerade der Vergewaltigungstatbestand unterliegt gegenwärtig einem gesellschaftlichen Wandel. Eine andere Person ist heute auch ein Mann. Früher fiel unter diesen Paragrafen nur die sexualisierte Gewalt gegen eine Frau. Die Ehefrau war Eigentum des Ehemannes, und in manchen Kulturen ist die Vergewaltigung einer fremden verheirateten Frau darum auch eine Straftat gegen das Eigentum des Mannes. Dies ist geradezu eines der Charakteristika des Patriarchats. Dies ist auf Zeiten zurückzuführen, in denen Frauen als Eigentum des Mannes betrachtet wurden, zuerst des Vaters und dann des Ehemannes. Das Recht auf sexuelle Selbstbestimmung als eigenständiges Rechtsgut (der Frau) wurde erst erheblich später anerkannt und noch später der Umstand, dass auch Männer vergewaltigt werden können. Früher galt als Strafschärfungsgrund der Vergewaltigung die Gefahr einer Schwangerschaft, heute geht es durchaus um die besondere Erniedrigung durch das Eindringens in den körperlichen Intimbereich. Gerade bei den Sexualdelikten hat in den letzten Jahren ein erheblicher gesellschaftlicher Wandel stattgefunden, dem unser Gesetzgeber nunmehr Rechnung getragen hat.

Damit der Straftatbestand erfüllt ist, ist es auch nicht mehr erforderlich, dass die sexuelle Handlung außerehelich geschieht. Wie wir bereits sahen, ist auch die Vergewaltigung in der Ehe inzwischen strafbar. Zu Beginn des 20. Jahrhunderts hatten Ehefrauen, aber insbesondere Ehemänner eheliche Rechte. Zur Ehe gehörte auch die Erfüllung ehelicher Pflichten. Da Sexualität zu den ehelichen Rechten des Mannes gehörte, nahm der Ehemann nur seine Rechte wahr, wenn er sexuelle Handlungen auch gegen den Willen der Ehefrau mit Gewalt erzwungen hat. Schließlich war die Frau zur Sexualität mit ihrem Ehemann verpflichtet. Auch dies ist in unserem Kulturkreis inzwischen Geschichte. Es ist aber noch nicht in den

Köpfen aller Männer Vergangenheit. Solche Veränderungen brauchen manchmal zwei Generationen, bis sie für alle selbstverständlich geworden sind. Und Männer, die aus anderen Kulturkreisen nach Deutschland eingewandert und bemüht sind, ihre kulturellen Normen im Privatleben aufrechtzuerhalten und durchzusetzen, kommen mit den gegenwärtigen deutschen Rechtsnormen hier sehr rasch in Konflikt.

Das nächste Tatbestandsmerkmal lautet „mit Gewalt". (Die Merkmale 1, 2 und 3 stehen alternativ nebeneinander. Durch die Einfügung der Nr. 3 im Jahr 1996 sind erhebliche Strafbarkeitslücken geschlossen worden.) Auch an dieser Stelle hat sich in der Auslegung des Gesetzes und in der Rechtsprechung in den letzten Jahren sehr viel verändert. Heute genügt jede gegen den Körper des Opfers gerichtete Einwirkung, die geeignet ist, den physischen oder psychischen Widerstand des Opfers von vornherein zu unterbinden oder zu beseitigen. Dazu gehört beispielsweise auch ein zielgerichtetes Einsperren, ein kräftiges Packen an der Hand, ein heftiges Stoßen auf das Bett oder ein Festhalten der Arme, wenn die Arme zur Gegenwehr eingesetzt werden. Gerade das zielgerichtete Einsperren wurde früher nicht als Gewalt definiert. Gewalt im Sinne des § 177 StGB liegt aber nicht vor, wenn die sexuelle Handlung durch das Zertrümmern der gesamten Wohnungseinrichtung erzwungen werden soll. Gewalt gegen Sachen reicht zur Erfüllung dieses Merkmals nicht aus. Hier könnte man allenfalls an eine Drohung („Erst die Möbel, dann du") denken. Eine Gewalteinwirkung ist allerdings nicht möglich bei widerstandsunfähigen Opfern. Wenn eine andere Person völlig widerstandsunfähig ist oder keinen Widerstandswillen bilden kann, dann kommt der § 179 StGB zur Anwendung, nicht der § 177 StGB. Dies liegt daran, dass die Gewalt durch den Täter zielgerichtet zur Überwindung eines (erwarteten, nicht tatsächlich geleisteten) Widerstands eingesetzt werden muss. Wenn ein solcher möglich ist, liegt dann auch Vergewaltigung vor. Um Missverständnissen vorzubeugen: Das Opfer muss sich nicht wehren, um ein Opfer zu sein. Der Täter wird oft Gewalt einsetzen, bevor das Opfer überhaupt an Gegenwehr denken kann.

Verwirrt? Wir denken, dass Ihnen immer deutlicher wird, warum es erforderlich ist, eine Handlung so präzise wie möglich zu erfragen und zu bestimmen, damit geklärt werden kann, gegen welchen Paragrafen des Strafgesetzbuchs denn nun im konkreten Fall verstoßen worden ist. Es kann ganz erhebliche Auswirkungen auf das Strafmaß haben, welcher Paragraf zur Anwendung kommt.

„Durch Drohung mit gegenwärtiger Gefahr für Leib oder Leben": Dieses Merkmal ist durch das Androhen von Gesundheitsschäden wie „Ich schlag dich zusammen!" erfüllt, nicht durch Drohungen wie „Du bekommst von mir kein Haushaltsgeld mehr!" oder „Ich verlasse dich!" oder (bei Kindern und Jugendlichen) „Sonst kommst du ins Heim!". Bei Kindern und Jugendlichen ist das mit der Drohung kompliziert. Von Erwachsenen wird erwartet, dass sie sich solchen Drohungen, die keine Leibes- oder Lebensgefahr beinhalten, widersetzen. Kinder können das nicht: Dafür gibt es dann aber auch den Straftatbestand des sexuellen Missbrauchs von Kindern (§ 176 und § 176a StGB). Außerdem kann ein Fall mit dem Merkmal Nr. 3 („Ausnutzen einer Lage …") vorliegen. Es kann übrigens sein, dass auch das Herbeiführen sexueller Handlungen durch solche geringfügigen Drohungen auch gegenüber einem erwachsenen Opfer strafbar ist. Es handelt sich dann aber nur um ein Vergehen, wie die Nötigung nach § 249 StGB oder Körperverletzung.

Die Gefahr für Leib und Leben muss auch „gegenwärtig" sein. Die Androhung „Du kriegst am nächsten Wochenende eine Tracht Prügel, wenn du jetzt nicht mitmachst" erfüllt dieses Merkmal nicht.

Andererseits kann die Drohung auch stillschweigend erfolgen, wenn zum Beispiel zuvor schon öfter sexuelle Handlungen mit erheblicher Gewalt erzwungen wurden. In diesem Fall kann eine einfache Drohgebärde, eine drohende Geste ausreichen. Es müssen nicht einmal Worte fallen, weil diese Geste ein Signal für Handlungen ist, die früher schon stattgefunden haben und jetzt gegenwärtig dadurch angedroht werden.

„Unter Ausnutzung einer Lage": Dieses Merkmal ist erst seit 1996 im Paragraf enthalten. Gemeint sind erheblich verminderte Schutz- und Verteidigungsmöglichkeiten, sodass das Opfer dem ungehemmten Einfluss des Täters ausgeliefert ist. Dabei muss diese Lage gar nicht vom Täter gezielt herbeigeführt worden sein. Es reicht auch aus, wenn der Täter etwa das Feststecken eines Fahrstuhls oder auch nur dessen räumliche Enge ausnutzt. Typischer ist die Situation, dass jemand auf einen einsamen Parkplatz fährt, es ist dunkel, der Parkplatz ist leer, es gibt kein Haus weit und breit. Das gilt auch für den abgelegenen Waldweg oder für die Schlafkabine im LKW. Wird diese Situation, diese Lage des Opfers ausgenutzt, so ist dieses Merkmal erfüllt. Im Gegensatz zu früheren Zeiten erkennt der Gesetzgeber nunmehr an, dass die Frau in dieser Situation nicht mehr durch weitere Gewalt oder Drohung von dem Täter zu sexuellen Handlungen gezwungen werden muss.

Auch persönliche Merkmale des Opfers können eine solche hilflose Lage begründen. So kann ein Opfer etwa glauben, der Täter würde es töten, wenn es nicht mitmacht, und der Täter merkt das und nutzt diese Lage gezielt aus. Wenn ein Täter etwa in einem Park hinter einem Busch hervorspringt, die Frau Todesangst bekommt und der Täter diese Angst zum Durchführen einer sexuellen Handlung ausnutzt, dann ist nach heutiger Gesetzeslage der Tatbestand der Vergewaltigung erfüllt. Ein solcher Täter weiß und muss wissen, dass sein Handeln und Verhalten bei einer Frau Angst auslösen wird, und wenn er sich dieses Wissen zunutze macht, nutzt er die Lage des Opfers aus. Trotzdem liegt hier natürlich ein Beweisproblem, denn das Gericht bewertet einen innerseelischen Vorgang des Täters. Es ist aber nicht zwingend erforderlich, dass das Opfer ausgerufen hat: „Bring mich nicht um!". Auch ein panisches Verhalten und ein angstverzerrtes Gesicht sind Signale, die ein Täter wahrnehmen kann und eigentlich auch muss. Die Lage kann auch darin bestehen, dass das Opfer erheblich alkoholisiert ist, zwar noch einen Widerstandswillen bilden, sich aber nicht mehr recht wehren kann. Sie können sich vorstellen, dass es im Rahmen einer Gerichtsverhandlung zwischen Opfer und Täter, zwischen Staatsanwaltschaft, Nebenklage und Verteidigung heftige Diskussionen darüber geben kann, ob es sich bei dem, was da passiert ist, um das Ausnutzen einer Lage im Sinne des Tatbestands der sexuellen Nötigung/Vergewaltigung gehandelt hat.

Die Integration dieses dritten Merkmals in den Tatbestandskatalog der Vergewaltigung ist ein sehr wichtiger Schritt gewesen, der den Schutz von Opfern vergrößert. Nach diesem Kriterium ist der sexuelle Missbrauch von Kindern praktisch immer eine sexuelle Nötigung, weil dieser Missbrauch nahezu immer unter Ausnutzung der spezifischen Lage des Kindes geschieht. Einzige Unterscheidungsmerkmale zum sexuellen Missbrauch von Kindern bleiben die Bestrafung von Handlungen, die keinen Körperkontakt zwischen Täter und Opfer voraussetzen – zum Beispiel das Exhibitionieren vor Kindern –, und die Antwort auf die Frage, inwieweit die erzwungene Handlung gegen den Willen des Kindes erfolgte. Dabei weiß aber auch die Rechtsprechung, dass normal entwickelte Kinder keine sexuellen Handlungen wollen. Aufgrund ihrer biologischen und emotionalen Situation wollen Kinder Nähe, Wärme, Schmusen, Zärtlichkeit, Vertrauen und Körperkontakt, aber sie wollen keine Sexualität im erwachsenen Sinne, weil die biologisch gebunden ist an die Produktion von Sexualhormonen wie Östrogen und Testosteron. Hier haben frühe psychoanalytische Konzeptbildungen von der „kindlichen Sexualität" zu Verwirrungen beigetragen, die eine Zeit lang von Tätern und ihren Verteidigern auch missbraucht worden sind. Auch das ist Geschichte.

„Sexuelle Handlungen": Was sind sexuelle Handlungen? Es sind Handlungen von einiger Erheblichkeit. Darunter fallen nicht irgendwelche Peinlichkeiten oder Geschmacklosigkeiten. Unter die sexuelle Nötigung fällt nicht das flüchtige, „zufällige" Berühren am Hintern oder an der Brust im Fahrstuhl oder in der U-Bahn. Darunter fällt meist auch nicht das Zupfen am Bikini im Freibad. Ein Zungenkuss ist aber schon von einiger Erheblichkeit. Umstritten ist gegenwärtig, ob ein eindeutig sexuelles Berühren im Schwimmbad über der Badekleidung oder unter der Badekleidung einen bedeutsamen Unterschied macht.

Die Handlungen müssen gegen den Willen des Opfers geschehen. Dabei vertritt die Rechtsprechung inzwischen: Ein einfaches Nein muss genügen. Die glaubhafte Aussage des Opfers, ein klares Nein gesagt zu haben, gilt als Nachweis. Der alte Macho-Spruch „Wenn eine Frau ‚Nein' sagt, meint sie ‚Vielleicht'" ist in der Rechtsprechung inzwischen ungültig. Andererseits ist eine Frau – oder besser: die Justiz – in Beweisnot, wenn die Frau am Wochenende in eine Nahkampfdiele geht, dort mit einem Mann eine halbe Stunde knutscht und plötzlich sagt: „Lass das!". Andererseits wäre ein Mann im juristischen Sinne inzwischen gut beraten, dieses Signal ernst zu nehmen und das, was er da lassen soll, auch zu lassen. Die Zeiten ändern sich.

Hier betreten wir das schwierige Feld der Glaubwürdigkeit des Opfers. Auch da wandelt sich die Rechtsprechung erheblich. Aufreizende Kleidung, aufreizendes Tanzen und intensive sexuelle Signale sind heute kein Freibrief mehr dafür, als Mann tun und lassen zu dürfen, was immer man will. Nein bedeutet Nein.

„Des Täters an sich zu dulden oder ... vorzunehmen": Dieses „an sich" bedeutet „am Körper des Opfers" oder „am Körper des Täters". Körperkontakt ist also zwingend nötig, um dieses Merkmal zu erfüllen. Wenn ein Täter sein Opfer mit vorgehaltener Waffe zwingt, sich vor seinen Augen selbst zu befriedigen, so ist das keine Vergewaltigung oder sexuelle Nötigung. Es erfüllt den Tatbestand der einfachen Nötigung nach § 240 StGB, eines Vergehens, wenn auch in einem besonders schweren Fall. Bei Kindern ist die Erfüllung dieses Merkmals übrigens nicht erforderlich. Es reicht, wenn ein Kind gezwungen wird, sexuelle Handlungen an sich selbst vorzunehmen, oder es auch nur eine pornografische Abbildung vorgehalten bekommt. Damit ist das Merkmal des sexuellen Missbrauchs von Kindern bereits erfüllt. Es muss nicht zu einem weiteren Körperkontakt kommen.

„Nötigt": Das bedeutet, dass eine finale und kausale Verknüpfung zwischen Nötigungsmittel und sexueller Handlung erforderlich ist. Dieses Merkmal wird meistens unstrittig sein. Es gibt aber nichts, was es nicht gibt. So gibt es zum Beispiel die Konstellation der so genannten „Raub-Vergewaltigung". Ein Mann überfällt eine Frau und bedroht sie, wendet vielleicht sogar körperliche Gewalt an, um ihre Handtasche mit dem Geld zu erhalten. Er bekommt die Handtasche, und die Gewaltanwendung diente der Aneignung des Geldes. Die Hilflosigkeit und Panik der Frau hat beim Täter zu sexueller Erregung geführt. Oder die Frau hat etwas gesagt, womit sie den Täter in seiner Männlichkeit gekränkt hat. Aus dieser Situation heraus kommt es zu sexuellen Handlungen. Dann wird zu klären sein, ob diese sexuellen Handlungen den Tatbestand der sexuellen Nötigung oder den Tatbestand der Vergewaltigung erfüllen. Die ursprüngliche Gewaltanwendung diente eigentlich dem Raub. Andererseits ist es schon einmal zu Gewalt gekommen, und die Frau kann davon ausgehen, dass dieser Täter gewalttätig ist. Insofern handelt es sich möglicherweise auch um eine Fortsetzung der Gewalt. Trotzdem wird an diesem Beispiel deutlich, dass es sich um ein eher theoretisches Problem handelt, das etwa bei der Formulierung des Urteils eine Rolle spielen würde. Praktisch wirkt sich dieses Problem nur selten aus.

Ein anderes und relevanteres Beispiel: Der Täter geht mit seinem Opfer beispielsweise in ein Hotelzimmer. Er schließt die Tür ab, damit niemand stört. Damit wendet er schon Gewalt im Sinne der Vorschrift an. Wenn es dann zum Geschlechtsverkehr kommt, nachdem die Frau „Nein" gesagt hat, denkt er möglicherweise gar nicht mehr an das Einschließen. Die Frau aber beugt sich den weiteren Näherungsversuchen nach dem „Nein" möglicherweise nur aufgrund des Einsperrens. Wenn der Täter dies aber nicht erkannt und bewusst ausgenutzt hat, liegt weder eine Vergewaltigung noch eine sexuelle Nötigung vor.

> Die Vergewaltigung ist juristisch der besonders schwere Fall der sexuellen Nötigung. Dies ist festgehalten in § 177 Abs. 2 StGB. Stellt das Gericht fest, dass das äußere Geschehen diesen objektiven Tatbestand erfüllt, führt das zu einer erhöhten Mindeststrafe.

Die Mindeststrafe sind dann zwei Jahre Gefängnis, und Freiheitsstrafen von mehr als zwei Jahren können nicht mehr zur Bewährung ausgesetzt werden. Wenn ein Gericht einen Täter wegen Vergewaltigung verurteilt, so bedeutet dies im Normalfall die Verhängung einer Gefängnisstrafe bis zu 15 Jahren (das Höchstmaß, s. dazu unten) ohne Bewährungsmöglichkeit.

Der Tatbestand der Vergewaltigung ist nunmehr durch jedes Eindringen in den Körper erfüllt. Früher war das anale oder orale Penetrieren durch dieses Kriterium nicht erfasst, obwohl es häufig genauso demütigend oder sogar noch demütigender und schädigender gewesen ist als die vaginale Vergewaltigung. Das Einführen des Fingers in die Scheide oder den Anus reicht aus, es muss nicht der Penis sein. Auch das Einführen von Gegenständen wie Flaschenhälse oder ein Messerknauf erfüllen dieses Merkmal.

Es gibt weitere gesetzlich normierte, strafverschärfende Merkmale. So wirkt es sich strafverschärfend aus, wenn mehrere Täter gemeinschaftlich gehandelt haben. Die Amerikaner sprechen von „Gang Rape". Ein Täter hält fest, ein anderer Täter fasst an oder dringt in das Opfer ein.

Als besonders schwerer Fall wird es auch bewertet, wenn die Vergewaltigung mittels einer Waffe oder eines gefährlichen Werkzeugs geschah. Wird die Waffe oder das Werkzeug eingesetzt (und sei es auch nur drohend), liegt die Mindeststrafe sogar bei fünf Jahren (§ 177 Abs. 4 StGB). Ist die Vergewaltigung mit schwerer Gesundheitsgefahr verbunden, liegt die Strafe nicht unter drei Jahren Gefängnis. Dazu bedarf es aber keines Gegenstandes oder einer Waffe wie eines Messers – das Merkmal ist bereits erfüllt, wenn der Täter etwa die Faust in den After oder die Scheide eingeführt hat. Dies kann zu massiven inneren Blutungen führen oder dazu, dass das Opfer anschließend ständig Windeln tragen muss. Auch an dieser Stelle wird deutlich, wie sich das Gesetz gewandelt hat. Eine solche Tat wäre früher als sexuelle Nötigung verurteilt worden, mit einem Strafmaß von einem Jahr aufwärts. Heute ist das Strafmaß drei Jahre aufwärts. Wenn ein Täter einem Opfer zwangsweise oder heimlich Drogen verabreicht, um es widerstandsunfähig zu machen oder seine Widerstandskraft herabzusetzen, dann ist das in jedem Fall Gewalt. Auch wenn eine Trunkenheit von jemand anderem hervorgerufen wurde oder vom Opfer selbst und der Täter diese zielgerichtet ausnutzt, ist zumindest das Kriterium Nr. 3 erfüllt.

Ein besonderes Problem ist die Abgrenzung des Versuchs von der Vollendung der Vergewaltigung. Da kommen dann die Fragen an das Opfer: „Wie weit ist er denn eingedrungen?", „Wie weit war er denn schon drin?". Hier wird deutlich, dass sehr peinliche und bloßstellende Fragen ihren juristischen Hintergrund und eine gewisse Notwendigkeit haben, um genau festzulegen, welcher Straftatbestand erfüllt ist. Die Vergewaltigung ist erst dann vollendet, wenn der Penis des Täters in den Scheidenvorhof eingedrungen ist. Diese Unterscheidung hat weit reichende Konsequenzen für die Strafe: Ein Versuch ist laut Gesetz im Normalfall milder zu bestrafen. Das kann bedeuten, dass hier dann doch noch mal Bewährung in Betracht kommen kann. Deshalb muss das Gericht in Grenzfällen genau nachfragen. Ein Versuch liegt allerdings nicht erst bei Körperkontakt vor. Er kann auch schon gegeben sein, wenn der Täter erst mit der Gewaltanwendung oder Drohung beginnt, mit der die sexuellen Handlungen erzwungen werden sollen.

Sie werden als Therapeutin jetzt vielleicht einwenden: „Das ist doch eine Zumutung! Das kann man doch von einem Opfer in der Gewaltsituation nicht auch noch verlangen, dass es genau hinspürt, wie weit der Täter vorgedrungen ist." Da haben Sie recht. Aber es darf nicht vergessen werden, dass der Täter nach dem

Maß seiner Schuld zu bestrafen ist. Dabei geht es um die individuelle Schuld, die das Gesetz erst einmal an gewissen Kriterien misst: der Art der Rechtsgutsverletzung (hier: Recht auf sexuelle Selbstbestimmung) und der Intensität derselben (Vollendung oder Versuch). Danach bemisst sich dann der Strafrahmen, und das Gericht ist auch verpflichtet, diesen Rahmen im Urteil genau zu begründen. Zweifel gehen dabei immer zugunsten des Täters. Wenn Sie jetzt einwenden, dass ein Opfer doch auch bereits durch den Versuch schwerwiegend traumatisiert sein kann, so haben Sie wiederum recht. Die genannten Kriterien bestimmen nur einen Strafrahmen. Bei der Ausfüllung dieses Rahmens sind weitere Kriterien heranzuziehen, und dabei spielen die Folgen der Tat – insbesondere die, die die Tat für das Opfer hat – eine wesentliche Rolle.

Weder eine Vergewaltigung noch ein sexueller Missbrauch Widerstandsunfähiger dürfte allerdings beweisbar sein, wenn das Opfer behauptet, es sei im Schlaf vergewaltigt worden und hätte das erst gar nicht gemerkt. Zunächst einmal ist ein Mensch, der aus dem Schlaf erwacht, nicht widerstandsunfähig. Außerdem wird jede Frau ehrlicherweise zugeben müssen: So etwas merkt frau! Die Mitteilung, das Ganze sei plötzlich im Schlaf passiert, kommt meistens von Jugendlichen, die sich ihren Eltern oder der Familie gegenüber damit herausreden wollen. Dann wird die Vernehmungsbeamtin ihre Zweifel haben, diese anmelden und deutlich machen, die Jugendliche vielleicht eine Woche später zu einer zweiten Aussage erneut vorladen, und dann löst sich die Situation doch meistens von selbst schon auf. Vorstellbar ist allerdings die Situation des Ausnutzens des Schlafs für den Beginn der Handlung. Die Frau wird dann wach, und ihr Widerstand wird vom Täter mit Gewalt oder Drohung überwunden: Dann reden wir natürlich wieder von Vergewaltigung.

Es entspricht übrigens juristischer Erfahrung, dass Falschanzeigen meistens gegen Unbekannte erstattet werden. Es ist sehr selten, dass eine Falschanzeige gegen jemanden erstattet wird, der dem Opfer bekannt oder gar nahe bekannt ist. Bei Jugendlichen geschieht dies etwas öfter als bei Erwachsenen. Ein Rechtsanwalt, der als Verteidiger arbeitet, wird dies möglicherweise etwas anders gewichten und behaupten: „Ein Drittel aller Anzeigen sind Falschanzeigen." Dabei handelt es sich dann aber eben um jene oben beschriebenen Falschanzeigen, überwiegend von jugendlichen Mädchen, die sich aus irgendeiner heiklen Situation herausreden wollen.

Übrigens haben Vernehmungsbeamtinnen bei der Polizei oft schon im Gefühl, ob es sich um eine Falschanzeige handeln könnte. Nicht nur Therapeuten diagnostizieren und behandeln oft aus dem Bauch heraus, sondern auch andere Menschen. Langjährige Berufspraxis und Lebenserfahrung fördern die Fähigkeit, aus Stimmungen, Ahnungen und dem heraus, was Therapeuten „Gegenübertragung" nennen, zu Vermutungen und Schlüssen zu kommen.

3.2 Der „minderschwere Fall"

§ 177 Abs. 5 StGB legt fest: Was ist ein minderschwerer Fall? So wie es besonders schwerwiegende Taten gibt, gibt es auch das Gegenteil, nämlich minderschwere

Fälle. Genauso wie es Umstände gibt, die eine Tat als besonders schwerwiegend erscheinen lassen, gibt es Umstände, die eine Tat als erheblich weniger schwerwiegend erscheinen lassen als der Durchschnitt aller Taten.

Trotzdem ist diese Formulierung missverständlich und für Opfer häufig besonders kränkend und verletzend. Wenn in einem Urteil festgestellt wird, dass es sich um einen minderschweren Fall gehandelt hat, ist dieses Opfer dann minderschwer vergewaltigt worden? Das hat für das Opfer eine zusätzliche Kränkung zur Folge („Bin ich minderschwer vergewaltigt worden? Ist diese Vergewaltigung für mich gar nicht so schlimm gewesen wie für andere?").

An dieser Stelle wird wieder deutlich, dass wir ein Täter-Strafrecht haben. Sowohl die Gewichtung als besonders schwerwiegender Fall als auch diejenige als minderschwerer Fall bezieht sich ausschließlich auf den Täter, auf die Schuld des Täters. Beide Formulierungen sagen überhaupt nichts darüber aus, wie schwerwiegend oder wenig schwerwiegend diese Tat für das Opfer war. Das muss einem Nicht-Juristen oder einem Opfer aber auch erstmal gesagt werden. Spontan würde da wohl niemand drauf kommen. Und auch in der Öffentlichkeit und in Presseberichten wird dieses Merkmal oft völlig falsch eingeschätzt und dargestellt. Die Formulierung ist gesetzestechnisch korrekt, menschlich aber völlig missglückt. Besser wäre eine Formulierung wie „besonders schwerwiegende Schuld" oder aber eben „minderschwere Schuld" des Täters. Aber auch dann würde doch das Opfer denken: „Ist das nicht so schlimm, wenn man mich vergewaltigt wie wenn man andere vergewaltigt?"

Ein minderschwerer Fall (eigentlich besser: eine „minderschwerwiegende Schuld") kann etwa bei einem vorangegangenen, länger andauernden widersprüchlichen Verhalten des Opfers vorliegen. Andererseits ist dieses Merkmal noch nicht zwingend bei einer längeren Bekanntschaft erfüllt. Früher wurde der minderschwere Fall oft für den Fall bejaht, dass zwischen Täter und Opfer bereits eine sexuelle Beziehung bestand. Dabei wurde gänzlich unberücksichtigt gelassen, dass eine Vergewaltigung innerhalb einer Vertrauensbeziehung schwerwiegendere Folgen zeitigen kann als eine Überfall-Vergewaltigung.

Dass eine vorangegangene sexuelle Beziehung nach dem Willen des Gesetzgebers nicht generell einen minderschweren Fall bedeuten soll, ist in den Diskussionen zur Vergewaltigung in der Ehe deutlich geworden. Dort war durchaus angedacht worden, diese mit einem milderen Strafrahmen zu versehen. Hierauf hat der Gesetzesentwurf dann nach längerer Diskussion aber ausdrücklich verzichtet und damit verdeutlicht, dass eine Vergewaltigung in einer Beziehung mindestens genauso schwer wiegt wie eine so genannte Überfall-Vergewaltigung.

In Deutschland kann zum Beispiel ein minderschwerer Fall vorliegen, wenn der Täter unter Alkoholeinfluss stand, dies nicht gleich zu einer verminderten Schuldfähigkeit nach § 21 StGB geführt, den Täter aber (ggf. zusammen mit anderen Umständen) nicht unerheblich enthemmt hat. Hier sei noch einmal daran erinnert, dass in anderen Nationen anders geurteilt wird: In Großbritannien wirkt sich Alkoholisierung bei einem Täter stets strafverschärfend aus, weil jeder Mensch weiß, dass die Hemmschwellen unter Alkohol herabgesetzt sind. Wer also Alkohol trinkt, ist für die Folgen verantwortlich. Andere Länder – andere Sitten.

Mittlerweile knüpft der BGH allerdings an den erheblichen Alkoholgenuss nicht mehr zwingend die Folge der Schuldmilderung, hier werden heutzutage erheblich genauere Feststellungen verlangt.

Wir rufen uns noch einmal in Erinnerung: Sind nach Überzeugung des Gerichts die Tatmerkmale der Vergewaltigung erfüllt, so ist die Mindeststrafe zwei Jahre. Das bedeutet: Jeder Vergewaltiger wird grundsätzlich zu einer Strafe ohne Bewährung verurteilt. Die Vielfalt der Lebenstatbestände macht es aber zwingend erforderlich, dass es hier keinen Automatismus gibt, sondern dass ein minderschwerer Fall festgestellt werden kann, um nicht zwangsläufig ein solches Urteil fällen zu müssen.

> Als Staatsanwältin erinnere ich mich an einen Fall, bei dem mir Täter und Opfer Hand in Hand gegenübersaßen. Das Opfer hatte mit dem Täter seit Jahren eine Beziehung, meinte aber, dieser bemühe sich seit einiger Zeit nicht mehr genug um sie. Deshalb hatte sie ihn ganz bewusst provoziert, um ihn so richtig eifersüchtig zu machen. In seiner Wut hatte er sie dann vergewaltigt. Anschließend zeigte das Opfer den Täter an, und der Täter gestand. Vor Gericht sagte das Opfer aus tiefster Überzeugung: „Ich will aber nicht, dass der ins Gefängnis geht."

Ein anderer Fall:

> Es war in einer Ehe zu folgender Situation gekommen: Beide waren zunächst gemeinsam ins Schlafzimmer gegangen und hatten sexuelle Handlungen miteinander einvernehmlich begonnen. Die Frau hatte in ihrer Kindheit Missbrauchserfahrungen gemacht und war plötzlich getriggert. Sie war im falschen Film und lehnte jede weitere Sexualität mit dem Ehemann ab. Der versuchte sich mit sanfter Gewalt darüber hinwegzusetzen. Die Frau konnte sich losreißen, lief zum Telefon und rief die Polizei. Die Polizei kam, und es wurde ein Strafverfahren eingeleitet. Die Ehefrau hat sich am nächsten Tag mit ihrem Mann ausgesprochen und dann bei der polizeilichen Vernehmung von ihrem Aussageverweigerungsrecht Gebrauch gemacht. Sie wollte nicht, dass ihr Mann verfolgt wird. Dieser hatte aber die Tat gestanden, weil er nun wiederum seine Frau nicht als Lügnerin darstellen wollte. Nach diesem Geschehen gingen beide Ehepartner in Therapie, machten auch eine gemeinsame Paartherapie, und es wäre eine Katastrophe gewesen, wenn der Ehemann ein halbes Jahr später für zwei Jahre ins Gefängnis gekommen wäre. Hier hätten sich Rechtsprechung und die Anwendung von Gesetzen geradezu destruktiv auswirken können.

Für solche Fälle ist es wichtig, dass es die Möglichkeit der Rechtskonstruktion des minderschweren Falls gibt, damit Rechtsprechung nicht Unrecht schafft. Es muss auch möglich sein, einen Ausgleich zwischen Täter und Opfer herbeizuführen, etwa mit Therapieauflagen, sodass die Sache einvernehmlich erledigt werden kann. Dies ist aber unter Juristen, insbesondere unter Staatsanwälten, durchaus umstritten.

3.3 Sexueller Missbrauch von Kindern

Die Wahrnehmung von Kindesmissbrauch in der Familie unterliegt ja einem erheblichen gesellschaftlichen Wandel. Wissenschaftlerinnen wie die Gerichtsmedizinerin Trube-Becker (1982) haben immer schon darauf hingewiesen, dass Kindesmissbrauch kein ganz seltenes Phänomen ist (Gunkel 1999). Eine sehr gründliche Blindstudie des kriminologischen Instituts Hannover durch Wetzels (1997) an etwa 3000 repräsentativ ausgewählten Menschen zwischen 18 und 60 Jahren hat ergeben, dass Kindesmissbrauch in der Familie im Laufe der Jahrzehnte tendenziell eher zurückgegangen ist. Bis zum Anfang der 70er Jahre gab es Kindesmissbrauch in der öffentlichen Wahrnehmung allerdings praktisch gar nicht. Allenfalls galt es als Randgruppenphänomen. In den 70er und 80er Jahren dominierte zeitweilig ein Klima, in dem zumindest Sexualität mit Jugendlichen ideologisch als gesellschaftlicher Befreiungsschritt angesehen wurde. In Filmen wie „Schulmädchenreport" wurde der Eindruck erweckt, jede gesunde 13-Jährige wolle nach dem Konfirmandenunterricht ihren Pastor verführen und jeder gesunde 14-Jährige wolle mit seiner Sportlehrerin ein Verhältnis haben. In dieser Zeit versuchten pädosexuelle Gruppierungen sogar, in etablierten Parteien Einfluss zu gewinnen und zu erreichen, dass Sexualität mit Kindern und Jugendlichen straffrei bleibt. In dieser Zeit hat es nach meiner therapeutischen Einschätzung auch einige Übergriffe und Missbrauchssituationen gegeben, die weniger pädosexuell motiviert waren als eher aus einem bestimmten ideologischen Klima erwuchsen. Ab Anfang der 90er Jahre veränderte sich die Sichtweise des Kindesmissbrauchs völlig. Zeitweilig pendelte die öffentliche Meinung in die Gegenrichtung: jeder Mann ein potenzieller Kinderschänder. Diskutiert wurde der Missbrauch mit dem Missbrauch (Rutschky 1992), und in Fernsehdiskussionen, Zeitungsartikeln und vor Gericht wurde hart, aber unfair argumentiert. Dieser gesellschaftliche Findungsprozess war unverzichtbar, und ein solcher gesellschaftlicher Prozess geht nie so kontrolliert vonstatten, dass es dabei nicht auch zu Unrecht käme. Im Grunde genommen ist dieser Diskussions- und Bewertungsprozess in unserer Gesellschaft bis heute nicht abgeschlossen. Mit gutem Grund gibt es Gruppierungen, die von einer neuen Prüderie sprechen. Mit gutem Grund gibt es Gruppierungen, die ein patriarchales Verharmlosungsverhalten feststellen. Und es könnte sogar sein, dass die Schärfe und Irrationalität der Diskussionen zu dem Thema sowie die erkennbare Unversöhnlichkeit in diesen in der Sache selbst begründet sind. Aus einem bis heute nicht völlig verstehbarem Grund hat der Inzest eine immense gesellschaftliche Sprengkraft. Der reale Inzest ist etwas völlig anderes als die phantasierte ödipale Situation, in der ein Mädchen oder ein Junge Vater-Mutter-Kind spielt. Aus noch nicht ganz erforschten Gründen ist der Inzest in fast allen Kulturen,

Religionen und Rechtssystemen verboten, und wie bei anderen Verboten auch wird auch dieses übertreten. Was gar nicht vorkommt, braucht vom Gesetzgeber auch gar nicht verboten zu werden. Es gibt kein Gesetz dagegen, als Mensch Gras zu fressen. Das tun wir allenfalls in der sehr frühen Kindheit, wenn wir mal ausprobieren wollen, was die Kuh da isst. Nach sehr wenigen Versuchen stellen wir dann aber fest, dass der Kuh etwas anderes schmeckt als uns. Gras essen wir nur dann, wenn wir kurz vor dem Verhungern stehen, und dann hilft es uns auch nicht viel zu überleben. Darum braucht es nicht verboten zu werden. Verbote sind nur erforderlich gegen ein Handeln, das vorkommt.

Die offizielle polizeiliche Statistik belegt, dass der durch die Medien verbreitete Eindruck, die Fallzahlen beim Kindesmissbrauch seien erheblich gestiegen, nicht richtig ist. Es gibt auch keine zuverlässige Dunkelfeldforschung, weil jeder Forscher die Frage, was ein Missbrauch ist, anders beantwortet. Und oft wird dabei ein ganz anderer Maßstab angelegt, als ein Jurist dies täte. Wie sieht der juristische Maßstab aus?

§ 176 StGB legt in juristischer Hinsicht fest, was sexueller Missbrauch von Kindern ist. Ein Kind ist ein Mädchen oder ein Junge unter 14 Jahren. Das Opfer ist bei Begehung der Tat also noch nicht 14 Jahre alt gewesen. Beim sexuellen Missbrauch von Kindern kommt es nicht darauf an, ob das Opfer die Tat wollte. Der Gesetzgeber und die höchstrichterliche Rechtsprechung gehen grundsätzlich davon aus, dass ein Kind die Tragweite sexueller Handlungen nicht einschätzen kann und daher sein Einverständnis den Täter nicht schützen kann. Wir haben den Hintergrund dieser Auffassung bereits erläutert. Es kommt für die Rechtsprechung nicht auf irgendwelche unbewussten oder vorbewussten Phantasien oder archetypischen Schemata an, sondern auf die biologische Realität, das manifeste Bewusstsein und das manifeste Verhalten.

Der § 176 StGB definiert dann verschiedene Begehungsalternativen des sexuellen Missbrauchs von Kindern und diverse Strafverschärfungen. Auch daran wird wieder deutlich, dass ein genaues Erforschen und Erfragen des Tathergangs unverzichtbar ist, um die Kriterien dieses Paragrafen präzise zur Anwendung kommen zu lassen und gerecht Recht zu sprechen. Hier gibt es sehr viele Begehungsalternativen mit den unterschiedlichsten Strafrahmen. Gerade bei dieser Vorschrift hat sich gezeigt, dass alle Versuche des Gesetzgebers, durch Strafverschärfungen präventive Erfolge zu erzielen, nichts gefruchtet haben. Demgegenüber ist die Geständnisbereitschaft der Täter sogar gemindert worden, weil der Täter ohnehin nicht mehr mit einer Bewährungsstrafe rechnen kann und sich ein Geständnis viel weniger „lohnt" – mit der Folge, dass nunmehr ein Kind viel öfter vor Gericht aussagen muss.

Literatur

Gunkel S (1999). Die Häufigkeit posttraumatischer Belastungsstörungen: Epidemiologische Befunde. In: Kruse G, Gunkel S (Hrsg). Trauma und Konflikt. Zugangswege einer traumaorientierten Psychotherapie. Hannover: Hannoversche Ärzte-Verlags-Union; 48–83.

Rutschky K (1992). Erregte Aufklärung. Kindesmißbrauch: Fakten & Fiktionen. Hamburg: Klein.

Trube-Becker E (1982). Gewalt gegen das Kind. Vernachlässigung, Mißhandlung, sexueller
    Mißbrauch und Tötung von Kindern. Heidelberg: Kriminalistik-Verlag.
Wetzels P (1997). Zur Epidemiologie physischer und sexueller Gewalterfahrungen in der
    Kindheit. Hannover: Kriminologisches Forschungsinstitut Niedersachsen.

3.4 Notwehr

Noch einmal Grundsätzliches zum Abschluss dieses Kapitels: Grundsätzlich gilt,
dass die Rechtswidrigkeit einer Tat feststehen muss. Eine Tat muss gegen die Rechtsordnung verstoßen, um bestraft werden zu können. Es darf also keine Notwehr vorliegen oder ein Notstand, der diese Tat rechtfertigt. Notwehr liegt immer dann vor,
wenn ein anderes Rechtsgut nur deshalb nicht verletzt wird, weil der Täter seine eigenen Rechtsgüter (berechtigt) vor einem gerade ablaufenden Angriff schützen will.
Rechtswidrigkeit ist bei Vergewaltigung eigentlich immer gegeben. Es gibt keine sexuelle Handlung, die zur Verteidigung eines anerkannten Rechtsguts erforderlich ist.
Notwehr wird auch nicht für Fälle der Blutrache oder Verteidigung der Familienehre
anerkannt. Wenn ein türkisches Mädchen sich auf sexuelle Handlungen eingelassen
hat und von ihrem Bruder umgebracht wird, damit der Bruder die Ehre der Familie
und seine eigene Ehre verteidigt, so ist das nach unserer Rechtsauffassung keine
Notwehr. Nach unserer Rechtsauffassung stellt das Verhalten des Mädchens gar
keine Ehrverletzung dar. Außerdem ist die angeblich verwerfliche Handlung bereits
abgeschlossen, die Ehre kann also gar nicht mehr erfolgreich verteidigt werden.
    Schwierig sind Situationen, in denen das Opfer zum Täter wird, weil es Not-
wehr annimmt, die so genannte „putative Notwehr". Ein Fallbeispiel:

> Ein Mann tritt auf eine Frau zu und will sie nach der Uhrzeit fragen. Die Frau
> glaubt, von dem Mann tätlich angegriffen zu werden, weil der ihre Handta-
> sche rauben oder sie zu sexuellen Handlungen zwingen will. Sie wähnt sich
> in Not, greift zur Notwehr, konkret zum Pfefferspray, und sprüht dem Mann
> ins Gesicht. Dabei verletzt sie ihn an den Augen. Auch hier wäre eine sehr
> genaue Ermittlung, Befragung und Abwägung erforderlich, um zu entschei-
> den, ob diese Körperverletzung straffrei bleibt, ob schuldmindernde Umstän-
> de anzunehmen sind oder ob die Frau sich hier nicht auf Notwehr bzw. eine
> so genannte Putativnotwehr berufen kann, die zumindest eine Strafmilderung
> zur Folge hätte.

3.5 Vorsatz und Fahrlässigkeit

Neben den objektiven Tatmerkmalen muss auch der subjektive Tatbestand erfüllt
sein. Der Täter muss vorsätzlich handeln, das heißt, er muss alle Umstände kennen und wollen. Handelt ein Täter nicht vorsätzlich, so handelt er möglicherweise

fahrlässig. Ein Täter handelt dann nicht vorsätzlich, wenn er beispielsweise um die fehlende Freiwilligkeit der sexuellen Handlung nicht weiß. Er muss die Ablehnung des Opfers nicht „ahnen" oder gar voraussetzen. Der Täter muss die Gewalt zielgerichtet zur Erzwingung der sexuellen Handlung einsetzen. Wenn ein Täter glaubhaft machen kann, dass er die Tür des Schlafzimmers zugesperrt hat, um ungestört zu sein, und nicht dazu, die sexuelle Handlung zu erzwingen, dann wird das Merkmal der Gewalt und der Herbeiführung einer bestimmten Lage nicht als bewiesen gelten können.

Handelt ein Täter nicht vorsätzlich, sondern fahrlässig, so ist sein Handeln nur dann strafbar, wenn das Gesetz die Bestrafung dieses fahrlässigen Handelns ausdrücklich vorsieht. Beispielsweise wird fahrlässiges Handeln bestraft bei Körperverletzung, bei Brandstiftung, im Straßenverkehr oder bei einem Tötungsdelikt. Nicht jede fahrlässige Handlung fällt unter die Strafbarkeit des Strafgesetzbuchs, es kann aber dennoch eine zivilrechtliche Haftung auf Schadensersatz nach sich ziehen. Man muss also auch hier genau im Gesetz nachlesen, ob auch das fahrlässige Handeln unter Strafe gestellt ist.

3.6 Verbotsirrtum und Subsumtionsirrtum

Wie ist es nun, wenn ein Täter behauptet: „Ich wusste gar nicht, dass so was strafbar ist. Ich bin in Hinterweltistan aufgewachsen, und da gibt es den Straftatbestand der Vergewaltigung gar nicht." Dies wäre ein so genannter „Verbotsirrtum". Der führt erst dann zur Straffreiheit, wenn er nicht vermeidbar war. Das ist bei einer Vergewaltigung aber nie anzunehmen. Es gibt praktisch keinen Staat, in dem Vergewaltigung nicht in irgendeiner Form verboten wäre, und auch die großen Weltreligionen verbieten Vergewaltigung. Ein so genannter Verbotsirrtum führt allenfalls zu einer Strafmilderung, nicht aber zur Straffreiheit.

Und wenn der Täter behauptet, er habe gedacht, das Einführen von Gegenständen in Vagina oder Anus sei keine Vergewaltigung? Für diese Situation haben die Juristen das schöne Wort vom „unbeachtlichen Subsumtionsirrtum" geschaffen. Umgangssprachlich ist diese Tatsache in den Spruch gefasst: „Unkenntnis schützt vor Strafe nicht". Zum Beispiel wissen viele Menschen nicht, dass die Vernichtung eines Bierdeckels, auf dem die Anzahl der Biere eingetragen ist, die man in letzter Zeit zu sich genommen hat, den Straftatbestand der Urkundenunterdrückung erfüllt. Die Striche auf dem Bierdeckel, die die Anzahl der genossenen Getränke markieren, und die Zeichen für die verspeisten Soleier machen den Bierdeckel zu einer Urkunde. Wird diese zerrissen, so ist das Urkundenunterdrückung und als solche strafbar. Jetzt haben Sie ganz nebenbei für Ihren nächsten Kneipenbesuch wieder etwas dazugelernt.

Also: Der Täter, der so unwissend tat oder wirklich war, kommt nicht um eine Bestrafung wegen Vergewaltigung herum, weil er das, was sein Handeln zu einer Straftat macht, sehr wohl erkannt, nur falsch bewertet hat.

Alles, was wir bisher erläutert haben, wird Ihnen verdeutlicht haben, dass Gesetze niemals so präzise sein können, dass sie gar keiner Auslegung mehr bedürfen. Der Spruch „Zwei Juristen, drei Rechtsmeinungen" verdeutlicht, dass Gesetze immer der Rechtsauslegung bedürfen.

Alle Kulturen, die sich im Laufe der Geschichte durchgesetzt haben, haben Gesetzeswerke erschaffen, die festlegen, was geboten und was verboten ist. Diese Gesetzeswerke waren gleichzeitig religiös fundiert und begründet, um deutlich zu machen, dass die Rechtsordnung über den einzelnen Menschen und den einzelnen Lebenszeitraum hinaus überindividuelle Bedeutung und Gültigkeit hatte. In allen Religionen und Kulturen gibt es aber eine lange Tradition der Rechtsauslegung und der Rechtsprechung. Das Leben ist so vielfältig und die Sichtweise auf einen Lebenstatbestand kann so gegensätzlich sein, dass wir um die Frage, welchen Tatbestand diese Tat denn eigentlich erfüllt, nicht umhinkommen.

3.7 Schuld

Bestraft werden kann nur ein Täter, der sich schuldig gemacht hat. Ein Täter muss also schuldfähig sein, um verurteilt werden zu können. Im juristischen Sinne ist die Schuldfähigkeit also ein menschliches Qualitätsmerkmal. Menschen, die schuldunfähig oder auch nur vermindert schuldfähig sind, werden von ihren Mitmenschen deshalb oft auch abwertend oder abfällig betrachtet. Schuldfähig ist ein Täter, der die Fähigkeit besitzt, das Unrecht seines Verhaltens zu erkennen und nach dieser Erkenntnis zu handeln. Diese Fähigkeit kann vorübergehend oder auf Dauer eingeschränkt oder aufgehoben sein. Geregelt ist dies in den §§ 20 und 21 StGB. Von diesen Paragrafen leben die Psychiatrischen und Psychologischen Gerichtsgutachter. Sie sind Fachleute dafür, ob ein Täter bei Begehung der Tat schuldfähig, vermindert schuldfähig oder schuldunfähig war, und sie beraten das Gericht diesbezüglich bei der Urteilsfindung. Zur Forensischen Begutachtung gibt es mehrere dicke, gute Lehrbücher, und die Begutachtung der Schuldfähigkeit hat in Deutschland eine lange Rechtstradition. Wie immer, wenn es um Rechtsprechung geht, genügt nicht eine vage Vermutung oder eine täterfreundliche, therapeutische Grundhaltung des Gutachters. Vielmehr muss der Gutachter prüfen, ob bestimmte Kriterien, die im Gesetz festgelegt sind, erfüllt sind oder nicht. Die Schuldfähigkeit kann vermindert oder aufgehoben sein durch eine krankhafte seelische Störung, aufgrund einer tiefgreifenden Bewusstseinsstörung, wegen Schwachsinns oder wegen einer „schweren anderen seelischen Abartigkeit", so formulieren es die genannten Paragrafen.

Mit dem Kriterium der krankhaften seelischen Störung sind Psychosen gemeint, aber auch organische Veränderungen wie veränderte Bewusstseinszustände aufgrund einer Zuckererkrankung oder einer hirnorganischen Veränderung im Alter. Eine krankhafte seelische Störung ist auch eine Alkoholintoxikation, die die Steuerungsfähigkeit herabsetzt. Früher wurde ab einer Blutalkoholkonzentration (BAK) von 2,0‰ von einer verminderten Steuerungsfähigkeit ausgegangen. Heute muss es schon sehr konkrete Belege dafür geben, dass die Steuerungsfähigkeit wirklich herabgesetzt war, damit dieses Merkmal zur Anwendung kommt. Es gibt Menschen, die bei 2,0‰ BAK nur sehr wenig eingeschränkt sind.

Mit der tiefgreifenden Bewusstseinsstörung ist die Affekttat gemeint. Eine hochgradige affektive Erregung führt nur extrem selten zur Schuldunfähigkeit, kann aber die Steuerungsfähigkeit herabsetzen. In den letzten Jahren wird die hochgradige sexuelle Erregung aber praktisch gar nicht mehr als tiefgreifende Bewusstseinsstörung gelten gelassen. In unserer Gesellschaft sind sexuelle Reize so allgemein verbreitet, dass von jedem Menschen erwartet werden kann, dass er mit sexueller Erregung umzugehen gelernt hat. Es wird ja auch nicht gelten gelassen, wenn ich nach einem Kaufhausdiebstahl sage: „Ich hatte kein Geld. Aber die Werbung hat mich so geil auf diesen CD-Spieler gemacht – da konnte ich gar nicht anders, da musste ich einfach zugreifen. Ich konnte mich einfach nicht mehr steuern."

Ein weiteres Merkmal, das zu verminderter oder aufgehobener Schuldfähigkeit führen kann, ist Schwachsinn. Psychologen behaupten ja gerne: „Ein IQ von 100 ist eine milde Form des Schwachsinns." Das gilt aber nicht, das ist hier nicht gemeint. Und auch ein Mensch mit sehr niedriger Intelligenz weiß, dass er nicht stehlen oder sexuelle Handlungen mit Gewalt erzwingen darf. Trotzdem sind Taten zwischen Bewohnern eines Psychiatrischen Wohnheims oft sehr schwierig zu bewerten, und bei einer erheblichen Intelligenzminderung wird auch eine verminderte Steuerungsfähigkeit oft nicht ausgeschlossen werden können. In so einem Fall kann beispielsweise eine an sich sehr schwere, sehr gewalttätige und brutale Form einer Vergewaltigung juristisch als minderschwerer Fall eingestuft werden können, weil der Täter vermindert schuldfähig gewesen ist, da er das Unrecht seines Verhaltens zwar noch erkennen, aber nur noch vermindert nach dieser Erkenntnis handeln konnte.

Die „schweren anderen seelischen Abartigkeiten" sind ein Sammelbegriff für Persönlichkeitsstörungen, Perversionen, sehr schwere neurotische Erkrankungen, für die bewusst ein abwertender Sammelbegriff gewählt wurde, um die Anwendung unattraktiv zu machen. Es ist selten, dass eine Schuldunfähigkeit wegen einer „schweren anderen seelischen Abartigkeit" festgestellt wird. Meist wird aufgrund dieses Kriteriums höchstens eine verminderte Steuerungsfähigkeit festgestellt.

Wir gehen auf die Begutachtung zur Schuldfähigkeit später noch ausführlicher ein (Kap. 6.3).

Das deutsche Rechtssystem bestraft nicht die Tat, sondern den Täter. War der Täter aufgrund bestimmter Kriterien zum Tatzeitpunkt nicht schuldfähig, kann er nicht bestraft werden. War er vermindert schuldfähig, dann sinkt das Strafmaß. Auch das hat in Deutschland eine sehr lange Tradition. Schon im Sächsischen Landrecht ist festgehalten: „Die Tollen sollt Ihr nicht bei dem Leben bestrafen." Da war man im Mittelalter in einigen Gegenden Europas schon weiter als in den USA heute, wo manchmal noch nach dem Grundsatz verurteilt wird: „Wer töten konnte, kann auch getötet werden." Das ist nach unseren Kriterien nicht mal mehr als mittelalterliche Rechtsprechung einzuordnen. Aktuell bahnt sich in den USA ein langsamer Wandel an. So wurde gerade vom Obersten Gerichtshof der USA entschieden: Schwachsinnige dürfen nicht mehr mit der Todesstrafe belegt werden.

Wird festgestellt, dass ein Täter zum Zeitpunkt der Tat erheblich vermindert schuldfähig war oder gar schuldunfähig, so ist zu prüfen, ob mit bestimmbarer

Wahrscheinlichkeit festzustellen ist, dass von ihm auch in Zukunft erhebliche rechtswidrige Taten zu erwarten sein werden. Wenn die Tat ein Kapitaldelikt ist und wenn die Tat nicht sehr stark situativ oder beziehungsbedingt war, dann wird heute meist von der Unterbringung nach § 63 StGB zur Besserung und Sicherung in einem Psychiatrischen Krankenhaus Gebrauch gemacht. Eine erhebliche rechtswidrige Tat ist kein Fahrraddiebstahl und auch kein Diebstahl von Damenunterwäsche von der Wäscheleine. Andererseits hat es auch schon Unterbringungen von Menschen nach § 63 gegeben, die im Zustand verminderter Schuldfähigkeit oder Schuldunfähigkeit fortgesetzt immer wieder Ladendiebstähle begangen haben oder aufgrund kleiner, aber stetig wiederholter Straftaten schon mehrfach im Gefängnis waren, ohne dass dies irgendetwas bewirkt hätte.

Die landläufige Meinung, Psychiater würden praktisch jedem einen Freibrief ausstellen, ist übrigens falsch. Eine psychiatrische Begutachtung wird heute von der Staatsanwaltschaft oder dem Gericht nur dann in Auftrag gegeben, wenn die Juristen bereits erhebliche Hinweise darauf haben, dass mit diesem Straftäter wahrscheinlich irgendetwas nicht so ganz stimmt. In den Jahren nach 1968 gab es eine Zeitspanne von etwa 20 Jahren, in der die §§ 20 und 21 sehr weitgehend angewendet wurden. Justiz und Psychiatrie bemühten sich um ein umfangreiches Verständnis für die Täter, weil die Hoffnung bestand, nach und nach Strafe durch Therapie ersetzen zu können. Man versprach sich davon eine deutliche Verminderung der Rückfallgefahr. Nun ist in Bezug auf die Möglichkeiten, Menschen mit einer Antisozialen Persönlichkeitsstörung oder einer schweren Perversion psychiatrisch-psychotherapeutisch behandeln zu können, in den letzten Jahren eine deutliche Ernüchterung eingetreten. Das hat sich wiederum darauf ausgewirkt, dass die Kriterien für die Anwendung der §§ 20 und 21 restriktiver gehandhabt werden. Gesellschaftlich erfahren wir gegenwärtig eine spürbare Verstärkung der Opferorientierung. Und wir erfahren ein sinkendes Verständnis für schwere Straftäter. Diese gesellschaftlich bedingte Tendenz wird wahrscheinlich erst dann wieder einen Wandel erfahren, wenn Psychiatrie und Psychotherapie sehr viel bessere und abgesichertere Behandlungsstrategien – insbesondere für Sexualstraftäter – vorweisen können.

Ähnliche Fragestellungen gibt es auch bei der später noch näher zu beleuchtenden Sicherungsverwahrung, also dem Verbleiben des Straftäters im Justizvollzug, auch wenn er die eigentliche Strafe verbüßt hat.

Gegenwärtig gibt es in der Gesellschaft sehr wenig Verständnis dafür, wenn Sexualstraftäter wieder in Freiheit gekommen sind und dann erneut Sexualdelikte begehen. Was wiegt höher? Das Grundrecht auch eines Sexualstraftäters, dass die Strafe irgendwann verbüßt ist und er wieder das Recht hat, in Freiheit zu kommen und beweisen zu können, dass er nicht erneut Straftaten begehen wird? Oder das Recht von Kindern und Frauen auf körperliche Unversehrtheit, auf Sicherheit vor neuen Straftaten, auf Sicherheit von Leib und Leben? Diese Diskussion ist sicherlich noch längere Zeit nicht abgeschlossen.

4 Verjährung

Was ist Verjährung? Juristisch formuliert, geht das Recht davon aus, dass das Interesse der Gesellschaft am Rechtsfrieden nach einiger Zeit das staatliche Staatsverfolgungsinteresse überwiegt. Umgangssprachlich formuliert: „Irgendwann muss auch mal wieder Ruhe sein, irgendwann müssen Dinge erledigt sein, irgendwann muss die Sache auch als abgeschlossen gelten." Ist eine Straftat erst einmal verjährt, so besteht ein absolutes Strafverfolgungshindernis. Daran gibt es dann auch nichts mehr zu deuten und zu rütteln.

Selbstverständlich richtet sich die Verjährung nach der Schwere des Delikts. Je schwerer das Delikt, umso länger ist die Zeit, bis es verjährt ist. Ein Verstoß gegen das Asylverfahrensgesetz verjährt bereits nach drei Jahren, Mord verjährt nie. Die Bundesrepublik hat beschlossen, dass Mord nie verjährt, damit vor allem eine Strafverfolgung von Verbrechen aus der nationalsozialistischen Zeit fast unbegrenzt möglich ist. Für den Gesetzgeber wäre es unerträglich gewesen, wenn irgendwann Verbrecher der NS-Zeit zu ihren Taten hätten stehen können, von diesen Taten vielleicht sogar prahlerisch und medienwirksam hätten berichten können, ohne dass eine Strafverfolgung möglich gewesen wäre. In sehr vielen anderen Staaten verjährt auch Mord irgendwann einmal, beispielsweise nach 25 Jahren.

Die Verjährungsfristen sind festgelegt in § 78 StGB. Die Schwere eines Delikts wird anhand der vom Gesetz angeordneten Höchststrafe bestimmt. Wenn ein Gesetz als Strafrahmen keine Höchstgrenze festlegt, dann heißt das immer 15 Jahre. Jenseits von 15 Jahren Freiheitsstrafe gibt es nur noch die lebenslange Freiheitsstrafe, die bei Mord oder Völkermord, aber zum Beispiel auch bei Vergewaltigung mit Todesfolge verhängt werden kann.

Die Verjährungsfrist beginnt mit der Beendigung der Tat. Bei einem Betrug beginnt die Verjährungsfrist also beispielsweise bei Schadenseintritt, nicht schon mit Abschluss der Täuschung. Wenn ein Wirtschaftsbetrüger einen Kunden täuscht, so kann der Schaden auch einige Monate oder Jahre später eintreten.

Bei den Straftaten gegen die sexuelle Selbstbestimmung gibt es Ausnahmen. Eine Vergewaltigung verjährt nach 20 Jahren (§ 78 Abs. 3 Nr. 2 StGB). Ein Kindesmissbrauch, sofern es sich nicht um eine Vergewaltigung gehandelt hat, was fast immer der Fall ist, verjährt nach 10 Jahren. Wenn das Opfer bei Beendigung der Tat aber noch keine 18 Jahre alt war, ruht die Verjährung nach § 78b StGB, bis das Opfer 18 Jahre alt geworden ist. Dann tritt die Verjährung ein, wenn das

Tab. 4-1 Verjährung

§ 177 StGB: sexuelle Nötigung, Vergewaltigung	Höchstmaß: 15 Jahre; Verjährung nach 20 Jahren
§ 176 StGB: sexueller Missbrauch von Kindern	10 Jahre Freiheitsstrafe; Verjährung nach 10 Jahren, gilt auch für §§ 176a und b
§ 174 StGB: sexueller Missbrauch von Schutzbefohlenen	Höchstmaß: 5 Jahre; Verjährung nach 5 Jahren

Opfer 28 oder 38 Jahre alt geworden ist, je nachdem, welches Delikt begangen wurde. In Tabelle 4-1 sind die wichtigsten Delikte und die dafür gültigen Verjährungsfristen zusammengefasst.

Selbstverständlich wird um eine Verjährung juristisch intensiv gekämpft. Ein Staatsanwalt wird wahrscheinlich eher ein Delikt als „schwer" einschätzen (also z.B. Mord statt Totschlag, Vergewaltigung statt sexueller Missbrauch von Kindern) und deshalb auf eine Strafverfolgung drängen, weil dieses schwere Delikt noch nicht verjährt ist. Ein Verteidiger wird vehement vertreten, dass es sich um das weniger schwere Delikt handelt, das bereits verjährt ist. Hier können schon sehr frühzeitig in einem Verfahren heftige Auseinandersetzungen laufen. Es kann aber auch sein, dass erst im Urteil festgestellt wird, dass die Tat doch nicht ein so schweres Delikt gewesen ist, wie es die Staatsanwaltschaft angeklagt hat, und dass deshalb das Delikt bereits verjährt ist. Dann wird der Täter zwar nicht freigesprochen, aber es erfolgt auch keine Strafverfolgung, denn Verjährung ist ein absolutes Strafverfolgungshindernis. Das Verfahren wird durch Urteil eingestellt (§ 260 Abs. 3 StPO: Einstellungsurteil). In der Öffentlichkeit und der Presse wird ein solches Urteil natürlich sehr kontrovers aufgenommen und diskutiert werden, und für einen Nicht-Juristen ist dies auch nicht immer so ganz leicht nachvollziehbar.

Kompliziert wird die Verjährung noch dadurch, dass eine Verjährung durch gewisse Strafverfolgungsmaßnahmen unterbrochen werden kann. So kann eine erste Vernehmung stattfinden, es kann einen Hausdurchsuchungsbeschluss geben, oder es kann eine Anklage erhoben worden sein. Dann beginnt die Verjährung mit dieser Strafverfolgungsmaßnahme neu. Der Beschuldigte weiß dann, dass er verfolgt wird, und kann nicht auf den Rechtsfrieden hoffen. Sonst würden selbstverständlich alle Strafverfahren (noch mehr als heute oft schon üblich) gezielt verschleppt, um möglicherweise die Verjährungsfrist noch zu erreichen. Aber auch hier gibt es eine Grenze. Die absolute Grenze liegt beim Doppelten der Verjährungszeit. Wenn eine Straftat also bereits nach einem Jahr verjährt ist, weil sie vom Gesetzgeber eben als nicht so schwere Straftat eingestuft wird, dann wäre sie maximal nach zwei Jahren verjährt, unabhängig davon, welche Strafverfolgungsmaßnahmen inzwischen eingeleitet worden sind.

Ist das Ganze kompliziert genug? Es geht noch komplizierter! Und es ist auch noch komplizierter. Prinzipiell gibt es für Verjährung kein so genanntes Rückwirkungsverbot. Wenn ein Gesetzgeber aber Verjährungsfristen verändert, so gelten die auch für bereits zurückliegende Straftaten. Das musste entschieden werden, als die Bundesrepublik festlegte, dass Mord nie verjährt. Hätte es ein Rückwirkungsverbot gegeben, so wären alle vorher begangenen Morde von dieser neuen gesetzlichen Regelung nicht erfasst worden. Das wäre völlig widersinnig gewesen, da das Gesetz sich ja gerade auf Morde in der Zeit zwischen 1933 und 1945 beziehen sollte.

Für die Frage der Verjährung von Sexualdelikten hat der Gesetzgeber in den 90er Jahren ähnliche Überlegungen angestellt. Er hat erkannt, dass Kinder oft in ihrer Fähigkeit, von ihren Rechten Gebrauch zu machen, so lange eingeschränkt sind, wie sie in einem belastenden oder gar traumatisierenden Familien-System leben. Da kann auch von fast erwachsenen Mädchen oder Jungen nicht erwartet werden, dass sie in der Lage sind, rational und abgewogen zu entscheiden. Dem wurde vom Gesetzgeber Rechnung getragen, indem bei Sexualdelikten bis zum 18. Geburtstag des Opfers das Ruhen der Verjährung festgelegt wurde. Das bedeutet, dass die 20-jährige Verjährungsfrist erst ab dem 18. Geburtstag läuft. Das gilt auch für Altfälle, allerdings nur dann, wenn sie zum Zeitpunkt des Inkrafttretens dieser Vorschrift nicht bereits verjährt waren. Denn dann ist Rechtsfrieden eingetreten, und der soll sozusagen nicht mehr gestört werden können. Weil sich auch die Sexualstraftatbestände in den letzten Jahren (1996 und 1998) zweimal geändert haben und die neuen Fassungen neue Strafrahmen und damit veränderte Verjährungsfristen nach sich gezogen haben, ist die Rechtslage zurzeit äußerst kompliziert.

Wenn also jemand im Jahr 2005 Sexualstraftaten anzeigt, die länger zurückliegen, so muss Folgendes ganz genau geprüft werden:
- Zu welchem Datum war ganz genau diese konkrete Tat?
- Was für eine Tat war das rechtlich (zum Zeitpunkt der Tat)? Welche Höchststrafe steht auf diesen Straftatbestand? Welche Verjährungsfrist gilt damit?
- Wann wäre sie nach altem Recht verjährt gewesen? War Verjährung bereits vor dem 01.07.1996 eingetreten? Dann wird sie nicht weiterverfolgt.
- Oder aber: Ist die Tat am 01.07.1996 noch nicht verjährt gewesen? Dann gilt: 18. Geburtstag des Opfers + jeweilige Verjährungsfrist = Verjährungsdatum.

Zeitliche Fristen sind im ganzen Rechtsbereich extrem wichtig. Fast alle Dinge müssen zu einem bestimmten Datum geschehen sein, sonst verfällt ein Rechtsanspruch, eine Straftat ist verjährt oder ein Rechtstitel ist verfallen. Die Justiz ist dort auf die Minute genau. Darum gibt es bei den Gerichten immer einen Nachtbriefkasten, der kurz nach 24 Uhr geleert wird, weil mit solchen Fristen und Terminen ausgesprochen präzise umgegangen werden muss. Dies gilt genauso für Verjährungsfristen.

Spielen wir mal einige Beispiele durch.

Am 01.03.2005 kommt Frau L., geboren am 13.12.1969, zur Polizei und zeigt an, dass sie am 11.05.1980 von einem Nachbarn beim Schwimmen im Schwimmbad an das Geschlechtsteil gefasst worden ist. Zu diesem Zeitpunkt war Frau L. im Sinne des Gesetzes ein Kind, sie war 10 Jahre alt. Die Tat erfüllt den Tatbestand des sexuellen Missbrauchs, der nach 10 Jahren verjährt ist. Diese Tat ist also am 10.05.1990 um 24 Uhr verjährt gewesen, damit vor dem 01.07.1996. Die Gesetzesänderung greift in diesem Fall nicht mehr, die Tat ist verjährt, das Verfahren wird eingestellt.

Am 01.03.2005 kommt Frau T., geboren am 10.09.1979, zur Polizei und zeigt an, dass sie am 13.01.1989 vergewaltigt worden ist. Frau T. war damals 9 Jahre alt, im Sinne des Gesetzes also ein Kind. Es handelte sich aber um eine Vergewaltigung nach § 177 StGB, die nach 20 Jahren verjährt. Nach altem Recht würde diese Tat also am 12.01.2009 um 24 Uhr verjähren. Sie hätte ab diesem Zeitpunkt nicht verfolgt werden können. Aber zum Zeitpunkt der Gesetzesänderung 1996 war die Tat noch nicht verjährt. Somit gilt die neue Rechtslage. Die Verjährung beginnt erst, als Frau T. 18 Jahre alt gewesen ist, präzise am 10.09.1997. Danach wäre die Verjährung 20 Jahre später, am 10.09.2017, erreicht. In jedem Fall ist diese Tat zum Zeitpunkt der Anzeige noch nicht verjährt, sie kann verfolgt werden.

Am 01.03.2005 kommt Frau B., geboren am 10.08.1979, zur Polizei und zeigt an, dass sie am 11.07.1986 von einem erwachsenen Täter zum Oralverkehr gezwungen worden ist. Nach damals gültiger Rechtslage erfüllte diese Tat nur den Straftatbestand der sexuellen Nötigung. Damals lag der Tatbestand der schwereren Tat, der Vergewaltigung, nur dann vor, wenn vaginaler Geschlechtsverkehr erzwungen worden war. Die Verjährungszeit betrug daher auch nur 10 Jahre. Die Tat wäre nach alter Rechtslage also am 10.07.1996 verjährt gewesen. Dieses Datum liegt nach der Gesetzesänderung vom 01.07.1996. Es gilt also die neue Verjährungsrechtslage. Der Verjährungszeitraum ist also zu berechnen mit 79 + 18 + 10. Verjährungsdatum ist der 09.08.2007. Auch diese Straftat kann verfolgt werden.

Am 01.03.2005 erscheint Herr W., geboren am 13.12.1969, bei der Polizei und zeigt an, dass er am 11.05.1980 von einem Nachbarn beim Schwimmen im Schwimmbad an das Geschlechtsteil gefasst worden ist. Der Nachbar war damals bereits erwachsen. Es stellt sich heraus, dass der Nachbar zu dieser Tat bereits am 09.05.1990 verantwortlich vernommen worden ist. Damals ist aber keine Strafverfolgung erfolgt. Der Junge war zum Tatzeitpunkt 10 Jahre alt, erfüllt ist also der Straftatbestand des sexuellen Missbrauchs von Kindern. Es hat sich nicht um eine Vergewaltigung gehandelt, die Tat ist nach 10 Jahren verjährt gewesen. Das Verjährungsdatum war also der 10.05.1990. Die verantwortliche Vernehmung hatte einen Tag vorher stattgefunden, am 09.05.1990. Damit ist die Verjährung unterbrochen worden und gilt für weitere 10 Jahre, also bis zum 08.05.2000. Dieses Datum liegt nunmehr nach dem 01.07.1996. Es gilt die neue Rechtslage: 69 + 18 + 10, das ergäbe das Jahr 1997. Aber auch wenn man ab dem 09.05.1990, dem Vernehmungsdatum, neu rechnet, wäre die Verjährung am 08.05.2000 um 24 Uhr eingetreten. Dieser Fall ist ganz klar verjährt, unabhängig davon, welche Berechnung vorgenommen wird.

Verwirrt genug? Was lernen wir daraus? Bei Fragen zur Verjährung fragen Sie nicht Ihren Arzt oder Apotheker, sondern Ihren Rechtsanwalt oder Staatsanwalt! Wenn die Tat jetzt auch noch in der ehemaligen DDR begangen wurde, wird es so richtig kompliziert. Denn dann muss auch noch der Einigungsvertrag herangezogen werden, in dem die Verjährungsfristen geregelt worden sind.

Verjährungsfristen sind in der Tat eine Wissenschaft für sich.

5　Das Ermittlungsverfahren

5.1　Die Anzeige

Wenn eine Straftat zur Anzeige kommt oder der Polizei oder Staatsanwaltschaft bekannt wird, dann wird das Ermittlungsverfahren eingeleitet. Bei Offizialdelikten ist dazu keine Anzeige erforderlich. Ein Toter, der unter einer Brücke gefunden wird, kann nicht mehr selbst Anzeige erstatten. Wenn sich aber der Verdacht auf ein Tötungsdelikt ergibt, handelt es sich um ein Offizialdelikt, das von Staats wegen zwingend verfolgt wird. Auch ein Opfer, das bei einem Raub mit einem Totschläger niedergeschlagen worden ist und danach im Koma liegt, kann nicht mehr selbst Anzeige erstatten. Auch das ist nicht erforderlich, denn wiederum handelt es sich um ein Offizialdelikt, das von Staats wegen verfolgt wird. Zur Erinnerung: Auch eine Vergewaltigung ist ein Offizialdelikt.

Anzeigen können im Übrigen bei jeder Polizeidienststelle und bei der Staatsanwaltschaft erstattet werden. Bei schwierigen Sachverhalten muss man allerdings damit rechnen, dass man nach einer kurzen Sachverhaltsaufnahme an die zuständigen Spezialisten weiterverwiesen wird.

Weil die Anzeige ein Strafverfahren mit Folgen für den Beschuldigten in Gang setzt, sind bei der Anzeigenaufnahme Formalitäten einzuhalten. Manchmal entsteht dabei der Eindruck, dass diese wichtiger sind als der Sachverhalt: So ist es nicht, aber ohne zum Beispiel die eigenen Personalien anzugeben, kann man niemanden anzeigen. Anonyme Anzeigen haben keine Beweiskraft. Sie werden allenfalls als Hinweis gewertet, der nie ausreichen kann, um einen Tatnachweis zu führen. Daher kann man sich anonyme Anzeigen gleich sparen. Etwas anderes sind vertrauliche Mitteilungen, bei denen die Person des Anzeigenden der Polizei bekannt ist.

Nicht jeder Mensch, der von einer Straftat erfährt, die sich bereits ereignet hat, muss diese anzeigen. Dazu ist nicht jeder Bürger in jedem Fall verpflichtet. Er darf es zwar, muss es aber nicht. Wenn Sie jedoch mitbekommen, dass in Ihrer Nachbarwohnung regelmäßig Kinder geschlagen, ja verprügelt werden, dann sind Sie gesetzlich dazu verpflichtet, das zur Anzeige zu bringen. Da in einer solchen Atmosphäre neue Taten drohen, kann die Nichtanzeige eine unterlassene Hilfeleistung sein. Aber bereits abgeschlossene Taten muss man nicht anzeigen. Wenn man also sieht, wie jemand eine Lederjacke bei Karstadt anzieht und den Laden ohne zu bezahlen verlässt, oder auch wenn man gesehen hat, wie jemand eine

Oma überfällt, dann gilt keine gesetzliche Anzeigepflicht. Die moralische Entscheidung, ob Sie Ladendiebe und Straßenräuber anzeigen oder nicht, kann Ihnen kein Gesetz abnehmen.

Das gilt allerdings nicht für diejenigen, die vom Staat von Amts wegen dazu verpflichtet sind. Sind Sie Staatsanwältin, dann ist das etwas anderes. Offizialdelikte müssen vom Polizisten oder der Staatsanwaltschaft verfolgt werden, wenn sie davon Kenntnis erlangen.

5.2 Die Vorgehensweise von Polizei und Staatsanwaltschaft

Was machen Polizei und Staatsanwaltschaft nun im Ermittlungsverfahren? Die Staatsanwaltschaft ermittelt mit Hilfe der Polizei die Tatsachen, den „tatsächlichen Sachverhalt". Das Ermittlungsverfahren wird von der Staatsanwaltschaft geleitet, die Polizei hilft ihr dabei. Dies wird in modernen Tatort-Krimis auch immer deutlicher. Da tritt immer häufiger auch eine Staatsanwältin oder ein Staatsanwalt auf, die oder der der Polizei meistens das Leben erschwert. Die Staatsanwaltschaft hat der Polizei gegenüber Weisungsbefugnisse, im Ermittlungsalltag kooperieren aber beide eng. Die Polizei ist spezialisiert auf Vernehmungen, auf Spurensicherung, auf Durchsuchungen, und deshalb erfolgen die Vernehmungen fast immer auch durch diese Spezialisten. Prinzipiell könnte eine Straftat auch bei der Staatsanwaltschaft angezeigt werden. Ein Staatsanwalt würde dann aber die weiteren Ermittlungen relativ bald an die Spezialisten von der Polizei weitergeben. Auf diesen Bereich der Ermittlungen ist die Polizei spezialisiert, während der Staatsanwalt die Ermittlungen unter rechtlichen Gesichtspunkten betreut und die Funktion hat, die Polizei zu überwachen. Hinzu kommt, dass der Staatsanwalt Bindeglied zum Gericht bei Durchsuchungen, Haftbefehlen und richterlichen Vernehmungen ist.

Wie geht die Polizei an eine Anzeige heran? War die Tat frisch, so ist die Sicherung von Tatspuren vorrangig, das Opfer wird zunächst erst einmal nur kurz befragt. Die eigentliche Vernehmung erfolgt oft erst am Tag danach, und zwar durch die Fachleute des zuständigen Kommissariats. Dann kann die Vernehmung recht langwierig sein. Der Sachverhalt wird immer wieder hinterfragt, Details werden abgefragt, und die Vernehmung wird schriftlich fixiert. Die Detailfragen sind dabei wichtig, um den Sachverhalt unter den Tatbestand subsumieren zu können (s. Kap. 3). Nachfragen und Hinterfragen durch den Vernehmungsbeamten sind dabei nicht immer Ausdruck von Misstrauen: Nur eine fundierte Anzeige reicht später auch aus, den hinreichenden Tatverdacht für die Anklage zu begründen.

Das Opfer kann eine Vertrauensperson zur Vernehmung mitbringen, normalerweise darf diese dann auch bei der Vernehmung dabei sein (§ 406f Abs. 3 StPO). Wenn das Opfer einen Anwalt hat, gibt es gar keine Möglichkeit, diesen von der Anwesenheit bei der Vernehmung auszuschließen (§ 406f Abs. 1 StPO).

Die richterliche Vernehmung im Ermittlungsverfahren

In Ausnahmefällen kann im Ermittlungsverfahren auf Antrag der Staatsanwaltschaft auch ein Richter das Opfer vernehmen. Dies geschieht etwa, wenn die Staatsanwaltschaft die Befürchtung haben muss, dass die Aussage verloren geht (durch Tod des Opfers oder durch die spätere Wahrnehmung eines Zeugnisverweigerungsrechts), und insbesondere bei kindlichen Zeugen. Eine richterliche Vernehmung hat den Vorteil, dass sie später in der Hauptverhandlung leichter verwertet werden kann.

Prinzipiell gilt in der Bundesrepublik das Prinzip, dass die Hauptverhandlung unmittelbar sein muss. Alles, was für die Urteilsfindung relevant sein könnte, muss in der Hauptverhandlung unmittelbar ausgesagt oder vorgetragen werden.

Das bedeutet normalerweise, dass jeder Zeuge in der Hauptverhandlung erscheinen und seine Angaben machen muss (§ 250 StPO). Vorherige Vernehmungen können nicht verlesen werden. Das ist oft ein Problem in der Hauptverhandlung. Zeugen erwidern auf die Aufforderung des Gerichts, ihr Erleben zu schildern: „Wieso? Ich habe doch schon alles bei der Polizei gesagt. Dem habe ich nichts hinzuzufügen." Es ist aber so, dass die polizeiliche Aussage nur der Vorbereitung der Hauptverhandlung dienen kann. Das Urteil kann demgegenüber nur auf Aussagen fußen, die direkt in der Verhandlung getätigt wurden. Das ist in anderen Ländern durchaus anders. In den Niederlanden kann erheblich mehr aus den Ermittlungen verlesen werden. Die Verfasser der deutschen Strafprozessordnung haben sich aber für den so genannten Unmittelbarkeitsgrundsatz entschieden, weil sie davon ausgehen, dass ein gerechtes Urteil nur auf zuverlässigen Beweisen beruhen kann und das Gericht die Zuverlässigkeit nur beurteilen kann, wenn es die Beweise selbst „erlebt" hat. Etwas anderes kann nur dann gelten, wenn die Staatsanwaltschaft und die Verteidigung einer Verlesung zustimmen oder der Zeuge auf absehbare Zeit nicht erreichbar sein wird (§ 251 Abs. 1 StPO).

Hier sind die gesetzlichen Rahmenbedingungen zwar in den letzten Jahren erweitert worden, dennoch wird gerade bei Hauptbelastungszeugen kein Verfahrensbeteiligter einer solchen Verlesung zustimmen.

Richterliche Vernehmungsprotokolle sind demgegenüber bereits verlesbar, wenn der Zeuge wegen Krankheit nicht erscheinen oder ihm die Reise zum Verhandlungsort nicht zugemutet werden kann (§ 251 Abs. 2 StPO). Ansonsten muss aber auch hier ein allseitiges Einverständnis in die Verlesung vorliegen.

Die Videovernehmung

Der Hauptanwendungsfall der richterlichen Vernehmung im Ermittlungsverfahren ist aber der der Videovernehmung. Zwar können auch der Staatsanwalt oder die Polizei eine solche durchführen, dem besonderen Schutzbedürfnis eines Opfers wird aber nur die Videovernehmung durch den Richter gerecht.

Hauptanwendungsbereich bei erwachsenen Zeugen ist der, wenn zu erwarten ist, dass ein Zeuge in der Hauptverhandlung nicht vernommen werden kann. Möglicherweise ist ein Tatopfer oder ein wichtiger Zeuge schwer krebskrank, und es ist nicht sicher, dass er zum Zeitpunkt der Hauptverhandlung noch am Leben ist. Dann sichert eine richterliche Vernehmung mit Videoaufzeichnung am Krankenbett seine Aussage, und diese Aussage kann auch nach seinem Tod in der Hauptverhandlung Verwendung finden. Auch bei besonders gefährdeten Zeugen soll eine Videovernehmung zur Sicherung der Aussage durchgeführt werden.

§ 58a Abs. 1 Nr. 1 StPO regelt, dass Opfer, die unter 16 Jahre alt sind, außerhalb der Hauptverhandlung durch Video vernommen werden können. Die Durchführung einer solchen Videovernehmung ist sehr kompliziert. Wir zeigen dies auf der Abbildung 5-1.

Richter und Zeuge/kindliches Opfer sitzen in einem Raum. Der Richter ist per Telefon mit einem anderen Raum verbunden, in dem Beschuldigter, Verteidiger und Staatsanwalt sitzen. All diese Beteiligten müssen zwingend anwesend sein, damit die richterliche Videovernehmung verwertet werden kann. Kameras nehmen das Geschehen in dem Vernehmungsraum auf und übertragen dieses per Standleitung in den Nebenraum (§ 168e StPO). Der Beschuldigte, sein Verteidiger und der Staatsanwalt können per Telefon dem Richter Fragen übermitteln, die dieser dann dem Zeugen stellt. Alle drei haben ausdrücklich das Recht, im Nebenraum bei der Vernehmung unmittelbar zugegen zu sein. Diese Videovernehmungen sind technisch inzwischen in vielen Staatsanwaltschaften und Gerichten möglich. Ihre Durchführung wirft bisher aber mehr Probleme auf, als dass dieses Vorgehen sich als sonderlich praktikabel und hilfreich erwiesen hätte:

Zunächst ist damit der Verteidiger ab der Vernehmung in das Verfahren einbezogen. Der Beschuldigte erfährt sehr frühzeitig im Ermittlungsverfahren, was genau das Opfer ausgesagt hat. Aber es kann für das Ermittlungsverfahren sehr hilfreich sein, wenn eine Zeit lang ermittelt werden kann, ohne dass Beschuldigter und Verteidigung bereits in alle Einzelheiten des Verfahrens eingeweiht sind. Dies ist natürlich die Sicht des Staatsanwalts. Verteidiger werden dies sicherlich anders beurteilen.

Abb. 5-1 Durchführung der Videovernehmung

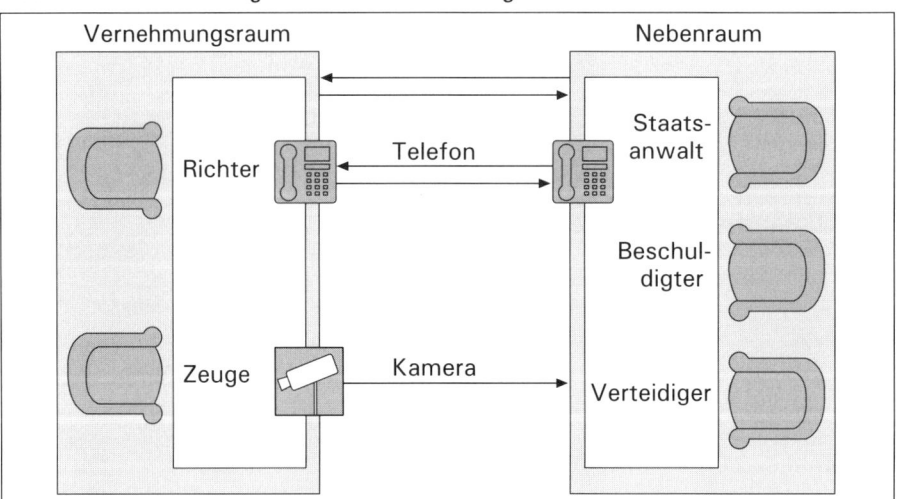

Zudem muss mit dem Richter ein Termin gefunden werden, und dieser Termin muss selbstverständlich auch mit dem Verteidiger des Beschuldigten abgesprochen sein. Darüber hinaus muss der Richter in der Durchführung einer Videovernehmung geschult und qualifiziert sein. Solche Videovernehmungen sind nicht so einfach.

Der Beschuldigte hat das Recht, im Nebenraum anwesend zu sein. Das weiß die Zeugin, das Kind oder der Jugendliche natürlich. Es sei mal dahingestellt, ob diese Vernehmungssituation sehr viel einfacher ist als eine, in der ein Beschuldigter im gleichen Raum anwesend ist, wie es bei der Hauptverhandlung in der Regel der Fall ist.

Werden die gesetzlichen Voraussetzungen der Videovernehmung nicht eingehalten, kann diese im späteren Hauptverfahren nicht unmittelbar als Beweis verwertet werden. Ansonsten ist die Vorführung in der Hauptverhandlung anstelle der persönlichen Vernehmung des Opferzeugen, der unter 16 Jahre alt ist, der Hauptzweck einer solchen Videovernehmung (§ 255a StPO).

Das Videoband wird anschließend Bestandteil der Akte. Alle Bestandteile der Akte sind prinzipiell der Verteidigung auszuhändigen. Inzwischen hat das Opfer nach Absatz 3 des genannten § 58a StPO ausdrücklich das Recht zum Widerspruch. Wenn es ein Kind ist, kann dieser Widerspruch durch die Eltern oder eine Ergänzungspflegschaft des Jugendamts eingelegt werden. Eltern oder das Jugendamt können als Nebenkläger auftreten. Dann wird dem Verteidiger keine Kopie ausgehändigt. Anstelle des Videobands erhält der Verteidiger dann eine komplette und wörtliche Abschrift der Vernehmung.

Wird kein Widerspruch eingelegt, dann kann die Kopie als Bestandteil der Ermittlungsakte sogar Behörden wie dem Versorgungsamt ausgehändigt werden. Auch Krankenkassen haben ein Recht auf Akteneinsicht, um gegebenenfalls Rechtsansprüche gegen den Täter wegen der anfallenden Behandlungskosten des Opfers geltend machen zu können. Ein solches Videoband findet dann weite Verbreitung.

Es darf nicht verschwiegen werden, dass es im Internet für solche Bänder inzwischen geradezu einen Markt gibt. Selbstverständlich ist kein Mitarbeiter der Justiz, einer Behörde, einer Kasse oder ein Verteidiger berechtigt, dieses Band irgendjemandem zur Verfügung zu stellen oder vorzuführen. Trotzdem sind solche Bänder bereits im Internet gelandet. Offenkundig gibt es Menschen – leider vermutlich fast ausschließlich Männer –, die sich die Aussagen kindlicher Opfer von Sexualdelikten „reinziehen".

Sie sehen: Die Durchführung einer Videovernehmung will abgewogen sein. Videovernehmungen sind noch keine Routine, und Videovernehmungen sind nicht frei von Risiken und Nebenwirkungen. Es ist wichtig, diese Risiken zu kennen, um zu einer vernünftigen Entscheidung zu kommen.

Sachverständigengutachten

Polizei und Staatsanwaltschaft können auch Sachverständigengutachten in Auftrag geben, etwa einen Gerichtsmediziner beauftragen, einen Schusswaffensachverständigen oder einen Psychiatrischen Sachverständigen zur Begutachtung des möglichen Täters.

Rechtliches Gehör

Außerdem gewährt die Staatsanwaltschaft dem Beschuldigten rechtliches Gehör. Im Ermittlungsverfahren ist der mögliche Täter zunächst Beschuldigter, noch nicht Angeklagter. Im deutschen Recht soll ein Beschuldigter erst angeklagt werden, nachdem er rechtliches Gehör erhalten hat. Dies wird in anderen Ländern anders gehandhabt. Es gibt viele Länder, in denen jemand in Abwesenheit angeklagt, ja sogar verurteilt werden kann. In diesen Ländern herrscht die Rechtsauffassung: Wenn jemand abtaucht, um sich dem Ermittlungsverfahren und dem Gerichtsverfahren zu entziehen, dann verzichtet er von sich aus auf sein Recht auf rechtliches Gehör. Ihm steht in allen demokratischen Rechtsstaaten das Recht auf rechtliches Gehör selbstverständlich zu, wenn er es aber nicht wahrnimmt und nicht nutzt, dann ist das in seiner eigenen Verantwortlichkeit. In diesen Ländern lässt sich die Justiz von einer Strafverfolgung durch dieses Verhalten nicht abhalten.

Nach allgemeiner praktischer Erfahrung gelingt es einem Deutschen in Deutschland sehr selten unterzutauchen. Wenn jemand untertaucht und sich dem Verfahren entzieht, dann handelt es sich meistens um Ausländer, die ausreisen. Ausnahmen bilden manchmal professionelle Wirtschaftsbetrüger, die eine Art kosmopolitischen Lebensstil haben und in vielen Ländern zu Hause sind, über internationale Konten verfügen und vielleicht auch noch über mehrere Pässe – legale oder illegale.

Die Staatsanwaltschaft entscheidet nach Durchführung aller Ermittlungen, ob das Verfahren an das Gericht zur Verhandlung weitergeleitet wird. Staatsanwälte nehmen zwar auch Tatorte in Augenschein oder vernehmen in Ausnahmefällen einen Beschuldigten oder Zeugen, ihre Haupttätigkeit besteht aber im Aktenstudium.

5.3 Spurensicherung

Neben der Vernehmung ist die Spurensicherung ein zentraler Bestandteil des Ermittlungsverfahrens. Die Spurensicherung wird von Spezialisten der Polizei durchgeführt, und zwar genauso, wie es in Fernseh-Krimis dargestellt wird.

Es gibt Spuren an Gegenständen und am Körper. Zur Sicherung der Spuren, zum Beispiel in Wohnungen, ist ein richterlicher Durchsuchungsbeschluss erforderlich, wenn der Wohnungsinhaber nicht zustimmt. Auch die Spurensicherung am Körper kann, wenn nicht eingewilligt wird, nach einem richterlichen Beschluss erzwungen werden. Das gilt grundsätzlich erst einmal für den Täter und das Opfer.

Die Spurensicherung ist nach einem Vergewaltigungsdelikt eine besonders heikle Angelegenheit. Sie konzentriert sich wesentlich auf die körperliche Untersuchung von Täter und Opfer, weil die Spuren am Körper von beiden festzustellen sind. Um Spuren zu sichern, wird eine gynäkologische Untersuchung durchgeführt, werden die Schamhaare von Täter und Opfer ausgekämmt, es werden Körpersekrete gesichert (Findet sich Sperma in der Mundhöhle, in der Scheide oder im After?), und es werden auch Fotos von den Untersuchungsergebnissen angefertigt, somit auch Fotos aus dem Genitalbereich. Ein weibliches Opfer einer Vergewaltigung hat inzwischen einen gewissen Rechtsanspruch darauf, von einer Frau gynäkologisch untersucht zu werden, wenn sie dies möchte und es sich einrichten lässt. Aber auch dem Wunsch nach einem männlichen Arzt wird nach Möglichkeit Rechnung getragen. Eine solche Spurensicherung ist natürlich hochgradig eine Frage des Taktes, eine Frage der Erläuterung und Aufklärung. In fast allen Landgerichtsbezirken der Bundesrepublik Deutschland gibt es in den letzten zehn Jahren so genannte „Runde Tische" von Staatsanwälten, Polizisten, Gynäkologen, Frauenberatungsstellen, Psychiatern, Jugendämtern u.a., und an diesen Runden Tischen werden Kommunikationsprobleme und Taktlosigkeiten anonymisiert, aber gründlich erörtert (Frenzke-Kulbach 2004).

Nach unser beider Erfahrung wird die Spurensicherung nach einer Vergewaltigung möglichst taktvoll und diskret durchgeführt, und sowohl Gynäkologinnen als auch gynäkologische und rechtsmedizinische Kliniken und Institute sind inzwischen gut geschult. Bei der Untersuchung darf auch eine Vertrauensperson dabei sein, sofern die Ärztin sich davon nicht sehr irritiert fühlt, was heutzutage fast nie mehr der Fall ist. Wenn das Opfer eine Frau ist, die in stationärer psychiatrischer Behandlung ist oder sich unmittelbar nach der Tat an eine psychiatrische Institutsambulanz gewendet hat, wird sie bei der Spurensicherung und der gynäkologischen Untersuchung fast regelhaft von einer Bezugsschwester begleitet.

Es ist menschlich absolut verständlich, dass ein Opfer einer Vergewaltigung nach der Tat am liebsten sofort stundenlang duschen oder baden würde, um alle Spuren des Geschehens möglichst rasch von ihrem Körper zu entfernen. Die emotionale Belastung durch eine Spurensicherung erspart einem Opfer aber im weiteren Ablauf des Verfahrens sehr viele ganz erhebliche Schwierigkeiten. Gibt es klare objektive Befunde, gibt es fotografisch dokumentierte und ärztlich bestätigte Verletzungshinweise, hat sich vom Täter Sperma nachweisen lassen, dann raten sehr viele erfahrene Verteidiger ihren Mandanten frühzeitig zu einem sehr umfassenden Geständnis. Dann können sich auch die künftigen Aussagen des Opfers auf diese Spuren beziehen, und spätere Befragungen auch im Hauptverfahren können dann sehr viel kürzer und schonender ausfallen. Bei einem Sexualdelikt, das gerade geschehen ist, raten wir unseren Patientinnen in der Psychiatrie sehr zu einer umgehenden, gründlichen und umfassenden Spurensicherung, und wir begleiten sie dabei.

Eine körperliche Untersuchung muss auch der Beschuldigte dulden. Eigentlich muss im deutschen Strafrecht ein Täter sich ja nicht selbst belasten. Das bedeutet aber nicht, dass er die Spurensicherung ablehnen kann. Er muss auch einen Mundhöhlenabstrich zur Feststellung der DNA dulden.

Wie ist es nun bei der Spurensicherung an Kindern? Wenn eine Mutter ein Delikt anzeigt, ist dann das Kind verpflichtet, die Spurensicherung mitzumachen, auch wenn das Kind selbst das vielleicht gar nicht möchte? Im Prinzip: Ja. Hier haben die Eltern Elternrechte über Kinder und Jugendliche und können eine solche Untersuchung und Spurensicherung für ihre Kinder herbeiführen. Umgekehrt könnten Eltern eine Spurensicherung an ihrem Kind ablehnen, um sich nicht selbst zu belasten, wenn sie als Täter in Verdacht stehen. Bei einem Strafverfahren gegen ein Elternteil kann die Einwilligung allerdings durch das Jugendamt als Ergänzungspfleger ersetzt oder verweigert werden.

Im juristischen Sinne ist das Opfer übrigens Zeuge und muss einer Spurensicherung durch eine umfangreiche körperliche Untersuchung zum Nachweis von Tatspuren zulassen (§ 81c Abs. 6 StPO). Im Extrem könnte die körperliche Untersuchung sogar erzwungen werden. In dem Absatz 4 des § 81c ist aber festgehalten, dass auf eine Untersuchung verzichtet werden muss, wenn sie unzumutbar ist. Das ist eine sehr schwierige Abwägung. Wenn ich als Psychiater einem Opfer bescheinige, dass die Untersuchung aus psychiatrischen Gründen im Moment völlig unzumutbar wäre, oder wenn das Opfer sich strikt weigert und die Polizei auch nicht in die Situation geraten möchte, ein gerade vergewaltigtes Opfer zur körperlichen Untersuchung mit körperlicher Gewalt zu zwingen, dann erfolgt eben keine Untersuchung. Das kann aber bedeuten: keine Untersuchung – keine Verurteilung. Es ist offenkundig, dass diese Entscheidung dann auch nicht 14 Tage später revidiert werden kann. Der Zeitpunkt ist verstrichen, fast alle Spuren sind inzwischen beseitigt, und die Spurensicherung kann nicht „nachgeholt" werden.

Andererseits kann das Resultat einer Spurensicherung auch nicht mehr ungeschehen gemacht werden. Sind klare Spuren vom Täter am Opfer festgestellt worden – wie die Merkmale einer Fesselung, Würgemale, Verletzungen im Genitalbereich –, dann gibt es objektive Tatsachen. Vergewaltigung ist ein Offizialdelikt, und die Staatsanwaltschaft wird dieses Delikt auch dann weiterverfolgen, wenn das Opfer plötzlich nicht mehr aussagen will. Die Staatsanwaltschaft muss das sogar.

Wenn das Opfer nicht sicher ist, ob es überhaupt Anzeige erstatten will, kann es aber auch die Spuren sichern, ohne die Polizei einzuschalten. Es kann zunächst zu einer Gynäkologin gehen, die eine Spurensicherung durchführt, Schamhaare, Kleidung, Fingernägel aufbewahrt, „asserviert", aber an die ärztliche Schweigepflicht gebunden ist. Auf die ärztliche Schweigepflicht werden wir noch ausführlich zu sprechen kommen (Kap. 10). Die meisten Gynäkologen kennen sich mittlerweile mit einer solchen Spurensicherung aus. Unterstützung finden sie auch in einem von der Polizei vorgefertigten Fragebogen. Ein Opfer kann dann in Ruhe abwägen, ob es Anzeige erstatten will oder nicht. Die Spuren sind gesichert und „asserviert", das Opfer kann sich reinigen und in aller Ruhe überlegen, welche Entscheidung die richtige ist. Das Opfer kann auch seine Erfahrungen aufschreiben und bei einem Rechtsanwalt, Arzt oder Psychologen hinterlegen. Das erspart zwar nicht die spätere Aussage, kann aber ein Indiz für die Glaubwürdigkeit des Opfers sein.

Literatur
Frenze-Kulbach A (2004). Erfolgreiche Modelle multiprofessioneller Kooperation bei sexuellem Mißbrauch an Kindern und Jugendlichen unter besonderer Berücksichtigung binationaler Erfahrungen (Deutschland-Niederlande). Kassel: University Press Kassel.

5.4 Einstellung des Verfahrens oder Anklage?

Am Ende der Ermittlungen beurteilt die Staatsanwaltschaft, ob ein so genannter „hinreichender Tatverdacht" besteht. Umgangssprachlich könnte formuliert werden: Ist die Wahrscheinlichkeit, dass es in der Hauptverhandlung zu einer Verurteilung kommt, größer als 50%? Diese Prognose nimmt der Staatsanwalt anhand der vorhandenen Beweismittel vor. Aus diesem Grund ist es auch so wichtig, dass Zeugen alles angeben, was sie wissen. Nur so können alle Beweismittel festgestellt und Aussagen richtig eingeschätzt werden. Wenn die Staatsanwaltschaft nach Abschluss der Ermittlungen zu der Einschätzung kommt, dass eine Verurteilung wahrscheinlicher ist als ein Freispruch, erhebt sie Anklage bei dem für dieses Delikt zuständigen Gericht. Darauf werden wir noch zu sprechen kommen.

Wenn die Staatsanwaltschaft zu dem Schluss kommt, dass eine Verurteilung eher unwahrscheinlich ist, dann stellt sie das Verfahren ein. Die Einstellung des Verfahrens bedeutet nicht, dass der Täter unschuldig ist, dass dem Opfer nicht geglaubt wird oder dass das alles nur Hirngespinste eines psychisch kranken Menschen gewesen sind. Die Einstellung des Verfahrens bedeutet, dass die Staatsanwaltschaft es für unwahrscheinlich hält, dass die Justiz mit den vorhandenen Beweismitteln einen Beschuldigten verurteilen kann. Nichts anderes.

Das kommt bei einem Opfer natürlich völlig anders an. Insofern gehört es zur Kultur des Umgangs mit Opfern, wie die Einstellung des Verfahrens begründet wird. Wenn das Opfer Anzeige erstattet oder Strafantrag gestellt hat, erhält es in jedem Fall einen schriftlichen Bescheid über die Einstellung. Juristisch kann es gegen diesen Bescheid Beschwerde einlegen, dann entscheidet die Generalstaatsanwaltschaft als die der Staatsanwaltschaft übergeordnete Behörde. Die schriftliche Begründung des Einstellungsbescheids ist aus Opfersicht oft problematisch. Ein persönliches Gespräch wäre hier sicher besser, ist aber von der Prozessordnung nicht vorgesehen. Die Richtlinien für das Straf- und Bußgeldverfahren verlangen jedenfalls, dass die Einstellung für das Opfer transparent gemacht werden soll. Was aber darunter zu verstehen ist, ist eine Frage der Interpretation durch den jeweiligen Staatsanwalt. Wichtig ist es, zu wissen, dass eine Einstellung im Ermittlungsverfahren oft auch im Interesse des Opfers erfolgt, weil dies für das Opfer besser ist als das Miterleben eines Freispruchs vor Gericht. Die Situation nach einem Freispruch in der Hauptverhandlung ist meist schlimmer als es die Zumutungen durch einen Einstellungsbescheid sind. Denn einem solchen Freispruch geht eine belastende Aussage des Opfers in der Verhandlung voraus. Was dies im Einzelnen bedeutet, welche Schutzmöglichkeiten es gibt und wann ein Freispruch erfolgt, wird später noch genauer dargelegt. Unbestreitbar ist allerdings, dass das Opfer einer schweren Straftat mit dem Lesen, Verstehen und Nachvollziehen eines solchen Bescheids zumeist überfordert ist. Es lässt sich nahezu nie vermeiden, dass in diesem Bescheid Begriffe wie „Glaubhaftigkeit der Aussage", „hinreichender Tatverdacht", „Aussage gegen Aussage" und andere vom Laien oft missverstandene Formulierungen enthalten sind. Hinzu kommen die Rechtsmittelbelehrung und damit die Frage: Beschwerde einlegen oder nicht?!

Allerspätestens hier wird deutlich: Ein Opfer eines Offizialdelikts sollte sich einen Nebenklageanwalt nehmen. Auf das Recht zur Nebenklage und die Möglichkeiten, die ein Rechtsanwalt als Vertreter der Nebenklage hat, werden wir noch ausführlicher eingehen. Der Anwalt kann sehr viel besser die Begründung der Einstellung des Verfahrens überprüfen, und der Nebenklageanwalt kann die Beschwerde juristisch viel gewichtiger formulieren als ein Opfer. Er kann auch die juristischen Begriffe im Bescheid viel besser erläutern und dem Mandanten/der Mandantin nahe bringen.

Auch wenn die Generalstaatsanwaltschaft den Einstellungsbescheid nicht aufhebt, gibt es noch eine Möglichkeit, nämlich ein Klageerzwingungsverfahren beim Oberlandesgericht. Spätestens mit einem Antrag zur Klageerzwingung muss ein Anwalt eingeschaltet werden, denn dieser Antrag ist nur zulässig, wenn er von einem Rechtsanwalt unterschrieben wird (§ 171 Abs. 3 StPO).

5.5 Haftbefehl und Untersuchungshaft

Gerade bei Sexualdelikten, Taten im Zuhältermilieu, aber auch bei häuslicher Gewalt erlebt es ein Staatsanwalt immer wieder, dass ein Opfer wie selbstverständlich davon ausgeht, dass der Beschuldigte in Untersuchungshaft genommen wird. Oft wird vor der Aussage quasi das Versprechen verlangt, den Täter sofort nach der Aussage zu inhaftieren, anderenfalls werde man keine Angaben machen. Diese Zusage kann aber nur in den seltensten Fällen gegeben werden.

Die Freiheit der Person ist ein Grundrecht, das für jeden gilt. Aber manchmal muss der Staat diese Freiheit eingrenzen. Wie jeder Grundrechtseingriff muss die Haft aber im Verhältnis zum angestrebten Ziel stehen. Das ist bei der Strafhaft unproblematisch: Hier steht fest, dass jemand Straftaten begangen hat und bei einer gewissen Schwere der Schuld auch Haft verbüßen muss.

Aber erinnern wir uns: Bis zur Verurteilung gilt jeder als unschuldig. Im juristischen Sinne wird bei der Untersuchungshaft also ein Unschuldiger in Haft genommen, seiner Freiheit beraubt. Sowohl die Menschenrechtskonvention als auch das Grundgesetz legen daher sehr enge Maßstäbe an die Voraussetzungen der Untersuchungshaft.

Entscheiden darf hierüber letztlich nur ein Richter, auch wenn in vielen Medien oft zu hören ist, die Staatsanwaltschaft habe Haftbefehl erlassen. Diese kann ihn aber lediglich beantragen, die Entscheidung trifft der Ermittlungsrichter. Dabei wird, wie bei jedem staatlichen Eingriff in Freiheitsrechte, abgewogen: Unter welchen Aspekten überwiegt das Interesse des Staates an der Strafverfolgung gegenüber den verfassungsmäßigen Rechten des Beschuldigten? Um hier die notwendige Balance zu schaffen, sind sehr enge Voraussetzungen dafür gegeben, dass jemand in Haft kommt, was aber nicht heißt, dass bei schweren Delikten die Untersuchungshaft selten ist. Vielmehr hat die Strafprozessordnung genaue Regeln dafür aufgestellt, wann von einem solchen Überwiegen auszugehen ist. Zum einen muss ein so genannter dringender Tatverdacht vorliegen und zum anderen muss noch ein Haftgrund hinzukommen.

Dringender Tatverdacht bedeutet, dass der Tatverdacht nicht nur vage sein darf. Vielmehr muss es sehr wahrscheinlich sein, dass der Täter verurteilt wird. Dringender Tatverdacht bedeutet sogar eine höhere Wahrscheinlichkeit der Verurteilung, als für die Erhebung einer Anklage gebraucht wird. Das bedeutet aber nicht, dass für eine Inhaftierung bereits alle Beweismittel auf dem Tisch liegen müssen. Vielmehr wird jeder dringende Tatverdacht nach dem jeweiligen Verfahrensstadium beurteilt. Zu jeder Zeit müssen allerdings die vorliegenden Beweise eine Verurteilung sehr wahrscheinlich machen. Da kann es sein, dass bei einer Beweislage „Aussage gegen Aussage", wo noch keine weiteren Spuren vorliegen oder Zeugen irgendwelche Details bestätigen können, ein Haftbefehl zunächst nicht erlassen wird. Denn erst wenn der dringende Tatverdacht feststeht, kann man die Haftgründe prüfen. Das bedeutet: Auch wenn jemand droht, auf Beweismittel einzuwirken oder zu flüchten – liegt kein dringender Tatverdacht vor, so ist er auf freien Fuß zu setzen.

Damit wären wir bei den **Haftgründen**. Sie sind eine weitere unabdingbare Voraussetzung für den Haftbefehl und abschließend in den § 112 Abs. 2 und 3 und in § 112a StPO festgelegt.

Ein wesentlicher Haftgrund ist die so genannte **Fluchtgefahr**. Er kann vorliegen, wenn die zu erwartende Strafe sehr hoch sein wird und fast jeder vernünftige Mensch eine Möglichkeit suchen würde, sich abzusetzen. Eine Fluchtgefahr besteht auch bei Menschen ohne festen Wohnsitz oder bei Ausländern und Beschuldigten, die erhebliche Vermögenswerte im Ausland haben.

Unter dem Haftgrund der **Verdunkelungsgefahr** versteht man die durch konkrete Tatsachen belegte Gefahr, dass der Täter auf Beweismittel Einfluss nimmt, also Mittäter warnt, Urkunden und Tatmittel vernichtet und insbesondere auf Zeugen, vornehmlich das Opfer, einwirkt, um eine für ihn günstigere Beweislage zu erzwingen. Um es klarzustellen: Hier handelt es sich nicht um eine Vorschrift zum Schutze des Opfers, sondern nur zum Schutz des staatlichen Strafverfolgungsanspruchs. Selbstverständlich dient die Vorschrift mittelbar auch dem Schutz des Opfers. Aber Verdunkelungsgefahr kann nicht nur damit begründet werden, das Opfer fürchte neue Gewalt durch den Täter. Eine Verdunkelungsgefahr ist vielmehr schon dann nicht mehr gegeben, wenn ein Täter ein umfassendes Geständnis abgelegt hat, weil es dann nichts mehr zu verdunkeln gibt.

Aus meiner langjährigen Erfahrung als Staatsanwältin kann ich feststellen: In den vielen Fällen, in denen das Opfer Angst vor dem Täter hat, ist diese Angst unbegründet. Wenn es nicht um organisierte Kriminalität oder um Taten eines erheblich psychisch gestörten Täters geht, lässt sich der Beschuldigte zumeist schon von dem Wissen abschrecken, dass die Ermittlungsbehörden eingeschaltet sind. In diesem Moment ist das Opfer aus der Situation des Schwächeren herausgetreten und hat sich einen starken Verbündeten gesucht. Damit ist es aber für den Täter kein ideales Opfer mehr, und er schreckt davor zurück, das Opfer aufzusuchen, um es zu beeinflussen. Was leider nicht selten vorkommt, aber auch durch Untersuchungshaft nicht zu verhindern ist, sind Versuche der Angehörigen des Beschuldigten, auf das Opfer Einfluss zu nehmen, insbesondere wenn vor der Tat eine Täter-Opfer-Beziehung bestand. Auch hier muss das Opfer fachkundig unterstützt und beraten werden, am besten durch einen Rechtsanwalt.

Es gibt Fälle, in denen nicht nur das Opfer, dessentwegen die Untersuchungshaft verhängt wurde, sondern auch andere Menschen zu schützen sind. Dies ist zum Beispiel möglich bei Tätern, die wiederholt Kinder missbrauchen oder zu schweren Körperverletzungen etc. neigen. Daher hat der Gesetzgeber einen präventiven Haftgrund geschaffen, den der **Wiederholungsgefahr**. Das Kriterium der Wiederholungsgefahr ist besonders kritisch zu bewerten. Deutschland hat kein Präventivstrafrecht und nimmt Menschen nur im Ausnahmefall vorsorglich in Haft, damit sie am nächsten Tag keine Straftat begehen. Diese Wiederholungsgefahr muss schon sehr konkret gegeben sein, es muss eine sehr hohe Wahrscheinlichkeit bestehen dafür, dass der Täter weitere schwere Taten begehen wird (§ 112a StPO).

Die Untersuchungshaft ist anders ausgestaltet als die Strafhaft. So muss jeder Besuch von der Staatsanwaltschaft oder dem Richter genehmigt werden. Die Besuche werden dann auch von einem Beamten überwacht, damit keine Informationen ausgetauscht werden können. Allerdings darf der Verteidiger des Beschuldigten mit diesem jederzeit und ohne Kontrolle sprechen.

Jeder Brief an den Gefangenen oder von ihm wird vor der Weiterbeförderung gelesen. Sollte er als Beweis in Betracht kommen, wird er beschlagnahmt. Enthält er Beleidigungen oder setzt den Empfänger unter Druck, wird der Brief nicht befördert. Natürlich wissen alle Untersuchungsgefangenen sehr schnell, dass alles von der Staatsanwaltschaft gelesen wird. Da gibt es dann gar nicht selten Untersuchungsgefangene, die sich die Zeit damit verkürzen, dass sie abwertende, beleidigende oder gezielt verwirrende Briefe schreiben, die zwar an jemand außerhalb des Gefängnisses adressiert sind, eigentlich aber dazu dienen, den Staatsanwalt beim Lesen zu ärgern. Es wird auch nicht selten versucht, über Mitgefangene, die zum Arzt müssen oder entlassen werden, Briefe an der Justiz vorbei nach draußen zu schmuggeln.

Aber selbst eine Untersuchungshaft ist kein völlig sicherer, endgültiger Schutz eines Opfers. Der Bruder des Täters kann zu Besuch kommen, in Briefen aus dem weiteren Verwandtenkreis kann das Opfer bedroht werden.

Untersuchungshaft ist das Überwiegen des staatlichen Strafverfolgungsinteresses gegenüber den Freiheitsrechten des (noch unschuldigen) Verdächtigen. Das Gesetz geht aber davon aus, dass die Strafverfolgung dann auch in einer absehbaren Zeit erledigt sein muss.

Das Gesetz verlangt, dass die Justiz es schafft, innerhalb von sechs Monaten nicht nur die Ermittlungen abzuschließen, sondern auch bereits einen Hauptverhandlungstermin anzuberaumen. Denn wenn man schon einen „Unschuldigen" in Haft nimmt, so muss die Zeit dieses Zustands begrenzt sein und kontrolliert werden. Gibt es nach diesen sechs Monaten keinen Hauptverhandlungstermin und liegen wesentliche Verfahrensverzögerungen vor, so hebt das dafür zuständige Oberlandesgericht den Haftbefehl auf. Der Beschuldigte kann aber auch jederzeit die Haftprüfung beantragen. Da kann es auch sein, dass das zuständige Gericht wegen Wegfalls des dringenden Tatverdachts durch neue Beweise oder Wegfalls der Haftgründe den Haftbefehl außer Vollzug setzt oder aufhebt und der Beschuldigte freigelassen wird.

Gegen die Aufhebung der Untersuchungshaft können das Opfer und die Nebenklage übrigens keine Rechtsmittel einlegen. Ein Rechtsmittel hat nur die Staatsanwaltschaft, aber auch deren Beschwerde kann die Freilassung erst einmal nicht verhindern.

Nach neuerer Rechtslage erfährt ein Opfer von der Freilassung des Beschuldigten, wenn es diese Information beantragt hat (§ 406d Abs. 2 StPO). Noch sicherer geschieht dies, wenn es einen Nebenklageanwalt gibt. Diese Vorschrift wurde durch das Opferrechtsreformgesetz geschaffen, weil man dem Opfer nicht zumuten möchte, plötzlich dem Täter unvorbereitet gegenüberzustehen. Die Umsetzung dieses Rechts ist häufig noch ziemlich schwierig. Zum einen werden Opfer nicht immer von Anfang an über ihre Rechte informiert – zum anderen kann es eine Zeit dauern, bis der Antrag auf Mitteilung bei der Staatsanwaltschaft bekannt wird. Dann kann es sein, dass der Täter schon wieder freigelassen ist. Wie alle Neuerungen muss hier eine gewisse Übung bestehen, damit der Fortschritt im Gesetz effektiv in die Praxis umgesetzt werden kann.

6 Gutachten

Die Justiz darf sich durch Gutachter beraten lassen. Gutachter beziehen Stellung zu Fragen, die ihre besondere Sachkenntnis erfordern und die Kompetenz der Justiz überschreiten. Zwei Gutachtenarten sind besonders häufig und besonders brisant.

6.1 Das Glaubwürdigkeitsgutachten

Ein Glaubwürdigkeitsgutachten sollte besser **Glaubhaftigkeitsgutachten** heißen. Glaubwürdig ist ein bestimmter Mensch, das Adjektiv hat eine moralisierende, beurteilende Konnotation. Eigentlich ist die Beurteilung der Glaubwürdigkeit eines Zeugen die ureigenste Aufgabe des Gerichts und der Staatsanwaltschaft. Glaubhaft oder nichtglaubhaft ist die Aussage.

Ein Glaubwürdigkeitsgutachten wird in der Regel im Ermittlungsverfahren durch die Staatsanwaltschaft in Auftrag gegeben, in seltenen Fällen erst im Haupt- oder Zwischenverfahren durch das Gericht. Ein Glaubwürdigkeitsgutachten wird nicht in Auftrag gegeben, weil dem Opfer nicht geglaubt wird – wenn die Staatsanwaltschaft der Aussage des Opfers nicht glaubt, stellt sie das Verfahren gleich ein. Vielmehr dient das Glaubwürdigkeitsgutachten in speziellen Fällen dazu, die Aussage abzusichern.

Glaubwürdigkeitsgutachten werden daher überwiegend in Auftrag gegeben bei Opfern, die Kinder, jugendlich oder psychisch krank sind, also wenn die Staatsanwaltschaft bzw. das Gericht die „Zeugentüchtigkeit" des Opfers nicht selbst einschätzen kann. Fast immer kommt der Aussage des Opfers ein hoher Beweiswert zu. Und wenn die Glaubhaftigkeit der Zeugenaussage des Opfers nicht eingeschätzt werden kann, muss ein Glaubwürdigkeitsgutachten diesen Beweiswert absichern.

In der Bundesrepublik Deutschland werden nur bei Zeugen Glaubwürdigkeitsgutachten durchgeführt. In den Niederlanden ist es beispielsweise so, dass bei Delikten, die im familiären Umfeld geschehen sein sollen, auch der Beschuldigte einem Glaubwürdigkeitsgutachten unterzogen wird. Das würde aber bei uns gegen den Grundsatz verstoßen, dass der Täter nicht verpflichtet ist, die Wahrheit zu sagen. Der Staat muss in der Lage sein, ihm die Tat ohne sein Geständnis oder ohne seine Mitwirkung nachzuweisen.

Die Auswahl des Gutachters erfolgt durch die Staatsanwaltschaft. Das Glaubwürdigkeitsgutachten ist kein Parteigutachten für oder gegen Opfer oder Täter, denn nach unserem Rechtssystem muss die Staatsanwaltschaft alles ermitteln, was für oder gegen den Täter, was für oder gegen das Opfer spricht. In dieser Hinsicht ist es durchaus berechtigt zu sagen: „Die Staatsanwaltschaft ist die objektivste Behörde der Welt." Und wer Gerichtsverhandlungen einmal zugehört hat, wird bald feststellen, dass es vor deutschen Gerichten ganz anders zugeht als bei amerikanischen Gerichten, wo zwei Parteien einander kämpferisch gegenüberstehen: „Der Staat New York gegen John Smith".

Nun könnte ein Staatsanwalt oder auch ein Therapeut auf die nahe liegende Idee kommen: Das beste Glaubwürdigkeitsgutachten kann ja wohl der Therapeut des Opfers abgeben, wenn das Opfer in Therapie ist. Dies ist in zurückliegenden Jahren sogar gelegentlich erprobt worden. Inzwischen ist es gängige Praxis, dass der Therapeut nie Glaubwürdigkeitsgutachter ist. Und das hat sehr gute Gründe.

Als Therapeut bin ich nicht objektiv, sondern reflektiert-parteiisch. Ich ergreife die Partei der Patientin, verbünde mich empathisch mit ihrer Sichtweise, reflektiere sie, stelle sie auch durchaus infrage, bin aber innerlich auf ihrer Seite. Früher ging diese innere Parteinahme ja sehr weit, gerade in Einzeltherapien. Da kümmerte ich mich als Therapeut überhaupt nicht darum, ob meine Psychotherapie sich auf die Ehe der Patientin, auf den Umgang mit ihren Kindern oder auf die Beziehung zur Familie oder am Arbeitsplatz irgendwie negativ auswirkte. Es hat eine Zeit gegeben, in der die Trennung vom Partner ein Zeichen dafür war, dass eine Psychoanalyse wirksam war. Vor der Analyse muss die Partnerwahl ja neurotisch gewesen sein, denn wegen der Neurose des Patienten ist die Analyse ja nötig gewesen. Wenn die Analyse wirkt, löst sich die Neurose langsam auf, und es wird auch deutlich, dass die alte Partnerschaft für den inzwischen erfolgreich analysierten Analysanden nicht mehr das Richtige ist. Diese letztlich dissoziale Ideologie ist heute glücklicherweise nur noch sehr selten anzutreffen. Jede gut ausgebildete Therapeutin wird das Familiensystem, aus dem die Patientin kommt, das aktuelle Familiensystem, in dem die Patientin lebt, und die beruflichen Gruppierungen mit im Blick haben, wenn sie Psychotherapie macht. Das gilt vor allem für Menschen, die traumatisiert worden sind.

Während die Identifikation mit der Patientin also heute in guten Therapien nicht mehr so weit geht, dass sozial rücksichtslos behandelt wird, geht die Identifikation mit der Wahrnehmung, mit der Sichtweise der Patientin sehr weit. Traumatisierten Patientinnen ist ihre Wahrnehmung über lange Zeit wieder und wieder abgesprochen worden. Und eine Therapie, die der Wahrnehmung solcher Patientinnen überwiegend offen, aber kritisch begegnet, wird dieses Beziehungsmuster einfach nur immer wiederbeleben. Ich kann therapeutisch nur wirksam werden, wenn ich mich passager mit der Wahrnehmung der Patientin identifiziere.

Insofern ist es auch gar nicht mein Ziel als Therapeut, eine im historischen oder juristischen Sinne korrekte Wahrheit zu finden. Dies wird sicherlich das Ziel vieler Patientinnen sein, die endlich wissen wollen, was wirklich passiert ist. Als korrekter Therapeut werde ich ihnen sagen müssen, dass ich dieses Ziel in einer Psychotherapie nicht sicher werde erreichen können. Es kann sehr wohl sein, dass sich im Rahmen der Therapie eine bestimmte Sichtweise entwickelt, die in sich schlüssig und auch stimmig ist, im historischen oder juristischen Sinne aber nicht stimmt. Dann findet die Patientin beispielsweise irgendwann wieder Kontakt zu einer Kusine, tauscht sich mit ihr über ein bestimmtes, traumatisches Wochenende aus, an dem auch die Kusine als Opfer beteiligt war, und erfährt von der doch deutlich andere Inhalte und Details des Geschehens als diejenigen, die im Rahmen der Therapie deutlich geworden sind.

Unser Gedächtnis arbeitet nicht präzise. Unser Gehirn bildet die Wirklichkeit nicht korrekt ab. Nun könnte man sogar noch einen erkenntnistheoretischen und philosophischen Exkurs darüber starten, ob es überhaupt irgendeine Form der korrekten Abbildung von Wirklichkeit gibt. Mein Vetter Rolf Sachsse befasst sich wissenschaftlich mit Fotografie, und von dem habe ich gelernt, dass nicht einmal eine Fotografie eine korrekte Abbildung der Wirklichkeit ist. Die Wahl des Ausschnitts, der Perspektive, der Tageszeit, des Filmmaterials und des Fotopapiers führt zu einer Interpretation der Wirklichkeit. Ein Foto interpretiert immer das Fotografierte, es bildet das Abgebildete nie einfach nur ab. Selbst Fotos aus Kriegsgebieten, die als Reportage-Dokument angesehen werden, sind zu einem sehr hohen Prozentsatz gestellt, inszeniert, medienwirksam arrangiert. Dies gilt selbst für Fotos, die mit hohen journalistischen Preisen ausgezeichnet worden sind.

Unser Gedächtnis ist also nicht dazu geschaffen, die Wirklichkeit abzubilden und dann abzuspeichern, sondern es ist dazu da, uns beim Überleben und beim guten Leben zu helfen.

Ich war einmal psychiatrischer Gutachter bei einem Prozess, bei dem ein Jeside einen anderen im Rahmen einer Jahrzehnte andauernden Blutrache erschossen hatte. Um sich selbst zu tarnen, hatte er darauf gewartet, dass sein Opfer eine Bank betrat, sich selbst als Bankräuber maskiert und so getan, als überfiele er die Bank und würde dabei sein Opfer niederschießen. Das wusste natürlich niemand in der Bank, weder das Opfer noch die Bankangestellten, noch die Bankkunden. Bei den einzelnen Aussagen wurde sehr deutlich, dass jeder Zeuge einen ganz bestimmten Ausschnitt des Geschehens wahrgenommen und abgespeichert hatte – einen Ausschnitt, der jedem Einzelnen für sein Überleben besonders hilfreich erschien. Eine Mutter war mit ihren zwei Kindern in der Bank, und diese Mutter hatte nur Augen für die Kinder, wo die waren und wo die verborgen werden konnten. Der Leiter der Bank konzentrierte sich auf die Frage, wie und ob er einen Klingelknopf unter einem entfernt liegenden Schreibtisch erreichen konnte, ohne vom bewaffneten Täter gesehen und eventuell niedergeschossen zu werden. Ein anderer Bankangestellter überlegte, ob er nicht durch eine Seitentür fliehen könnte, um von außen Hilfe zu holen. Zwei weitere Zeugen hatten andere Elemente des Geschehens behalten und trugen sie klar und differenziert vor. Kein einziger Zeuge hatte mitbekommen oder sich gemerkt, ob Täter und Opfer noch ein Wort miteinander gewechselt hatten, ob das Opfer den Täter noch erkannt hatte, bevor es niedergeschossen

wurde. Für das Gericht war es zur Einschätzung des Mordmerkmals „Heim-
tücke" wichtig, ob das Opfer gemerkt hatte, dass es im Rahmen der Blutrache
jetzt von dem Täter der verfeindeten Familie niedergeschossen wurde, oder ob
das Opfer in dem Moment, in dem der Schuss abgegeben wurde, völlig arglos
gewesen ist. Dieses juristisch sehr wesentliche Element, um das im Rahmen
der Hauptverhandlung sehr gerungen wurde, war für alle Zeugen in der Bank
völlig irrelevant. Für alle Nicht-Juristen war es absolut egal, ob nun noch ein
Satz zwischen den beiden gefallen war, ob es vielleicht wirklich so gewesen ist,
wie der Täter behauptete, dass sein Opfer ihn also vor Abgabe des Schusses
noch eben kurz beleidigt hatte, weil es ihn erkannt hatte, oder ob vor dem
Schuss von beiden Seiten kein Wort gefallen war. Es war nicht möglich, durch
die Zeugenaussagen dieses juristisch wichtige Element aufzuklären, und die
Aussage des Täters war insofern nicht durch Zeugenaussagen zu widerlegen.

Dieses Gerichtsverfahren hat mir sehr plastisch gemacht, wie selektiv wir in der
Situation der Gefahr wahrnehmen. Wir fokussieren ganz ausschließlich auf die
Fragen: Wie überlebe ich? Wie überleben meine Kinder? Wie kann ich flüchten?
Wie kann ich angreifen? Wie kann ich mich unsichtbar machen? Details, die im
Rahmen dieser Wahrnehmungsfokussierung wichtig sind, werden oft überdeutlich
abgespeichert und behalten. Anderes, was vielleicht für die Polizei oder (später)
das Gericht sehr bedeutsam sein könnte, wird gar nicht wahrgenommen, oder es
wird nicht abgespeichert.

Wenn nun beispielsweise die Mutter mit den beiden Kindern bei mir in Therapie
wäre, wäre es weder mein Ziel noch könnte ich dieses Ziel überhaupt erreichen,
das objektive Tatgeschehen mit ihr zu bearbeiten. Ich wäre daran interessiert, mit
ihr zu erarbeiten, wie sie das Geschehen erlebt hat, wie es ihr gegangen ist und
warum es ihr so schwer fällt, über dieses Ereignis hinwegzukommen, obwohl sie
doch erfolgreich darin gewesen ist, ihre Kinder und sich selbst zu schützen.

Ich bin auch sehr skeptisch geworden bei der Frage, ob wir in einer Therapie
überhaupt irgendeine objektive Wahrheit entdecken oder rekonstruieren können.
Es gibt ein inzwischen sehr bekanntes Experiment von Barbara Loftus und ihren
Mitarbeiterinnen (Loftus u. Ketcham 1995). Das Experiment geht folgenderma-
ßen: Loftus macht in einer Universität einen Aushang, sie wolle mit ihren Mitarbeitern die Entwicklung von Studentinnen und Studenten erforschen und dabei
auch mit einem Familienmitglied der Elterngeneration ein Interview führen, um
herauszufinden, welche familiären Bedingungen der universitären Entwicklung
von Studenten besonders hilfreich oder weniger hilfreich gewesen seien. Es ist
fast Ehrensache, als Student bei solchen Forschungsvorhaben mitzuwirken. Loftus interviewt beispielsweise die Studentin Jane und ihren Onkel John zu allen
möglichen Aspekten, die bei solchen Forschungsvorhaben eben erfragt werden.
Irgendwann fängt Onkel John plötzlich an, eine alte Begebenheit etwa so zu erzählen: „Weißt du eigentlich noch, Jane, dass ich dich einmal im Supermarkt verloren habe? Du musst da so fünf oder sechs Jahre alt gewesen sein, und ich bin
mit dir einkaufen gegangen, und plötzlich warst du weg. Das war der größte

Schreck meines Lebens. Ich hab Schweißausbrüche bekommen, weil ich Angst hatte, du seiest entführt worden. Ich wusste gar nicht, wie ich deinen Eltern unter die Augen treten sollte. Glücklicherweise hab ich dich dann ja wieder gefunden. Da kannst du dich doch bestimmt auch dran erinnern, oder?" Und Jane schaut etwas verdattert in die Runde und antwortet: „Nööh, weiß ich nichts mehr von." Onkel John ist erleichtert: „Na, da bin ich ja beruhigt. Das hat bei dir offenkundig keine großen Spuren hinterlassen. Ich hatte schon Sorge, wie sich das wohl auf dich ausgewirkt haben mochte. Ich hab bestimmt 10 Minuten erst mal selbst nach dir gesucht, dann bin ich zum Informationsschalter gegangen, und die haben dann durch die Mikrofonanlage gesagt: ,Die kleine Jane soll sich bei einem Mitarbeiter melden.' Und dann hast du dich ja auch gemeldet. Du hast da vor irgendwelchem Spielzeug gestanden und hattest nur Augen für das Spielzeug. Mir fiel ein Stein vom Herzen. Und du kannst dich an nichts erinnern?" „Nein, wirklich nicht, ist mir völlig entfallen. Auch wenn du es jetzt so schilderst, kann ich mich nicht dran erinnern." Onkel John ist noch erleichterter, und das Interview wird fortgesetzt.

Vier Tage später ruft Jane Onkel John noch einmal an. „Du, hast du eigentlich im Supermarkt dieses großkarierte Flanellhemd getragen, das du ja meistens anhattest? Und ist es so gewesen, dass du mich dann, als du mich schließlich wiedergefunden hattest, auf deine Schultern gesetzt und durch den Supermarkt getragen hast?" Das fällt jetzt Onkel John wieder ein: „Ja, du hast recht, das hatte ich ganz vergessen. Aber ich war so erleichtert und stolz, dass ich dich spontan auf meine Schultern gehoben habe, obwohl du ja schon ein ziemlicher Brocken gewesen bist. Und wir beide sind stolz wie Oskar durch den Supermarkt stolziert."

Zwei Wochen später findet das zweite Interview statt, und Loftus teilt Jane mit, dass sie mit Onkel John abgesprochen hatte, dass er diese Szene so ins Gespräch bringen soll. Und in ca. 25% der Fälle behaupteten die Janes: „Das glaube ich Ihnen nicht. Ich kann mich jetzt ganz genau erinnern, wie das abgelaufen ist."

Dieses Experiment ist umstritten, weil natürlich wirklich traumatische Ereignisse noch einmal ganz anders abgespeichert werden als milde traumatische Ereignisse, wie sie hier entworfen worden sind. Und es sind ja auch nicht alle auf Loftus und Patenonkel John hereingefallen, sondern nur 25%. Das waren übrigens diejenigen, die besonders suggestibel waren. Und es ist bei diesem und ähnlichen Experimenten auch nicht möglich, dem Zeugen eines Verkehrsunfalls zu suggerieren, er hätte die Landung eines Ufos beobachtet und keinen Verkehrsunfall. Allenfalls ist es möglich, ihm zu suggerieren, dass das eine Unfallfahrzeug ein Ford und kein Honda gewesen sei. Trotzdem haben dieses und ähnliche Experimente verdeutlicht, dass Wirklichkeit erschaffen werden kann. Diese wissenschaftliche Diskussion hat auch dazu geführt, dass gegenwärtig kontrovers diskutiert wird, ob Erinnerungen an Traumata anders zu begutachten sind als andere Erinnerungen (von Hinckeldey u. Fischer 2002; Volbert 2004).

Wer eine Analyse als Analysand oder Analytiker am eigenen Leibe erfahren hat, der wird deshalb auch den so genannten Rekonstruktionen in einer Analyse mit gesunder Skepsis begegnen. Es muss zumindest fragwürdig bleiben, ob das, was da rekonstruiert worden ist, wirklich passiert ist, also „stimmt", oder ob es „stimmig" ist, also ein sinnstiftendes Konstrukt, mit dem dieser konkrete Mensch heute mit dieser konkreten Lebensgeschichte am besten durchs Leben kommt. Unser Gehirn legt sich seine Wirklichkeit weitgehend so zurecht, dass damit die aktuellen Lebensaufgaben am besten bewältigt werden können.

Ich stelle mir nun gerade vor, mein Lehranalytiker wäre aus irgendeinem Grunde Gutachter gewesen bezüglich der Glaubhaftigkeit irgendeiner Aussage, die ich vor Gericht gemacht hätte: „Ja, der Herr Sachsse ist bei mir jetzt gut zwei Jahre in Analyse, und ich denke, ich kenne ihn ganz gut. Es geht ja hier um eine bestimmte Szene aus seiner Kindheit, die bei diesem Gerichtsverfahren plötzlich noch einmal wichtig geworden ist. Ich weiß noch, dass dieses Ereignis zum ersten Mal durch einen Traum in die Analyse eingebracht wurde. Nicht, dass Herr Sachsse dieses Ereignis in irgendeiner Form geträumt hätte, sondern wie in Träumen üblich wurde zu einzelnen Traumelementen frei assoziiert: Dabei ist ihm ein Bruchstück dieses Geschehens wieder eingefallen. Er hat das dann assoziativ weiterverfolgt. Weitere Bruchstücke sind deutlich geworden, die anfangs noch etwas unverbunden nebeneinander standen. Weil ich seine Lebensgeschichte gut kenne und weil im Übertragungs-Gegenübertragungs-Geschehen der Analyse bestimmte Dinge sehr dicht spürbar waren, habe ich eine Vermutung in den Raum gestellt, eine Hypothese formuliert, wie die Bruchstücke vielleicht zusammenhängen könnten. Diese Rekonstruktion hat Herrn Sachsse unmittelbar eingeleuchtet. Sie hat bei ihm zu einem spürbaren Evidenzerleben geführt. Sein Gesicht entspannte sich, und plötzlich passte alles zusammen und machte Sinn. Herr Sachsse hat inzwischen keinerlei Zweifel mehr, dass dieses Ereignis ziemlich genau so abgelaufen ist, wie es sich in der Analyse zusammengefügt hat. – Selbstverständlich ist aus wissenschaftlicher Sicht damit nichts bewiesen. Ich habe seine Konstruktion dann nicht weiter infrage gestellt, weil sie tatsächlich einen wichtigen Schritt in seiner Selbstkonsolidierung bedeutete. Aber natürlich sind erhebliche Zweifel angebracht bezüglich Punkt 1, Punkt 3 und Punkt 6 dieser Erinnerung, deren Einzelelemente hier ja so wesentlich sind. Am Anfang der Analyse, während der Anamneseerhebung, war diese Erinnerung überhaupt noch nicht präsent, sie spielte noch gar keine Rolle, und somit sind aus wissenschaftlicher Sicht doch erhebliche Zweifel berechtigt, ob das Ganze wirklich so abgelaufen ist, wie Herr Sachsse heute überzeugt ist. Ich will das noch etwas vertiefen: ...“ – In der nächsten Analysensitzung liege ich auf der Couch und frage mich bei jedem Wort, das ich sage: Was glaubt der mir eigentlich?

Genau die gleichen Zweifel und Schlussbildungen würden natürlich für den Fall gelten, dass im Rahmen einer regressiven Körpertherapie, einer Trauma-Konfrontation mit EMDR oder einer anderen psychotherapeutischen Vorgehensweise irgendetwas „wieder auftaucht". Wir haben deshalb als nächsten Abschnitt (6.2) die offizielle Stellungnahme der Fachgesellschaft International Society for Traumatic Stress Studies (ISTSS) beigefügt, in der diese Problematik aktuell und wissenschaftlich korrekt dargestellt ist.

Wenn ich als Therapeut wissenschaftlich und juristisch korrekt ein Glaubwürdigkeitsgutachten erstatte, besteht eine sehr hohe Wahrscheinlichkeit, dass die therapeutische Beziehung damit zerstört ist. Als Gutachter darf ich nämlich nicht Partei sein, sondern muss einen wissenschaftlich kritischen, distanzierten, abwägenden, Widersprüche akzentuierenden Standpunkt einnehmen. Der Bundesgerichtshof (BGH) hat in einem Grundsatzurteil Ende der 90er Jahre festgelegt, wie bei einem Glaubwürdigkeitsgutachten zu verfahren ist. Der Gutachter muss von der Nullhypothese ausgehen, dass der Zeuge bzw. das Opfer sich irrt, und muss diese Nullhypothese falsifizieren, also wissenschaftlich widerlegen oder zumindest unwahrscheinlich machen. Ich muss als Gutachter also hochgradig kritisch sein. Ich arbeite im Dienst der Wahrheitsfindung und im Dienste des Rechtsstaats, nicht im Dienste des Opfers oder der Patientin. Das sind für mich innerlich zwei unvereinbare Grundhaltungen, zwei inkompatible Positionen.

Wenn eine Patientin mich bittet, doch für sie ein Glaubwürdigkeitsgutachten zu erstatten, dann möchte sie mich natürlich gar nicht als Gutachter in diesem juristischen Sinne haben. Sie möchte mich als Verbündeten vor Gericht sehen. Sie möchte, dass ich als ihr Ritter in die Schlacht ziehe, ihr endlich zu Recht und Gerechtigkeit verhelfe und das Lügengeflecht des Täters und der Familie zerreiße. Dieser Wunsch ist menschlich nur zu verständlich. Dann kann ich aber allenfalls eine Art Gefälligkeitsgutachten erstatten, und solche Gefälligkeitsgutachten werden von den inzwischen doch gut geschulten Verteidigern, aber ebenso von den Gerichten, freundlich zur Kenntnis genommen, abgenickt, dann aber sehr klar und kompetent zerpflückt. Und dann macht meine Patientin die Erfahrung: Mein Therapeut ist *auch* zu schwach, der kann sich *auch* nicht durchsetzen; der Täter war stärker, die Justiz und die Gesellschaft glauben mir nicht, ich habe wiederum eine Niederlage erlitten. Mit Gefälligkeitsgutachten begeht ein Therapeut eine Straftat, schadet einem ja möglicherweise Unschuldigen, tut seiner Patientin praktisch nie einen Gefallen, blamiert sich im besten Fall und schadet darüber hinaus auch noch der Therapie.

In dem bereits genannten Grundsatzurteil ist übrigens auch festgelegt, welchen wissenschaftlichen Kriterien ein Glaubwürdigkeitsgutachten genügen muss. Wir sagten bereits, dass ein Gutachten zur Schuldfähigkeit eines Täters so ziemlich das Gegenteil von der Mitteilung eines Psychiaters ist: „Also, wenn ich mal so meine klinische Erfahrung nehme und in mich etwas hineinspüre, dann meine ich schon, so richtig gut konnte der sich nicht steuern, und das zeigt die Tat ja auch." Ein Schuldfähigkeitsgutachten folgt sehr präzisen wissenschaftlichen Kriterien und ist eine Wissenschaft für sich. Das gilt für ein Glaubwürdigkeitsgutachten ganz genauso. Dazu gibt es Lehrbücher, dazu gibt es inzwischen eine wissenschaftliche und juristische Tradition, und Glaubwürdigkeitsgutachten sind die Domäne von spezialisierten Psychologinnen. Ärztliche Psychotherapeutinnen und Psychiaterinnen haben nie gelernt, wie ein Glaubwürdigkeitsgutachten zu erstatten ist und wie die Argumentationskette ist. Und Psychologinnen haben das ohne Spezialausbildung ebenso wenig gelernt. Glaubwürdigkeitsgutachten gehören in die Hand von Spezialisten, die sich auf diesem Spezialgebiet der Begutachtung besonders gut auskennen. Zwei sehr umfangreich tätige Psychologinnen, die Glaubwürdigkeitsgutachten erstatten, haben mir unabhängig voneinander mitgeteilt, dass sie in 70 bis 80% ihrer Gutachten zu dem Schluss kommen: Diese Aussage ist glaubhaft.

Kommt ein Glaubwürdigkeitsgutachten zu dem Schluss, dass eine Aussage nicht glaubhaft ist, so heißt das keinesfalls, dass das Opfer bzw. die Zeugin lügt.

Es gibt viele psychodynamische Gründe dafür, dass ein Kind, ein Jugendlicher oder ein psychisch kranker Erwachsener eine Fehlerinnerung haben kann und etwas für sich als richtig und wahr annimmt, was so wahrscheinlich doch nicht abgelaufen ist.

Ein Opfer kann wünschen, von einer Frau begutachtet zu werden. Aber qualifizierte Gutachterinnen sind überbucht und überlastet. Insofern kann hier ein Zielkonflikt bestehen. Einerseits muss das Ermittlungsverfahren möglichst bald zur Anklage führen, damit sich die Sache nicht ewig lange hinzieht. Andererseits wird auch ein Glaubwürdigkeitsgutachten nur dann zu einem verwertbaren Ergebnis führen, wenn eine basal akzeptable Arbeitsatmosphäre zwischen Zeugin/Opfer und Gutachter herstellbar ist.

Nach meiner Erfahrung als Psychotherapeut und Psychiater muss eine Patientin dann, wenn das Tatgeschehen lange zurückliegt, wenn sie zum Tatzeitpunkt noch ein Kind oder eine Jugendliche war und wenn sie in psychotherapeutischer oder psychiatrischer Behandlung war oder ist, im Rahmen eines Ermittlungsverfahrens mit einer Glaubwürdigkeitsbegutachtung rechnen. Es ist gut, wenn sie sich darauf einstellt und wenn sie gut informiert ist darüber, worum es bei diesem Gutachten eigentlich geht. Wie im Ermittlungsverfahren bei der polizeilichen Aussage wird das Opfer auch im Rahmen des Glaubwürdigkeitsgutachtens sehr präzise zu Details und zu belastenden Einzelelementen des Tatgeschehens befragt werden. Und: Der freundliche Gutachter ist nicht wie der Therapeut ein Verbündeter, sondern ein unabhängiger Wissenschaftler, der nach bestem Wissen und Gewissen sein Gutachten zu erstatten hat, objektiv und unparteilich.

Literatur

Loftus E, Ketcham K (1995). Die therapierte Erinnerung. Vom Mythos der Verdrängung bei Anklagen wegen sexuellen Mißbrauchs. Hamburg: Ingrid Klein Verlag.

Volbert R (2004). Beurteilung von Aussagen über Traumata. Erinnerungen und ihre psychologische Bewertung. Bern, Göttingen, Toronto, Seattle: Huber.

von Hinckeldey S, Fischer G (2002). Psychotraumatologie der Gedächtnisleistung. München, Basel: Ernst Reinhardt Verlag.

6.2 Kindheitstraumata – erinnert: ein Report zum derzeitigen wissenschaftlichen Kenntnisstand und zu seinen Anwendungen[1]

Chief Editors: · Susan Roth, PhD; Duke University, Durham, NC · Matthew J. Friedman, MD, PhD; National Center for PTSD, Veteran's Affairs Medical Center, White River Junction, VT; Dartmouth Medical School, Hanover, NH

Section Editors (in fortlaufender Reihenfolge): · David Finkelhor, PhD; Family Research Lab, University of New Hampshire, Durham, NH · Linda Williams, PhD; Stone Center, Wellesley Centers for Women, Wellesley College, Wellesley, MA · Matthew J. Friedman, MD, PhD; National Center for PTSD, Veteran's Affairs Medical Center, White River Junction, VT; Dartmouth Medical School, Hanover, NH · Lucy Berliner, MSW; Harborview Center for Sexual Assault and Traumatic Stress, Seattle, WA · Sandra L. Bloom, MD; Alliance for Creative Development, P.C., Quakertown, PA

unter Mitarbeit von (in alphabetischer Reihenfolge): · Victoria L. Banyard, PhD, University of New Hampshire, Durham, NH · Christine Courtois, PhD, Private Practice and The Psychiatric Institute, Washington, DC · Diana Elliot, PhD, Harbor-UCLA Medical Center, Torrance, CA · Ira Hyman, PhD, Western Washington University, Bellingham, WA · Debra L. Rubin, MSS, MLSP, LSW, Women's Law Project, Philadelphia, PA · Daniel Schacter, PhD, Harvard University, Cambridge, MA · Jonathan W. Schooler, PhD, University of Pittsburgh, Pittsburgh, PA · Steven Southwick, MD, National Center for PTSD, West Haven, CT; Yale University Medical School, New Haven, CT · Carol Tracy, JD; Women's Law Project, Philadelphia, PA · Bessel A. van der Kolk, MD, Boston University School of Medicine, Boston, MA.

In den letzten Jahren hat das Thema „Erinnerungen an Kindheitstraumata", besonders an Kindesmissbrauch, zu erheblichen Diskussionen nicht nur unter Experten, sondern auch unter Laien geführt. Diese Diskussionen haben die Aufmerksamkeit der Medien auf sich gezogen, wodurch ein großes Interesse an Fragen in Bezug auf die Erinnerung Erwachsener an traumatische Erlebnisse in der Kindheit sowohl widergespiegelt als auch geweckt wurde.

---

1 Nachdruck des Kapitels aus dem im Jahr 2004 bei Schattauer erschienenen Buch „Traumazentrierte Psychotherapie" von U. Sachsse. Dieser Bericht wird getragen von der International Society for Traumatic Stress Studies (ISTSS) und wurde vorbereitet mithilfe der Mitarbeiter des Hauptsitzes, des ehemals Vorsitzenden der ISTSS, Terence Keane (PhD), und der aktuellen und ehemaligen Herausgeber der Fachzeitschrift „Journal of Traumatic Stress", Bonnie Green, PhD, und Dean Kilpatrick, PhD. Er wurde übersetzt aus dem Englischen von Marcel Ditté, Fachübersetzer; idiomatische Überarbeitung: Prof. Dr. med. Ulrich Sachsse, Göttingen, und Prof. Dr. med. Ulrich Schnyder, Zürich. Die Übersetzung bleibt so dicht wie möglich am Original und akzeptiert dabei sprachliche Unebenheiten. Copyright: ISTSS. Generelle Verantwortlichkeit für die deutsche Version: Prof. Dr. med. Ulrich Sachsse, Göttingen.

Das starke allgemeine und professionelle Interesse an der Glaubwürdigkeit von Erinnerungen an Missbrauch im Kindesalter hat geholfen, einen gesellschaftlichen Hintergrund zu schaffen, vor dem persönliche, klinische und rechtliche Gesichtspunkte der Opfer von Kindesmissbrauch erörtert und verarbeitet werden können. Einerseits wurde das Augenmerk auf die Bedeutung und die Folgen von Kindesmissbrauch durch jene Erwachsene gerichtet, die Kindern eigentlich einen Ort von Versorgung, Liebe und Geborgenheit bieten sollen. Andererseits sind wiederkehrende Erinnerungen an Kindheitstraumata oft dem Verdacht ausgesetzt, sie seien als Reaktion auf bestimmte Schlagwörter oder Auslöser (Trigger) in den Medien, in der Psychotherapie, im Gerichtssaal oder im Familienleben aufgetreten. Was in der öffentlichen Diskussion vor allem fehlt, ist ein ausgewogener Report zum derzeitigen Stand der wissenschaftlichen Erkenntnisse über Erinnerungen an Kindesmissbrauch und deren Bedeutung für die klinische und forensische Praxis. Es ist das Anliegen dieses Reportes, im Folgenden diese Erkenntnisse leicht verständlich darzulegen.

Die Initiative zu diesem Bericht ging vom Vorsitz der ISTSS unter tatkräftiger Mithilfe ihrer Mitglieder aus. Diese Gesellschaft verfügt über eine vielleicht einmalige Erfahrungsgrundlage als Basis für die Präsentation neuester wissenschaftlicher Erkenntnisse auf dem Gebiet der Erinnerung an Kindheitstraumata. ISTSS ist eine Fachorganisation mit weltweitem Einfluss, die sich der Erforschung und Verbreitung von Erkenntnissen, der Anregung von Behandlungsmethoden, Programmen sowie Initiativen sozialer Dienste widmet, die bezogen sind auf das Auftreten und die Auswirkungen von traumatischem Stress. Für den vorliegenden Bericht haben wir Input von einigen der erfahrensten und angesehensten klinischen und wissenschaftlichen Experten erhalten, die sich mit traumatischer Erinnerung beschäftigen. So können wir Ihnen an dieser Stelle den aktuellsten und besten Kenntnisstand auf diesem Gebiet vermitteln und Vorschläge zur sinnvollsten Anwendung dieser Erkenntnisse machen.

Dieser Bericht ist in fünf Kapitel unterteilt. Im **ersten** Kapitel wird eine Zusammenfassung der wissenschaftlichen Erkenntnisse über die Prävalenz von Kindkeitstraumata und deren psychische Konsequenzen gegeben. Darüber hinaus wird die Beziehung zwischen diesen Erkenntnissen und den Traditionen der traumazentrierten Psychotherapie und Behandlung erläutert. Im **zweiten** Kapitel wird die wissenschaftliche Evidenz für das Vergessen von traumatischen Ereignissen in der Kindheit, für die spätere Erinnerung traumatischer Ereignisse nach einer Periode des Vergessens („delayed recall") und für „falsche Erinnerungen" an Kindheitstraumata („false memories") dargelegt. Dieses Kapitel ist das Kernstück unseres Reports; die drei darauf folgenden Kapitel widmen sich der Ausarbeitung und Beurteilung der hier vorgestellten Informationen. Im **dritten** Kapitel wird geschildert, wie kognitive Psychologen und Neurobiologen, basierend auf neueren wissenschaftlichen Forschungen, das menschliche Gedächtnis verstehen. Die Bedeutung dieser Forschungen für das Verständnis traumatischer Erinnerungen im Allgemeinen und „delayed recall" traumatischer Ereignisse im Besonderen wird beschrieben. Das **vierte** und **fünfte** Kapitel beschäftigen sich damit, wie die derzeitigen Erkenntnisse am besten in der klinischen und forensischen Praxis bei Überlebenden schwerer Traumata angewendet werden können. Hierbei wird auch auf Lücken und ungeklärte Bereiche beim derzeitigen Erkenntnisstand hingewiesen.

Dieser Report repräsentiert und beinhaltet die Arbeit verschiedener Gruppen von Gelehrten, die in einer Vielzahl unterschiedlicher Themengebiete und beruflicher Kontexte als Experten ausgewiesen sind. Er ist eine Momentaufnahme des derzeitigen wissenschaftlichen Erkenntnisstandes, der sich erwartungsgemäß ständig verändert, sobald neue Erkenntnisse und Informationen verfügbar werden. Schließlich sollen durch diesen Bericht die von anderen Berufsorganisationen gewonnenen Erkenntnisse (s. „Weiterführende Literatur zur Einführung") zu einem „roten Faden" zusammengefasst werden.

Dieser Bericht soll keinen umfassenden Überblick über den Stand der Forschung darstellen. Vielmehr soll ein genereller Überblick über die wichtigsten Aspekte zur Erinnerung an Kindheitstraumata gegeben werden. Daher werden entsprechende Referenzinformationen nicht wie bei wissenschaftlichen Arbeiten üblich als Zitat in den Text eingefügt, sondern dem Leser als Zusatzinformationen (und auch empfohlene weiterführende Literatur) im Anhang jedes Kapitels angeboten.

Weiterführende Literatur zur Einführung

Im Folgenden finden Sie Berichte von Expertengruppen und Berufsorganisationen zum Thema „Erinnerung an Kindesmissbrauch":

Alpert J, Brown L, Ceci S, Courtois C, Loftus E, Ornstein P (1996). Working group on the investigations of memories of childhood abuse: Final report. Washington, DC: American Psychological Association.

American Medical Association. Memories of Childhood Abuse. Report of the Council on Scientific Affairs (CSA Report 5-A-94).

American Psychiatric Association. Statement on Memories of Sexual Abuse approved by the Board of Trustees of the American Psychiatric Association on December 12, 1993.

Hammond DC et al. (1994). Clinical Hypnosis and Memory. Guidelines for clinicians and for forensic hypnosis. American Society of Clinical Hypnosis Press.

Working Party of the British Psychological Society (1996). Recovered memories. In: Pezdek K, Banks W (eds). The Recovered Memory/False Memory Debate. New York: The Academic Press.

Prävalenz und Konsequenzen von Kindheitstraumata

Insgesamt erleiden viel zu viele Kinder ernsthafte Traumatisierungen in ihrer Kindheit. Schwere Unfälle im Auto oder durch Feuer mit Knochenbrüchen oder Gehirnerschütterungen sind weit verbreitet. Kinder machen unglücklicherweise auch Erfahrungen mit lebensbedrohlichen Krankheiten wie Krebs, Leukämie und systemischen Infektionen. Manche Kinder werden überrascht von natürlichen und von Menschen verursachten („human-made", „man-made") Katastrophen wie Erdbeben, Überschwemmungen, Krieg oder ethnischer Verfolgung. Kinder erfahren Gewalt in ihren Kommunen; sie werden gekidnappt, vergewaltigt oder müssen Übergriffe auf andere mit ansehen. Und während vieles davon in der Vergangenheit dem Blick der Öffentlichkeit verborgen blieb, wissen wir heute, dass Kinder sehr oft Opfer von Gewalt oder sexuellem Missbrauch durch diejenigen sind, die eigentlich für sie sorgen sollten, oder sie werden Augenzeuge von gewaltsamen Auseinandersetzungen ihrer Eltern.

Wir kennen nicht die genaue Anzahl der Kinder, die ein schweres Trauma erleiden, aber wenn man die große Bandbreite der möglichen Formen betrachtet, in der ein Trauma auftreten kann, so ist klar, dass die Anzahl der betroffenen Kinder nicht gering ist. In den vergangenen Jahren wurde versucht, die Häufigkeit des Auftretens bestimmter Arten von Kindheitstraumata zu erfassen. Die Vermutung, dass 20% der Mädchen und 5 bis 10% der Jungen während ihrer Kindheit Erfahrungen mit ungewolltem sexuellen Kontakt oder sexueller Belästigung hatten, basiert auf einer großen Anzahl epidemiologischer Studien, bei denen Erwachsene über ihre Kindheit befragt wurden. In diesem Zusammenhang ist zu bemerken, dass den Behörden nur ein Bruchteil der Fälle zum Tatzeitpunkt offenbart wird. So lässt sich erklären, warum den US-Jugendbehörden jährlich nur etwa 300000 Fälle gemeldet werden.

Wissenschaft und persönliche Erfahrung lehren uns, dass solche Ereignisse in der Kindheit manchmal Narben hinterlassen, die bis ins Erwachsenenleben bleiben und auch Ursache für Gesundheitsprobleme sein können. Es ist eines der konsistentesten wissenschaftlichen Ergebnisse, dass Traumata, Notlagen und Härten in der Kindheit das Risiko für eine ganze Reihe späterer Probleme und Schwierigkeiten erhöhen können. Das gilt für alle Formen früher Traumata, einschließlich Unfälle, Katastrophen und das Miterleben von Gewalt. Wir wissen jedoch, dass dies besonders auf die Opfer von Kindesmissbrauch und Vernachlässigung („neglect") zutrifft, wie eine große Anzahl diesbezüglicher Studien zeigt. Kinder, die schwer missbraucht worden sind, haben eine zwei- bis fünfmal so hohe Wahrscheinlichkeit, als Erwachsene an einer seelischen Krankheit zu leiden, als diejenigen, die eine solche Erfahrung nicht machen mussten. Sie leiden zudem häufiger unter einem geringen Selbstwertgefühl und haben oftmals soziale, schulische und berufliche Probleme. Kinder, die missbraucht oder vernachlässigt wurden, sind darüber hinaus auch wesentlich anfälliger für ein späteres delinquentes oder kriminelles Verhalten, Gewalt, Alkohol- und Drogenmissbrauch.

Natürlich ist die Beziehung zwischen Kindheitstraumata und späteren Problemen nicht simpel-linear oder unausweichlich. Nicht alle traumatisierten oder misshandelten Kinder leiden später zwangsläufig unter Problemen. Viele erholen sich davon, manchmal sogar sehr schnell, und führen ein erfolgreiches Leben. Manche traumatisierte Kinder leiden später unter Problemen, die nicht direkt im Zusammenhang mit einem in der Kindheit erlebten Trauma stehen, sondern sie leiden unter anderen Problemen, wie zum Beispiel Armut oder einer genetischen Vulnerabilität, die sie für Traumata besonders anfällig gemacht hat. Insgesamt deuten die Forschungsergebnisse auf diesem Gebiet aber sehr stark darauf hin, dass Kindheitstraumata ein wichtiger Kausalfaktor für eine schlechte Anpassungsfähigkeit im späteren Erwachsenenleben sind.

Unter der Annahme, dass Kindheitstraumata eine wichtige Rolle bei Problemen im Erwachsenenleben spielen können, gehen viele derzeit angewandte Psychotherapie-Methoden davon aus, dass es wichtig, ja essenziell ist, ein umfassendes Bild der Trauma-Vorgeschichte eines Patienten zu bekommen, um eine Behandlung gezielt planen zu können. Die peritraumatischen Details können hierbei Aufschluss geben über die Tiefe und Ernsthaftigkeit der Probleme einer Person. Kenntnisse über diese Traumata und über einige ihrer möglichen Folgen können dem Therapeuten dabei helfen, jene korrigierenden Erfahrungen zu gestalten, welche die momentane Situation mit Disstress und schlechtem Funktionsniveau lindern können. Obwohl es nicht erwiesen ist, dass traumazentrierte Behandlungsmethoden zwangsläufig effektiver sind als andere Behandlungsmethoden für Überlebende von Traumata und obwohl derzeit erstmals kontrollierte Studien an einer großen Anzahl traumatisierter Personen durchgeführt werden, haben die bisherigen Forschungsergebnisse dennoch bereits gezeigt, dass traumazentrierte Behandlungsmethoden effektiv sein können. Patienten berichten von spürbaren Erleichterungen von Angstzuständen und Depressionen und Befreiung von intrusiven Gedanken und Gefühlen zu traumatischen Kindheitserlebnissen. Die Anwendung der traumazentrierten Behandlung und Psychotherapie erfreut sich aus diesen Gründen in den letzten Jahren stetig wachsender Popularität. Darauf soll im Abschnitt „Anwendung des derzeitigen wissenschaftlichen Kenntnisstandes auf die klinische Praxis" nochmals eingegangen werden.

Weiterführende Literatur zu diesem Abschnitt

Briere J, Elliot D (1994). Immediate and long-term impacts of child sexual abuse. Future of Children; 4(2): 54–69. (Dieser Review-Artikel sichtet die Beweislage für langfristige Auswirkungen von frühem traumatischem, sexuellem Missbrauch.)

Finkelhor D (1994). Current information on the scope and nature of child sexual abuse. Future of Children; 4(2): 31–5. (Dieser Review-Artikel erfasst die Prävalenz von sexuellem Kindesmissbrauch in der Gesamtbevölkerung.)

U.S. Department of Health and Human Services (1997). Child maltreatment 1995. Reports from the states to the National Child Abuse and Neglect Data System. Contract no. ACF-105-95-1849. Washington, DC: U.S. Government Printing Office. (Diese Publikation beinhaltet die neuesten Informationen über die große Anzahl der Fälle von Kindesmissbrauch, die derzeit den staatlichen Stellen gemeldet und dort untersucht werden.)

„Delayed recall": spätere Erinnerung an traumatische Ereignisse nach einer Periode des Vergessens

Die Debatte über die Erinnerung an Kindheitstraumata wurzelt in der Frage, wie weit es unter Erwachsenen verbreitet ist, dass sie sich an in der Kindheit erlittene Traumata nicht mehr erinnern können. Menschen vergessen unzählige übliche Erfahrungen – aber vergessen sie auch ein Kindheitstrauma? Während es eine Zeit im Säuglingsalter und im frühen Kindesalter gibt, für die Wissenschaftler keinerlei Erinnerung an Lebensereignisse erwarten, dreht sich die gegenwärtige Diskussion um die „wiederentdeckte Erinnerung" an Traumata, die nach dieser frühen Kindheitsphase, etwa der ersten zwei oder drei Lebensjahre, stattfanden.

Beweislage für das Vergessen von Kindheitstraumata

Evidenz dafür, dass Menschen eine große Bandbreite an Kindheitstraumata vergessen, liefern klinische und nichtklinische Studien. Die Hinweise beschränken sich hierbei nicht nur auf Patienten, die in Behandlung sind oder deren Trauma ein sexueller Missbrauch ist. Klinische Berichte über traumabezogenes Vergessen bei einzelnen Patienten lassen sich in der psychiatrischen Fachliteratur der letzten 100 Jahre finden. In den letzten 10 Jahren hat sich die Forschung verstärkt mit größeren Gruppen von Frauen und Männern beschäftigt, die wegen der Folgen sexuellen Missbrauchs in Behandlung waren. Die Ergebnisse zeigen, dass viele Erwachsene, die sich an sexuellen Missbrauch in ihrer Kindheit erinnern, von früheren Zeiträumen berichten, in denen sie sich an den Missbrauch nicht erinnern konnten. Neuere Untersuchungen beziehen auch nichtklinische Gruppen von Erwachsenen mit ein, die über eine größere Bandbreite von Traumata berichten, und auch hier gibt es hohe Raten von Berichten über frühere Abschnitte des Vergessens. Eine Schwierigkeit bei solchen Studien besteht darin, dass Berichte über frühere Zeitabschnitte des Vergessens mitunter auch auf Gedächtnisprobleme zurückzuführen sind. Wir können nicht davon ausgehen, dass die Beurteilungen von Personen über ihr früheres Vergessen tatsächlich korrekt sind. Prospektive Studien über dokumentierten Missbrauch, die ein momentanes Vergessen evaluieren, legen jedoch nahe, dass ein bedeutender Teil von Frauen und Männern mit dokumentierten Fällen von sexuellem Missbrauch in der Kindheit sich an diese dokumentierten Vorfälle nicht mehr zu erinnern scheint, wenn man sie als junge Erwachsene diesbezüglich interviewt. Einige der Forschungsergebnisse von retrospektiven und prospektiven Studien sind im Folgenden kurz zusammengefasst:

- Herman und Schatzow (1987) fanden, dass 28% ihrer weiblichen Patientinnen in einer Gruppentherapie für Inzest-Opfer von „ernsten Erinnerungsdefiziten" an ihren Missbrauch berichteten.
- Briere und Conte (1993) fanden, dass 59% von 450 Frauen und Männer in Behandlung für sexuell Missbrauchte angaben, sie hätten den sexuellen Missbrauch, unter dem sie während ihrer Kindheit zu leiden hatten, in einigen Zeitabschnitten vor ihrem 18. Lebensjahr vergessen.
- Loftus et al. (1994) gaben an, dass 31% der bei ihnen in Behandlung befindlichen sexuell missbrauchten Frauen über zumindest partielle Gedächtnislücken und inkomplette Erinnerung an ihren Missbrauch berichteten. 19% berichteten über frühere totale Erinnerungslücken an ihren Missbrauch.
- Elliot (1997) fand bei 505 landesweit randomisiert ausgewählten Frauen und Männern heraus, dass 20% der 116 Personen, die sexuellen Missbrauch in ihrer Kindheit angaben, berichteten, dass es einen Zeitabschnitt gab, in dem sie keinerlei Erinnerung an den Missbrauch hatten. Vollständiges bis partielles Vergessen wurde nach jeder Art von traumatischer Erfahrung berichtet, besonders häufig bei sexuellem Kindesmissbrauch, Beobachtung des Mordes an einem Familienangehörigen und Kriegs- und Gewalthandlungen.
- Williams (1994) sowie Williams und Banyard (1997) machten eine Follow-up-Studie bei Frauen und Männern, die in den frühen 70er Jahren wegen sexuellem Kindesmissbrauch in der Notaufnahme eines Krankenhauses waren. Sie

fanden heraus, dass zur Zeit ihrer Studie (17 Jahre später) 38% der Frauen und 55% der Männer sich nicht mehr an den dokumentierten Missbrauch erinnerten. Von den Frauen, die sich daran erinnerten, gaben 16% an, dass es in der Vergangenheit eine Zeit gab, in der sie sich überhaupt nicht daran erinnerten, dass ihnen so etwas zugestoßen war.

- Widom und Morris (1997) fanden, dass 32 bis 60% der Frauen und 58 bis 100% der Männer, bei denen gerichtlich erwiesen war, dass sie als Kinder Opfer sexuellen Missbrauchs waren, mehr als 20 Jahre später bei einer Wiederbefragung nichts von solch einem Missbrauch berichteten.

Es wird darauf hingewiesen, dass die hier vorgestellten Ergebnisse in einer Reihe von Kritiken infrage gestellt wurden. Hierbei bezog man sich auf die methodische Vorgehensweise bei den retrospektiven Studien und bei der Williams-Studie (s. Pope u. Hudson 1995).

Quellen zu diesem Abschnitt

Briere J, Conte J (1993). Self-reported amnesia for abuse in adults molested as children. J Trauma Stress; 6: 21–31.

Elliot DM (1997). Traumatic events: Prevalence and delayed recall in the general population. J Consult Clin Psychol; 65: 811–20.

Herman JL, Schatzow E (1987). Recovery and verification of memories of childhood sexual trauma. Psychoanal Psychol; 4: 1–14.

Loftus E, Polonsky S, Fullilove MT (1994). Memories of childhood sexual abuse: remembering and repressing. Psychol Women Q; 18: 67–84.

Widom CS, Morris S (1997). Accuracy of adult recollections of childhood victimization. Part 2: Childhood sexual abuse. Psychol Ass; 9: 34–6.

Williams LM (1994). Recall of childhood trauma: a prospective study of women's memories of child sexual abuse. J Consult Clin Psychol; 62: 1167–76.

Williams LM (1995). Recovered memories of abuse in women with documented child sexual victimization histories. J Trauma Stress; 8: 649–75.

Williams LM, Banyard VL (1997). Gender and recall of child sexual abuse: a prospective study. In: Read JD, Lindsay DS (eds). Recollections of Trauma: Scientific evidence and clinical practice. New York: Plenum Press; 371–7.

Beweislage für „delayed recall": ein späteres Erinnern des Traumas nach einer Periode des Vergessens

Wenn wir akzeptieren, dass eine signifikante Minorität von Personen tatsächlich Kindheitstraumata – zumindest für eine gewisse Zeit – vergisst, dann ergeben sich daraus weitere interessante Fragen. Wenn Personen berichten, dass sie sich an Einzelheiten eines vorher vergessenen Kindheitstraumas wieder erinnern, dann ist es für Kliniker und Forscher von besonderer Bedeutung, welche Faktoren zu diesem „delayed recall" geführt haben und wie präzise die „wiederentdeckten Erinnerungen" (recovered memories) sind. Forschungsergebnisse lassen darauf schließen, dass das Alter zur Zeit des Kindheitstraumas in Zusammenhang mit dem Vergessen steht und dass diejenigen Personen, die sehr jung waren, als sie ein Trauma erlitten, auch diejenigen sind, die es eher vergessen und bei denen später wiederaufgetauchte Erinnerungen zu beobachten sind. Das Wiederkehren von Erinnerungen an Kindheitstraumata ist offenbar mit einer ganzen Reihe verschiedener Auslöser (Trigger) verbunden. Dazu zählen:

- das Sehen eines Fernsehprogramms
- das Lesen von Artikeln über Traumata
- das Wiederkehren einer ähnlichen Situation im späteren Leben
- Gespräche mit der Familie und Freunden

Es ist wahrscheinlich, dass Situationen, die Ähnlichkeiten mit dem ursprünglichen Schlüsselerlebnis aufweisen, auch mit den wiedergekehrten Erinnerungen in Zusammenhang stehen. Interessanterweise lässt sich feststellen, dass die Mehrzahl der wiederkehrenden Erinnerungen außerhalb einer Therapie auftaucht.

Betrachtet man die Genauigkeit der wiedergekehrten Erinnerungen, so lässt sich sagen, dass mehrere bestätigte und amtlich dokumentierte Fälle von späterer Erinnerung an Missbrauch in der Kindheit die Genauigkeit der Erinnerungen evident machen, wie auch erste Studien von wiedergekehrten Erinnerungen dokumentierter traumatischer Kindheitserlebnisse zeigen. Im bereits erwähnten Forschungsprojekt konnte Williams (1994) beispielsweise die aktuelle Beschreibung, die Frauen von ihrem Missbrauch gaben, mit den Details vergleichen, die in den 70er Jahren, als der Missbrauch stattfand, aufgezeichnet worden waren. Williams fand dabei heraus, dass die Beschreibungen der Frauen, die früher einmal über Zeitabschnitte des Vergessens berichtet und Erfahrung mit wiederaufgetauchten Erinnerungen gemacht hatten, und die Beschreibungen anderer Frauen, die sich stets an den Missbrauch erinnern konnten, beim Vergleich dieser Beschreibungen mit den 17 Jahre früher angefertigten Aufzeichnungen die gleiche Anzahl an Diskrepanzen aufwiesen. Hieraus wird evident, dass Erinnerungen an Kindheitstraumata nach einer Zeit des Vergessens wieder zugänglich gemacht werden können. Eine Zusammenfassung und Synthese von mehr als 25 Studien über traumabezogenes Vergessen ist bei Scheflin und Brown (1996) nachzulesen.

Es gibt keinen wissenschaftlichen Beweis dafür, dass Erwachsene bei der Untersuchung mit den gängigen Screening-Methoden oder wenn sie ihrer Familie, ihren Freunden oder auch Therapeuten von ihrem Missbrauch erzählen, absichtlich Behauptungen aufstellen über den Missbrauch in ihrer Kindheit. Allerdings muss kritisch hinterfragt werden, ob nicht ein bestimmter Teil der Darstellungen wiederentdeckter Erinnerungen an ein Kindheitstrauma zwar ernsthaft ehrlich gemeint, aber doch ungenau ist (z.B. das, was „false memories", Fehlerinnerungen, genannt worden ist).

Beweislage, dass Erinnerungen implantiert werden können

Eine Vielzahl von Laborversuchen zur Erinnerung und Suggestibilität bestätigt die Position, dass Erinnerung rekonstruktiv und unvollkommen ist, dass Erinnerung beeinflusst und verzerrt werden kann, dass Konfabulationen auftreten können, um Erinnerungslücken zu füllen, und dass Personen derart manipuliert werden können, dass sie glauben, Ereignisse gehört, gesehen oder erlebt zu haben, obwohl sie das nie taten. Es ist erwiesen, dass an unzutreffende Erinnerungen fest geglaubt und sie überzeugend beschrieben werden können. Viele der Laborversuche zur Suggestibilität der Erinnerung arbeiten mit dem Paradigma, dass Personen zunächst ein Ereignis betrachten, an dem sie nicht selbst beteiligt sind, zu dem sie im zweiten Schritt falsche Informationen bekommen und über das sie dann schließlich befragt werden. Die falsche Information wird in die spätere Beschreibung aus der Erinnerung erwartungsgemäß eingebaut. Das wird als „misinformation effect" (Fehlinformationseffekt) bezeichnet. Es wird argumentiert, dass dieser Effekt ebenfalls Auswirkungen auf die Erinnerungen an Kindheitstraumata oder sexuellen Missbrauch in der Kindheit hat. Es wird behauptet, dass ähnliche Prozesse zu der Fehlannahme eines Patienten führen könnten, er oder sie sei sexuell missbraucht oder anderweitig traumatisiert worden, wenn eine solche Vorgeschichte durch den Therapeuten unterstellt wird. Die Kritik an der Übertragbarkeit dieser Laborergebnisse, bezogen auf die Frage der Erinnerung an Kindheitstraumata grundsätzlich und den sexuellen Missbrauch in der Kindheit im Besonderen, zielt auf die Validität der Studien (z.B. ihre Anwendbarkeit auf Erfahrungen in der realen Welt mit traumatischen Ereignissen in der Kindheit und Kindesmisshandlung und ihre Auswirkungen). Das bloße Ändern oder Hinzufügen eines Ereignisses, was in vielen der Laboruntersuchungen die gängige Praxis ist, ist nicht das Gleiche, wie jemanden zu dem Glauben zu bringen, dass ein völlig neues Geschehen stattgefunden hat. Kritiker haben argumentiert, dass das „Einpflanzen" von Erinnerungen an traumatische Ereignisse und generell an Ereignisse, bei denen die betreffende Person selbst beteiligt ist, eine ganz andere Sache sein kann. Natürlich schließt die Forschungsethik jegliche Experimente aus, die zum Gegenstand hätten, Erinnerungen an etwas so Ernstes wie sexuellen Missbrauch „einzupflanzen". Kürzlich wurden einige Untersuchungen angestellt, um ganz konkret die „Einpflanzung" von Erinnerung an Ereignisse beurteilen zu können, die zum Zeitpunkt ihres Geschehens eher schwach traumatisierend gewesen wären, sofern sie stattgefunden hätten; so sollte herausgefunden werden, welche Art von Ereignissen sich besonders gut zur erfolgreichen „Einpflanzung" von Erinnerung eignet. Außerdem wollte man auch die Faktoren untersuchen, die bei der „Einpflanzung" von Erinnerungen an Ereignisse eine Rolle spielten, die nie stattgefunden haben. Bei diesen Studien wurden verschiedene Designs und Paradigmen angewendet, aber alle hatten gemeinsam, dass die Forscher den jüngeren Familienmitgliedern der mitwirkenden Testpersonen etwas „in Erinnerung riefen", was gar nicht geschehen war. In diesen Studien gelang es den Forschern (manchmal nach mehreren Versuchen), abhängig von der Stärke der experimentellen Manipulation 20 bis 40% der Teilnehmer dazu zu bringen zu glauben, dass ihnen Ereignisse, die es in der Realität nie gegeben hatte, wirklich passiert sind. In einigen Literaturstellen wird angenommen, dass diejenigen, die sich an Ereignisse „erinnern", die nie geschehen sind, einen höheren Score an kreativer Imagination und Dissoziation aufweisen. Wenn die Personen dann gebeten wurden, ein mentales Bild eines Ereignisses zu entwerfen und es dem Interviewer zu beschreiben, haben sie interessanterweise nicht nur eher ein falsches Ereignis kreiert, sondern sich auch eher an vorher unverfügbare wahre Ereignisse erinnert. Obwohl sich all diese Studien auf eher kleine untersuchte Gruppen stützen und obwohl die Mehrheit der Testteilnehmer in diesen Studien sich einer „Einpflanzung" von Erinnerung widersetzte, legen die Ergebnisse doch nahe, dass bestimmte situative und persönlichkeitsspezifische Charakteristika die Suggestibilität maximieren könnten, sodass einige Personen falsche oder ungenaue Erinnerungen an Kindheitstraumata berichten. Während noch Unklarheit über die Faktoren herrscht, die mit ungenauen Erinnerungen in Verbindung stehen, lassen die provozierenden Laborergebnisse über Suggestibilität und Erinnerung darauf schließen, dass ein solides Grundwissen über menschliche Erinnerungsprozesse für Trauma-Kliniker und -Forscher von großem Wert ist.

Weiterführende Literatur zu diesem Abschnitt

Hyman I, Husband TH, Billings FJ (1995). False memories of childhood experiences. Appl Cogn Psychol; 9: 181–97. (Diese Arbeit zeigt, dass Individuen dazu gebracht werden können, dass sie glauben, ungewöhnliche Erfahrungen in der Kindheit gemacht zu haben, die tatsächlich überhaupt nicht passiert sind. Nach dem dritten suggestiven Interview behaupteten 25 % der Versuchspersonen, Ereignisse wiedererinnern zu können, die nicht geschehen waren.)

Hyman LE, Pentland J (1996). The role of mental imagery in the creation of false childhood memories. J Mem Lang; 35: 101–17. (Dieser Artikel beweist, dass Individuen, die aufgefordert wurden, ein mentales Bild eines Ereignisses zu entwerfen und zu beschreiben, eher dazu neigten, ein falsches, fiktives [false] Erlebnis zu erschaffen. Diese Personen entdeckten allerdings auch Erinnerungen an ein vorher nicht erinnerungsfähiges, wahres Ereignis leichter.)

Loftus EF, Pickrell JE (1995). The formation of false memories. Psychiatr Ann; 25(12): 720–5. (Die Arbeit befasst sich mit dem Paradigma „Im Kaufhaus verloren gegangen", um zu zeigen, dass Erwachsene ein Kind glauben machen können, es habe sich in einem Kaufhaus verlaufen; vertreten wird, dass Erinnerungen an zumindest ein leicht traumatisches Ereignis implantiert werden können.)

Pope HG, Hudson JI (1995). Can memories of childhood sexual abuse be repressed? Psychol Med; 25; 121–6. (Der Artikel bietet eine durchdachte methodologische Analyse über die Begrenztheit von Studien über das Vergessen von sexuellem Missbrauch in der Kindheit und macht konstruktive Vorschläge zur Gestaltung künftiger Studien.)

Scheflin AW, Brown D (1996). Repressed memory of dissociative amnesia: What the science says. J Psychiatry Law; 24(2): 143–88. (Diese Arbeit präsentiert eine Zusammenfassung und Synthese von mehr als 25 Studien über traumabezogenes Vergessen.)

Schooler JW, Bendiksen M, Ambadar Z (1997). Taking the middle line: Can we accommodate both fabricated and recovered memories of sexual abuse? In: Conway M (ed). False and Recovered Memories. Oxford: Oxford University Press; 251–92. (Dieser Aufsatz beweist die Existenz von wiederentdeckten Erinnerungen, weist aber auch darauf hin, dass einige Personen ihr früheres Vergessen übertreiben könnten, indem sie vorgeben, sie hätten sich in bestimmten Zeitspannen nicht an den Missbrauch erinnern können, obwohl sie während dieser Zeitspannen nachweislich darüber gesprochen haben.)

Williams LM, Banyard VL (1997). Perspectives on adult memories of childhood sexual abuse: A research review. In: Spiegel D (ed). Section II American Psychiatric Review of Psychiatry; 16, Chapter 9: II-123–II-151. (Dieses Kapitel gibt einen Review über empirische Beweise, welche die Wahrscheinlichkeit unterstützen, dass sexueller Missbrauch in der Kindheit vergessen werden kann, dass Erinnerung an Missbrauch implantiert werden kann und dass Erinnerungen an einen bereits vergessenen Missbrauch wiederkehren können.)

Menschliche Erinnerungsprozesse, traumatische Erinnerung und verspätete Erinnerung traumatischer Ereignisse

- Erinnerung ist kein simpler ganzheitlicher Prozess.
- Erinnerungen werden nicht als komplette und separate „Informationspakete" abgespeichert.
- Erinnerung ist keine perfekte Darstellung wie ein Foto.
- Es gibt zwei grundsätzliche Formen von Erinnerung: die explizite und die implizite Erinnerung.
- Traumatische Erinnerungen können sich von gewöhnlichen Erinnerungen unterscheiden.
- Es gibt eine Vielzahl bislang nicht bewiesener Mechanismen, die erklären könnten, wie traumatische Erinnerungen „vergessen" werden.
- Es gibt derzeit keinen wissenschaftlichen Konsens darüber, wie eine „vergessene" Erinnerung später „wiederentdeckt" werden kann.

Bis vor kurzem dachte man gemeinhin, dass Erinnerungen an bestimmte Ereignisse als diskrete Informations-Bits im Gedächtnis abgespeichert würden. Der griechische Philosoph Plato verglich den Erinnerungsprozess mit einem Vogelhaus, in dem jeder Vogel eine andere Erinnerung darstellte. Das Erinnern war, nach Plato, der Prozess, bei dem das Gedächtnis versucht, den richtigen Vogel zu fangen, sodass die gesamte Erinnerung an ein bestimmtes Ereignis bewusst wahrgenommen werden kann. Dieses Konzept der Erinnerung galt mit einigen Variationen 2000 Jahre lang. Erinnerung war, aus dieser Perspektive gesehen, einfach das Identifizieren der kompletten Repräsentanz eines einzelnen Ereignisses aus der Vergangenheit aus der Sammlung von Erinnerungen des Gedächtnisses.

Basierend auf neuesten wissenschaftlichen Untersuchungen werden solche Modelle des Erinnerungsprozesses heute nicht mehr akzeptiert. In diesem Kapitel sollen einige der wichtigsten wissenschaftlichen Erkenntnisse kognitiver Psychologen und Neurobiologen zu den menschlichen Erinnerungsprozessen vorgestellt werden. Es muss allerdings von vornherein betont werden, dass die wissenschaftlichen Fragen auf diesem Gebiet kompliziert sind. Deshalb ist das Folgende nur eine vereinfachte Zusammenfassung unseres derzeitigen Wissensstandes.

Erinnerung ist kein simpler ganzheitlicher Prozess
Erinnerung beinhaltet drei komplizierte Prozesse, die von mehreren Gehirnregionen und -verbindungen abhängen:
- Enkodierung ist die Erschaffung der Erinnerung.
- Konsolidierung ist ein Zwischenschritt, durch den die Erinnerung so strukturiert wird, dass sie auf Zeit gespeichert werden kann.
- Retrieval ist der Prozess, durch den die Erinnerung wieder aus dem Speicher geholt wird und für das Bewusstsein verfügbar gemacht wird.

Erinnerungen werden nicht als komplette und separate „Informationspakete" abgespeichert

Neuere Untersuchungen auf dem Gebiet der kognitiven Psychologie zeigen, dass die Erinnerung an ein bestimmtes Ereignis nicht an einer einzigen bestimmten Stelle im Gehirn gespeichert wird, sondern dass sie stattdessen über ein Netzwerk aufgeteilt wird.

Das bedeutet, dass verschiedene Dimensionen der Erinnerung wie visuelle Eigenschaften oder räumliche Lokalisationen in verschiedenen Bereichen des Gehirns gespeichert sind. Man geht davon aus, dass die Konsolidierung solcher Erinnerungen auch die Verbindung dieser unterschiedlichen Gehirnregionen beinhaltet, die zusammen das Gesamtereignis abspeichern. Um ein Ereignis zu erinnern, muss das Gehirn die eigentliche Erinnerung aus den Einzelelementen wohl irgendwie rekonstruieren.

In den letzten Jahren haben kognitive Psychologen Platos Vögel verworfen und favorisieren stattdessen ein Modell der Erinnerungsspeicherung, das eher wie ein Spinnennetz ist, in dem bestimmte Erinnerungen durch das Muster der Verbindungen innerhalb des gesamten Spinnennetzes repräsentiert werden. Erinnerung ist nicht ein Prozess des Lokalisierens von intakten Informations-Bits, sondern beinhaltet eher das teilweise Wiedererschaffen eines Musters von zusammengehörenden Informationsfäden über ein gesamtes Netzwerk. Versuche, sich an etwas Bestimmtes zu erinnern, könnten mit einem besonderen Vibrationsmuster im gesamten Netzwerk verbunden sein. Manchmal könnte der Retrieval-Prozess auch eine enge Annäherung an die ursprüngliche Erinnerung aktivieren, eine, die zwar ähnlich, aber eben nicht exakt die gleiche ist wie die Original-Erinnerung. Dieses **Verknüpfungsmodell der Erinnerung** (Connectionist Model of Memory) erklärt beispielsweise, wie Erinnerungen an ähnliche Ereignisse einander beeinflussen können und wie Menschen sich oftmals an einige, aber eben nicht alle Aspekte eines Ereignisses aus der Vergangenheit erinnern. Dieses Modell hilft uns, häufig auftretende Erinnerungsfehler zu verstehen.

Erinnerung ist keine perfekte Darstellung wie ein Foto

Die menschliche Fähigkeit, sich zu erinnern und sich Ereignisse aus der Vergangenheit wieder vor Augen zu führen, ist weitgehend akkurat, aber sie ist nicht perfekt. Erinnerung ist ein selektiver Prozess, der jenen Informationen Priorität gibt, die am wichtigsten zu sein scheinen, jedenfalls zu dem Zeitpunkt, an dem sie entstanden. Obwohl die meisten Fehler beim Abrufen einer Erinnerung recht klein sein werden, können sie manchmal auch ziemlich umfangreich sein. Einige der Fehler, die beim menschlichen Erinnern gewöhnlich auftreten, sind:

- Menschen sind manchmal unfähig, sich an sehr große Teile ihrer Erfahrungen in der Vergangenheit zu erinnern.
- Menschen können manchmal nicht genau bestimmen, woher ihre Erinnerungen stammen.
- Menschen können Erinnerungen vorgestellter Ereignisse für Erinnerungen realer Ereignisse halten.
- Menschen sind beeinflussbar; sozialer Einfluss kann grundsätzlich Auswir-

kungen auf den Erinnerungsprozess haben, und die Erinnerung an ein Ereignis kann durch Falschinformation beeinflusst werden.

Es gibt zwei grundsätzliche Formen von Erinnerung: die explizite und die implizite Erinnerung

Die **explizite Erinnerung**, auch **deklaratives Erinnerungssystem** genannt, zeichnet bewusst verfügbare Informationen über Erfahrungen aus der Vergangenheit auf. Die **implizite Erinnerung**, auch **nichtdeklaratives Erinnerungssystem** genannt, ist Information, die nicht bewusst verfügbar ist. Fertigkeiten („skills") oder Haltungen, die die „zweite Natur" eines Menschen sind und relativ automatisch ablaufen, sind Beispiele für implizite Erinnerungen. Implizite Erinnerungen können auch an stark emotionalen Erinnerungen beteiligt sein. Die gegenwärtig verfügbaren Informationen über diese beiden Grundformen der Erinnerung sind hilfreich beim Verstehen traumatischer Erinnerungen:

- Unterschiedliche Gehirnstrukturen dienen expliziter vs. impliziter Erinnerung.
- Implizite Erinnerungen können bei der Verarbeitung von Ereignissen eine Rolle spielen, die mit Furcht, Angst und anderen starken Emotionen zu tun haben. Diese Erinnerungen können auch an der Schaffung von Erinnerungen nichtemotionaler Informationen beteiligt sein, so wie Aneignung von Fertigkeiten und Priming.
- Verschiedene Medikamente können diese beiden Systeme unterschiedlich beeinflussen.
- Implizite Erinnerungsmechanismen scheinen eine Schlüsselrolle bei der Verarbeitung einiger traumatischer Erinnerungen zu spielen, obwohl explizite Erinnerungsmechanismen dabei auch wichtig sind.

Traumatische Erinnerungen können sich von gewöhnlichen Erinnerungen unterscheiden

Es gibt viele verschiedene Blickwinkel und Überzeugungen unter Forschern und Experten bezüglich der Erinnerung traumatischer vs. nichttraumatischer Ereignisse. Einige Forscher glauben, dass beim Vergessen von traumatischen und nichttraumatischen Erinnerungen der gleiche grundlegende Erinnerungsprozess eine Rolle spielt. Andere wiederum sind der Meinung, dass es, obwohl durchaus Übereinstimmungen zwischen traumatischen und nichttraumatischen Erinnerungen vorliegen, dennoch wichtige Unterschiede zwischen diesen beiden Erinnerungsarten in Bezug auf Enkodierung, Konsolidierung und Retrieval gibt. Einige Forscher vertreten, dass Erinnerungen an traumatische Ereignisse weniger verzerrt, länger haftend und weniger anfällig sind für ungenaue Erinnerung, Beeinflussung oder sozialen Einfluss. Das ergibt sich daraus, dass traumatischer Stress sowohl die explizite als auch die implizite Erinnerung in weitaus größerem Ausmaße aktiviert, als das bei nichttraumatischer Ereignissen der Fall ist. Emotionale, mit traumatischen Ereignissen verbundene Erregung („arousal") kann auch mit dem Anstieg von Stresshormonen und Neuromodulatoren einhergehen, welche die Erinnerungsbildung erleichtern. Der Grad der Erregung, der während eines traumatischen Erlebnisses auftritt, kann allerdings auch Einfluss auf die Qualität der

Erinnerungsbildung haben. Einige Forscher argumentieren, dass moderate Erregungs-Level zu verlässlicheren Erinnerungen führen können, dass aber extreme Erregungs-Level die Aufmerksamkeit so stark beeinflussen können, dass nur Weniges von dem Ereignis in Erinnerung behalten wird. Andere Experten wiederum sind der Meinung, dass besonders starke traumatische Erinnerungen manchmal aktive Maßnahmen zum Vergessen einer Erinnerung mobilisieren können. Ein solcher theoretischer Mechanismus (unter anderen), der intensiv diskutiert wurde, ist die so genannte **Verdrängung** („repression"), die das bewusste Erinnern an solche Ereignisse verhindert. Die Verdrängung, die ursprünglich in der psychoanalytischen Theorie postuliert wird, ist ein Konzept, das in Laboruntersuchungen empirisch nicht nachgewiesen wurde.

Diese unterschiedlichen Ansichten über die Erinnerung traumatischer vs. nichttraumatischer Ereignisse stimulieren nach wie vor eine umfangreiche, aufregende Forschungsarbeit. Trotz unserer noch immer vorhandenen Wissenslücken und unterschiedlichen Meinungen gilt als grundsätzlich akzeptiert, dass die Erinnerungen an traumatische Ereignisse in der Kindheit und im Erwachsenenalter nach deren Stattfinden manchmal unwiederbringlich „vergessen" sein können. Es gab ebenfalls ein großes Meinungsspektrum bezüglich der Mechanismen, die das Vergessen von Kindheitstraumata erklären könnten.

Es gibt eine Vielzahl bislang nicht bewiesener Mechanismen, die erklären könnten, wie traumatische Erinnerungen „vergessen" werden

Derzeit ist nicht bekannt, wie traumatische Erinnerungen vergessen werden. Unterschiedliche Mechanismen können unter verschiedenen Umständen arbeiten. Diese Fragen sind für die Forschung von großem Interesse, und wir können innerhalb der nächsten zehn Jahre auf diesem Gebiet ein rapides Wachstum an Information erwarten. Unter den Erklärungsmodellen, die für das „Vergessen" verantwortlich sein können, sind die folgenden:

- **Störungen beim Enkodieren**: Eine Störung beim Erstellen einer Erinnerung zum Zeitpunkt des Ereignisses.
- **Dissoziation**: Ein alterierter kognitiver Zustand, der manchmal während eines traumatischen Ereignisses auftritt und der die normalen Prozesse (Enkodieren, Konsolidieren, Retrieval) solcher Ereignisse stört.
- **einfaches Vergessen**: Das Verblassen der Erinnerung mit der Zeit (normales Phänomen bei nichttraumatischen Erinnerungen).
- **Verdrängung**: Ein theoretisch angenommener psychischer Prozess, bei dem das bewusste Erinnern aktiv verhindert wird.
- **konditionierte Extinktion**: Ein Laborphänomen, durch das unter bestimmten Bedingungen Hemmungen einer vorher erlernten Verhaltensweise aktiviert werden können oder der Zugriff auf diese Verhaltensweise beeinträchtigt werden kann.
- **state dependent learning**: Ein Mechanismus, der erklären würde, warum traumatische Erinnerungen nur dann abgerufen werden können, wenn die betreffende Person im gleichen emotionalen, kontextuellen und neurobiologischen Zustand ist wie zu der Zeit, als das eigentliche traumatische Ereignis geschah.

- **langfristige Depression:** Ein Zellmechanismus, der den Datenaustausch bestimmter Nervenzellen untereinander unterdrückt. Das könnte theoretisch das Abrufen von vorher zugänglichen Informationen beeinträchtigen.

Es gibt derzeit keinen wissenschaftlichen Konsens darüber, wie eine „vergessene" Erinnerung später „wiederentdeckt" werden kann

Da es bereits bewiesen ist, dass „vergessene" Erinnerungen traumatischer Ereignisse manchmal „wiederentdeckt" werden, ist es nun notwendig zu verstehen, wie dies geschehen könnte. Der Schlüssel zur Beantwortung dieser Frage ist, zunächst zu verstehen, wie die ursprünglichen Erinnerungen unzugänglich wurden. Es ist zu erwarten, dass wir dann, wenn wir die Mechanismen des „Vergessens" besser verstehen, auch in der Lage sein werden, die Frage der „Entdeckung" von Erinnerung systematisch anzugehen. Es ist natürlich genauso wichtig zu verstehen, wie ungenaue Erinnerungen, die nur scheinbar „entdeckt" worden sind, so überzeugend sein können, dass sie von einigen als echtes Ereignis angesehen werden. Die Herausforderungen, die sich gerade durch die Diskussion über die „wiederentdeckten" Erinnerungen stellen, haben in letzter Zeit einen Forschungs-Boom stimuliert. Das wird zweifellos unser Verständnis der komplexen kognitiven Psychologie und Neurobiologie des menschlichen Erinnerungsprozesses verbessern.

Weiterführende Literatur zu diesem Abschnitt

Davis S (ed) (1992). Connectionism: Theory and practice. New York: Oxford University Press. (Dieses Buch beinhaltet mehrere sehr interessante Kapitel über das Verknüpfungsmodell der Erinnerung.)

Roediger HL (1980). Memory metaphors in cognitive psychology. Memory & Cognition; 8: 231–46. (Diese Arbeit gibt einen gründlichen Review über die Entwicklung der Modelle des Erinnerungsprozesses von der Antike bis zur Gegenwart.)

Schacter DL (1996). Searching for Memory: The brain, the mind and the past. New York: Basic Books. (Dies ist das Standardwerk über Gehirnmechanismen und Erinnerung.)

Shobe KK, Kihlstrom JF (1997). Is traumatic memory special? Curr Directions Psychol Sci; 6: 70–4. (Dieser Artikel beschäftigt sich kritisch mit der Behauptung, traumatische Erinnerung sei außergewöhnlich, und analysiert die Daten, auf deren Basis diese Behauptung aufgestellt wird.)

van der Kolk BA (1996). Trauma and memory. In: van der Kolk BA, McFarlane AC, Weisaeth L (eds). Traumatic Stress: The effects of overwhelming experience on mind, body and society. New York: Guilford (dt.: Paderborn: Junfermann Verlag 2000). (Dieses Kapitel gibt einen umfassenden Überblick über Daten, die zeigen, dass sich der Erinnerungsprozess bei traumatischen Erlebnissen von anderen Erinnerungsprozessen unterscheidet.)

Vier Kapitel aus: Yehuda R, McFarlane AC (eds) (1997). Psychobiology of Post Traumatic Stress Disorder. Annals of the New York Academy of Sciences, 821. New York: Academy of Sciences:

van der Kolk BA, Burbridge JA, Suzuki J. The psychobiology of traumatic memory: clinical implications of neuroimaging studies; 99–113.

Cahill L. The neurobiology of emotionally influenced memory: implications for understanding traumatic memory; 238–46.

Roozendaal B, Quirarte G, McGaugh JL. Stress-activated hormonal systems and the regulation of memory storage; 247–58.

Armony JL, LeDoux JE. How the brain processes emotional information; 259–70.

Anwendung des derzeitigen wissenschaftlichen Kenntnisstandes auf die klinische Praxis

Ein Trauma ist, wie andere negative Erfahrungen im Leben, verbunden mit einer Reihe negativer psychischer Konsequenzen. Die Betrachtung dieser Erfahrungen aus der Vergangenheit gilt als wichtige Komponente vieler Therapie-Ansätze. Schlüsselbereiche in solchen Therapien sind das Verstehen von Auswirkungen traumatischer Ereignisse auf die gegenwärtige Funktionsfähigkeit und das Angehen noch ungelöster Konsequenzen solcher Erfahrungen. Die Erinnerung an Traumata ist dann relevant, wenn Patienten wegen spezieller Probleme Behandlung suchen, die mit traumatischen Erfahrungen in Zusammenhang stehen könnten, oder wenn sich im Laufe einer Therapie eine Trauma-Vorgeschichte erschließt oder wenn Patienten sich in der Therapie an vorher vergessene Erfahrungen erinnern. Eine Therapie zentriert sich nicht immer und ausschließlich auf traumatische Erinnerungen, aber sie muss auf Traumata-Aspekte wie Emotionen und Kognitionen fokussieren, wenn diese Quelle von Disstress sind.

Viele posttraumatische Symptome sind mit traumatischen Erinnerungen verbunden, zum Beispiel:
* intrusive Gedanken
* Intensivierung von emotionalen und physischen Reaktionen während des Erinnerungsprozesses
* Flashbacks
* Albträume

Spezifische Erinnerungen an traumatische Ereignisse sind besonders störend und stehen deshalb auch im Fokus vieler traumaspezifischer Therapien. Neben diesen erinnerungsbezogenen Symptomen können natürlich auch Veränderungen in den Selbst-Annahmen auftauchen, die aus Handlungen erwachsen, die während und nach traumatischen Ereignissen getan wurden oder eben nicht getan wurden. Kognitives und emotionales Prozessieren sind effektive Behandlungsmethoden für Posttraumatische Belastungsstörungen (PTBS), was beinhaltet, dass ganz spezifisch und im Detail über die Erfahrung gesprochen wird. Pharmakologische Interventionen können aufregende und unangenehme Symptome reduzieren, die in Zusammenhang mit traumatischen Erinnerungen stehen, und so die Funktionsfähigkeiten von Patienten verbessern.

Erinnerungen an Traumata sind, wie alle Erinnerungen, rekonstruktiv: Sie können vollständig wahr sein, wesentliche Ungenauigkeiten enthalten oder, in einigen Fällen, reine Illusionen sein. Kompetente Therapeuten erkennen an, dass Erinnerung fehlbar ist und dass bestimmte therapeutische Ansätze die Wahrscheinlichkeit einer Verzerrung oder Konfabulation erhöhen können.

Wenn Patienten in therapeutischen Situationen über traumatische Erfahrungen berichten, kann es sein, dass die Genauigkeit der Erinnerung weniger relevant ist als deren Wahrnehmung und Bedeutung. Auf der anderen Seite ist es schädlich für Patienten zu glauben, sie hatten traumatische Erfahrungen, obwohl sie die nicht hatten. Eine Therapie, die eine falsche Annahme an ein Trauma schafft oder verstärkt, kann negative Auswirkungen auf Klienten und deren Umfeld haben.

Die derzeitigen Kontroversen über wiederentdeckte Erinnerung haben Berufsorganisationen in Nordamerika, Europa, Australien und Neuseeland veranlasst, Positionspapiere zu diesem Thema zu veröffentlichen. Obwohl es zwischen ihnen bestimmte Differenzen in Inhalt und Gewichtung gibt, besteht in einigen Punkten Übereinstimmung:

- Traumatische Ereignisse werden gewöhnlich teilweise oder vollständig erinnert.
- Traumatische Erinnerungen können vergessen und dann, einige Zeit später, erinnert werden.
- Es können fiktive Erinnerungen auftreten.

Genereller Konsens ist, dass es derzeit ungelöste wissenschaftliche Fragen über den Mechanismus des Erinnerns und Vergessens gibt. Die Experten stimmen schließlich darin überein, dass es ohne Beweise oder Untermauerung keine Standardprozedur zur Verifizierung der Wahrhaftigkeit und Genauigkeit von Erinnerungen in Einzelfällen gibt; deshalb kann es durchaus zu unterschiedlichen Meinungen unter Therapeuten kommen, wenn es um die Evaluierung der Validität einzelner Darstellungen geht. Obwohl ein Therapeut in der klinischen Einzelsituation eine Hypothese über die Validität der Darstellung entwickeln kann, muss am Ende allein der Patient, nicht der Therapeut, zum Schluss kommen, was in der Vergangenheit tatsächlich passiert ist.

Kliniker sollten sich dieser Tatsachen bewusst sein und sich an anerkannte Therapie-Prinzipien halten. Einige spezielle Praktiken oder Vorgehensweisen liegen außerhalb des Behandlungsstandards oder sind potenziell riskant. Man sollte beispielsweise niemals annehmen, dass bestimmte Symptome oder Symptom-Cluster in und durch sich selbst schon auf ein Trauma hindeuten oder auf eine Missbrauch-Anamnese. Die Diagnosen „Posttraumatische Belastungsstörung" und „Akute Belastungsstörung" werden nur gestellt, wenn der Patient eine entsprechende Vergangenheit mit traumatischen Stressfaktoren und eine bestimmte Anzahl traumabezogener Symptome angibt. Alle anderen psychischen Symptome, sogar solche, die gewöhnlich bei Trauma-Opfern festgestellt werden, können eine ganze Reihe von Ätiologien haben. Klienten dahingehend zu beeinflussen, dass sie traumatische Erfahrungen gemacht haben müssen, oder sie dazu zu ermuntern sich vorzustellen, sie seien traumatisiert worden, ohne eine von diesen selbst berichtete Trauma-Anamnese, ist nicht nur kontraindiziert, sondern kann auch die Entwicklung fiktiver Erinnerungen fördern. Hypnosen und Behandlungen mit Amobarbital (o.Ä.), die angewendet werden, frühere Erfahrungen wiederzuentdecken, und die Suggestionen in Richtung mögliches Trauma enthalten, können ebenfalls falsche Erinnerungen produzieren. Daher sollte keine Behandlungsmethode bei der Anwendung Suggestionen enthalten, die Erinnerungen posthypnotisch oder postmedikamentös beeinflussen. Darüber hinaus sollten sich Kliniker bewusst sein, dass dann, wenn ein Patient hypnotisiert oder ihm Amobarbital (o.Ä.) gegeben wird, ihnen in einigen US-Staaten eine Zeugenaussage in jeder Art von zivilrechtlichen oder strafrechtlichen Vorgängen nicht erlaubt ist.

Einzelne Personen haben manchmal vage oder unvollständige Erinnerungen an Missbrauch in der Kindheit oder sie sind beunruhigt über einen möglichen Missbrauch in der Vergangenheit, basierend auf hierauf bezogene Kindheitserinnerungen oder durch Informationen anderer oder aktuelle Symptome. Verständlicherweise möchten sie in vielen Fällen Klarheit darüber, ob sie tatsächlich missbraucht worden sind, und wenn ja, die Art und das Ausmaß dieser Erfahrungen. Wenn Patienten diese Besorgnis in einer Psychotherapie äußern, sollte auf diesen Aspekt fokussiert werden. Therapeuten können den Patienten eine Möglichkeit geben, die Grundlage für ihre Verdächtigungen zu prüfen, alternative Erklärungen zu berücksichtigen, sie über die auf Missbrauch bezogenen und nicht auf Missbrauch bezogenen Entstehungsarten von psychischen Störungen aufzuklären und auf diesem Weg wichtige Informationen darüber zu erhalten, wie der Erinnerungsprozess abläuft, wie er verändert oder sogar verzerrt werden kann. Patienten, die etwas über ihre Vergangenheit erfahren möchten, können darüber auch mit Familienmitgliedern oder anderen sprechen und Unterlagen der Schule, Beratungsunterlagen oder Krankengeschichten hinzuziehen. Manche Patienten möchten auch ihre wesentlichen Gedanken oder Gefühle über diese Zeit aufzeichnen. Diese Information kann Teil des Therapie-Prozesses werden. Therapeuten sollten Kommentare unterlassen, die die Validität von Erinnerungen bestätigen oder verneinen. Stattdessen sollten sie Patienten unterstützen, selbst ihre Schlüsse zu ziehen.

Klienten erwägen manchmal während der Therapie wegen Missbrauchs in der Kindheit bestimmte Handlungen gegenüber beschuldigten Straftätern und/oder Familienmitgliedern. Zu diesen Handlungen können u. a. das Konfrontieren der Straftäter, das Informieren anderer über den Missbrauch, das Einschränken und in einigen Fällen Lösen der Familienbeziehungen oder das Einleiten rechtlicher Schritte gegen einen vermutlichen Täter zählen. Therapeuten sollten in diesem Fall versuchen, mit den Klienten gemeinsam herauszufinden, welche möglichen positiven und negativen Auswirkungen verschiedene Entscheidungen psychologisch und sozial haben könnten. Therapeuten sollten Klienten nicht instruieren oder Druck ausüben, eine bestimmte Maßnahme zu ergreifen.

Therapeuten, die Klienten behandeln, die unter einem Trauma gelitten haben oder eine Trauma-Anamnese berichten, sind verpflichtet, ein therapeutisches Umfeld zu schaffen, das einerseits unterstützend in Bezug auf das Trauma wirkt, das aber andererseits anerkennt, dass Erinnerung unvollständig ist. Patienten dürfen durch mögliches Unbehagen des Therapeuten wegen der traumatischen Erfahrungen oder durch unangemessene Skepsis aufgrund der Darstellungen des Patienten nicht entmutigt werden, ihre traumatischen Erfahrungen offenzulegen und darüber zu sprechen. Es kann jedoch ratsam sein, besonders bei einem „delayed recall" an Ereignisse, die weit in der Vergangenheit liegen, dass Therapeuten über die rekonstruktive Natur von Erinnerung aufklären.

Therapeuten und Patienten brauchen nicht vor der Exploration traumatischer Vorgeschichten zurückzuschrecken; Erinnern als Selbstzweck sollte aber nicht Ziel der Therapie sein.

Effektive Trauma-Therapie hilft Patienten bei der Aufarbeitung traumaspezifischer Symptome, führt zu einer genauen und aussagekräftigen Interpretation des traumatischen Ereignisses und erlaubt es, der Erfahrung eine Perspektive zu geben.

Obwohl die Besprechung der traumatischen Erlebnisse der Vergangenheit oftmals eine wichtige Komponente einer Therapie der Wahl ist, wird dadurch ein entsprechender Behandlungsschwerpunkt zur Gegenwart hin nicht ausgeschlossen. Bei der Behandlung Erwachsener, die in ihrer Kindheit ein Trauma erlitten haben, besteht das eigentliche Ziel darin, die noch immer andauernden Auswirkungen dieses Kindheitstraumas so zu verarbeiten, dass Patienten ihr momentanes und künftiges Leben verbessern können. Ob dabei traumatisches Material diskutiert wird oder nicht: Das Hauptziel der Therapie ist die Verbesserung des gegenwärtigen Funktionsniveaus. Traumatische Kindheitserlebnisse bleiben wahrscheinlich für immer ein wichtiger Teil der persönlichen Identität eines Opfers von Missbrauch; nach einer erfolgreichen Behandlung ist die Wahrscheinlichkeit jedoch groß, dass die Überlebenden nach vorne in die Zukunft schauen, anstatt zurück in die Vergangenheit.

Weiterführende Literatur zu diesem Abschnitt

Berliner L, Briere J (1998). Trauma, memory, and clinical practice. In: Williams L (ed). Trauma and Memory. Thousand Oaks, CA: Sage. (Dieses Kapitel fasst die relevante Literatur über die Auswirkungen von Traumata auf die Erinnerung, die Fehlbarkeit von Erinnerung, Therapie-Praktiken in Bezug auf Erinnerung zusammen. Implikationen für die Praxis werden ebenfalls diskutiert.)

Briere J (1996). Therapy With Adults Molested as Children. New York: Springer. (Dies ist eine revidierte Ausgabe eines bahnbrechenden Buchs über die Behandlung von Erwachsenen, die schwer missbraucht wurden. Es enthält aktualisierte Kapitel über Behandlungsmethoden unter besonderer Berücksichtigung des Aspektes „Erinnerung".)

Courtois CA (1997a). Guidelines for the treatment of adults abused or possibly abused. Am J Psychother; 51: 497–510. (Eine Sammlung von Richtlinien für die Therapie-Praxis auf dem Gebiet der wiederentdeckten Erinnerung.)

Courtois CA (1997b). Informed clinical practice and the standard of care: Proposed guidelines for the treatment of adults who report delayed memories of childhood trauma. In: Read JD, Lindsay DS (eds). Recollections of Trauma: Scientific research and clinical practice. New York: Plenum; 337–61. (Dieses Kapitel nennt zentrale Aspekte in der Behandlung von erwachsenen Patienten, die über Kindesmissbrauch berichten oder sich während der Therapie daran erinnern. Es gibt konkrete Richtlinien für die therapeutische Praxis.)

Dalenberg C, Carlson E (in press). Ethical issues in the treatment of the recovered memory trauma victims and patients with false memories of trauma. In: Bucky S (ed). The Comprehensive Textbook of Ethics and Law in the Practice of Psychology. New York:

Plenum. (Dieses Kapitel beschreibt die verschiedenen klinischen Situationen, in denen Erinnerungen oder fehlende Erinnerungen an ein Trauma thematisiert werden. Es schildert die verschiedenen und komplexen Dilemmata, in denen Kliniker stecken, und schlägt therapeutische Lösungsansätze im Lichte dieser Dilemmata vor.)

Knapp S, VandeCreek L (1996). Risk management for psychologists: Treating patients who recover lost memories of childhood abuse. Professional Psychology: Research and Practice; 27: 452–9. (Diese Arbeit empfiehlt eine Reihe von basalen Vorsichtsmaßnahmen, die Praktiker ergreifen können, um gesetzliche Risiken mit Patienten zu reduzieren, inklusive Aufrechterhaltung von Grenzen, Einverständniserklärung, Aufsuchen von Konsultation und Supervision und Erstellung einer sorgfältigen Dokumentation.)

Knapp S, VandeCreek L (1997). Treating Patients with Memories of Abuse: Legal risk management. Washington, DC: American Psychological Association Press. (Ein Band, der sich mit Behandlungsaspekten befasst, die Therapeuten im Zusammenhang mit gesetzlichem Risikomanagement beachten sollten.)

Read JD, Lindsay DS (eds) (1997). Recollections of Trauma: Scientific evidence and clinical practice. New York: Plenum. (Herausgabe von Papers und Kommentaren von der NATO-Konferenz gleichen Titels 1996.)

Anwendung des derzeitigen wissenschaftlichen Kenntnisstandes auf die forensische Praxis[2]

Das Thema „Wiederentdeckte Erinnerungen an Missbrauch in der Kindheit" ist eines, das oft heftige Emotionen weckt. Auf der einen Seite fällt es schwer, die Tatsache zu akzeptieren, dass Erwachsene manchmal dabei versagen, Kinder zu schützen, oder ihnen sogar Leid zufügen, besonders wenn diese Erwachsenen Familienmitglieder sind. Das geht gegen unser moralisches Empfinden und gegen unser Bedürfnis nach Sicherheit und Geborgenheit in der sozialen Ordnung. Hinzu kommt, dass dieses ganze Thema „Kindesmissbrauch" sehr schwierig zu diskutieren ist. Bis vor kurzem gab es nicht einmal ein öffentliches Forum, wo dieses Thema volle Aufmerksamkeit erhalten und öffentlich diskutiert werde konnte.

Eine weitere Möglichkeit, die stark emotionale Antwort auf das Thema „Wiederentdeckte Erinnerungen an ein Trauma in der Kindheit" zu verstehen, besteht darin, sich vor Augen zu führen, dass aufgrund der starken rechtsstaatlichen Bindung unserer Gesellschaft auch eine starke Bindung an die juristisch einwandfreie Überführung eines Angeklagten im Falle des Kindesmissbrauchs besteht.

> Es ist wichtig sicherzustellen, dass unschuldige Personen nicht solch verwerflicher Verhaltensweisen angeklagt werden; es ist ebenso wichtig, dass die Opfer sehen, dass ihre Täter zur Rechenschaft gezogen werden.

---

2 Der folgende Text ist vorwiegend auf die USA bezogen (Anm. U. Sachsse).

Dieser Anspruch auf Gerechtigkeit wird durch Ambiguitäten noch verkompliziert, die Situationen inhärent sind, in denen die Glaubhaftigkeit der Erinnerung an einen Missbrauch infrage gestellt wird. Daher muss die emotionale Entrüstung über Kindesmissbrauch gedämpft werden, wenn der Verdacht besteht, dass die wiederentdeckte Erinnerung an ein Trauma in der Kindheit falsch sein und dazu führen könnte, dass jemand fälschlicherweise angeschuldigt würde. Die stark emotionale Wirkung des Themas „Wiederentdeckte Erinnerungen an einen Missbrauch in der Kindheit" tritt wohl nirgendwo so deutlich zu Tage wie in der juristischen Arena. In dem Bestreben unserer Rechts- und Justizsysteme, sowohl die Rechte der mutmaßlichen Opfer als auch die Rechte der mutmaßlichen Täter zu wahren, hat die momentane wissenschaftliche Kontroverse in Bezug auf wiedergekehrte Erinnerungen die besondere Aufmerksamkeit der Gerichte auf sich gezogen. Das hat zu Gesetzesinitiativen geführt, um sowohl den Schutz der mutmaßlichen Opfer, die sich an den früheren Missbrauch wieder erinnern, als auch den Schutz der mutmaßlichen Täter, die fälschlicherweise beschuldigt wurden, auszuweiten.

Die Gesetze gegen Kindesmissbrauch haben zum Ziel, rechtliche Mechanismen zur Verfügung zu stellen, durch die Kinder vor Schaden innerhalb ihrer Familien bewahrt werden, die Gesellschaft vor verurteilten Kriminellen geschützt wird, Vergeltung für Gesetzesverstöße festgelegt werden oder finanzielle Entschädigung für absichtliche oder fahrlässige Taten verfügbar wird. Unterschiedliche Länder haben unterschiedliche Arten von Rechtssystemen, basierend auf rechtlichen und juristischen Prinzipien, Regeln und Präzedenzfällen. In den Rechtssystemen in England, Schottland, Irland, Kanada, Australien oder den USA muss die Regierung oder die jeweilige Partei, die eine Klage einbringt, zunächst die Behauptungen beweisen, bevor Personen das Sorgerecht oder den Zutritt zu ihren Kindern, ihre Freiheit oder ihr Vermögen verlieren.

Mitarbeiter im Gesundheitswesen für psychische Erkrankungen können auf vielerlei Art und Weise an rechtlichen Maßnahmen oder Handlungen beteiligt werden. Ein Beispiel hierfür ist die Meldung eines vermuteten Kindesmissbrauchs an eine Regierungsbehörde. In den USA, in Kanada und einigen australischen Staaten sind Mitarbeiter im Gesundheitswesen gesetzlich dazu verpflichtet, einen vermuteten Kindesmissbrauch an die zuständigen Behörden des Jugendschutzes und der Strafjustiz zu melden. In vielen anderen Ländern mit Gewohnheitsrecht können Verdachtsfälle von Kindesmissbrauch an die zuständigen Regierungsbehörden gemeldet werden, die dazu ermächtigt sind, Nachforschungen anzustellen und gegebenenfalls einzugreifen. Andere Länder haben nichtstaatliche Stellen oder festgelegte Fachleute, die Meldungen entgegennehmen und intervenieren. In jenen Ländern mit formalen Kinderschutz-Gesetzen oder -Systemen wird Praktikern generell eine gewisse Immunität bei einer Meldung „im guten Glauben" gewährt. Alle anderen auf diesem Feld Tätigen sollten mit ihren spezifischen Pflichten, Rechten und ihrer rechtlichen Absicherung gut vertraut sein. Obwohl gerichtlich bestellte Ärzte, wie zum Beispiel Psychiater oder Psychologen, juristische Immunität genießen, gab es in der letzten Zeit in den USA Fälle, in denen juristisch Beauftragte zivilrechtlich verfolgt oder von mutmaßlichen Tätern an Zulassungsbehörden gemeldet wurden.

Die meisten Rechtsprechungen, die die Meldung von Kindesmissbrauch fordern, verlangen eine solche Meldung nicht, wenn der Kindesmissbrauch erst von erwachsenen Patienten entdeckt wurde. Eine solche Meldung kann für einen praktisch Tätigen allerdings dann verpflichtend werden, wenn er Kenntnis davon hat, dass ein anderes Kind im Moment in Gefahr ist. In Ländern oder Rechtssystemen, in denen nichtstaatliche Stellen für diese Meldungen zuständig sind, können Praktiker beschließen, einen Fall zu melden, weil sie glauben, dass eine offizielle Untersuchung zum Schutz des Kindes notwendig ist. Genaue Kenntnis der relevanten Vorschriften und Folgen einer solchen Meldung gehört zu den Verantwortlichkeiten jeder Profession.

Praktisch Tätige können auch als Zeugen bei strafrechtlichen oder zivilen Rechtsstreitigkeiten herangezogen werden. Sie können Tatsachen bezeugen, da sie über relevante und zulässige Informationen verfügen. In solchen Fällen werden sie zur Aussage vor Gericht geladen und das Arzt/Therapeut-Patienten-Privileg, das dem Arztgeheimnis und der Schweigepflicht innewohnt, kann aufgehoben werden. Es kann auch vorkommen, dass praktisch Tätige als sachverständige Zeugen in den Prozess einbezogen werden. Experten der Anklage oder der Verteidigung können aufgefordert werden, über einen bestimmten Patienten auszusagen, da sie eine gerichtsmedizinische Bewertung vorgenommen oder Fallmaterial überprüft haben. Sie können auch aufgefordert werden, eine Einschätzung darüber abzugeben, ob das traumatische Ereignis tatsächlich stattgefunden hat und ob und inwieweit daraus psychischer Schaden entstanden ist. Ebenso können sie beurteilen und bezeugen, ob der betreffende Praktiker sich an die für ihn gültige Sorgfaltspflicht gehalten hat, wenn er eines Kunstfehlers bezichtigt wird oder einer Zulassungsbehörde oder einem Berufsverband gemeldet wird. Manchmal sagen Experten vor Gericht auch über relevante wissenschaftliche und klinische Erkenntnisse aus, ohne speziellen Bezug auf ein bestimmtes Individuum zu nehmen.

In den letzten Jahren sind mehrere neue Gesetzesfelder entstanden, die direkt mit Fragen der Erinnerung in Verbindung stehen und praktisch Tätige als Zeugen oder Sachverständige involvieren können. Viele Rechtssysteme haben beispielsweise durch ihre Gesetzgebung oder auf Präzedenzfälle bezogene Rechtsprechung die Verjährungsfristen (die Zeitspanne nach einer Tat, bis zu der rechtliche Schritte beginnen müssen) für Kindesmissbrauch, Strafverfolgungen oder Schadensersatzklagen heraufgesetzt. Dies geschah als Reaktion auf ein geschärftes Bewusstsein, dass einige Opfer sich erst sehr lange nach dem Ereignis an ihre Erfahrungen erinnern oder nur verspätet die Verbindung zwischen einer gegenwärtigen Dysfunktion und einer früheren Misshandlung erkennen. Verjährungsfristen gibt es angesichts der Tatsache, dass die Erinnerung mit der Zeit verblasst, Beweise verloren gehen können, Zeugen verschwinden oder sterben können und dadurch das Recht des Angeklagten auf eine angemessene Verteidigung und ein faires Gerichtsverfahren gefährdet sein kann. Diese Fristen zwischen dem Begehen einer schädigenden Handlung und der Einreichung einer Schadenersatzklage durch ein mutmaßliches Opfer einer solchen Handlung können durch Gesetzesinterpretation oder durch eine neue Gesetzgebung, basierend auf der „Verspätete-Aufdeckung-Regel" (delayed discovery rule), verlängert werden. Dieses Rechtsprinzip trägt der Tatsache

Rechnung, dass es Umstände gibt, unter denen es für ein Opfer nicht möglich ist, von einem Verbrechen oder einer fahrlässigen Handlung und seinen schädigenden Auswirkungen zu wissen, bis die Verjährungsfrist abgelaufen ist. In diesen Fällen beginnt die Verjährungsfrist erst, wenn ein Opfer sich an das Ereignis erinnert oder den Schaden an sich bemerkt.

Eine weitere wichtige Entwicklung auf juristischem Gebiet in den USA waren die Klagen gegen Therapeuten wegen Kunstfehlern, eingereicht von Dritten, die nicht Klienten sind und auch sonst nicht in therapeutischer Beziehung zu den angeklagten Therapeuten stehen, die aber Klage erheben, durch das Handeln der Therapeuten Schaden erlitten zu haben. Unter dem üblichen Kunstfehler-Gesetz können Therapeuten ausschließlich von ihren Patienten auf fehlerhafte Behandlung verklagt werden. Einige Klagen wurden zum Beispiel von Patienten eingereicht, die behaupten, dass ihr Therapeut Druck auf sie ausgeübt habe, ein früheres Trauma zu erinnern, oder von Patienten, die anfangs ein Familienmitglied des Kindesmissbrauchs beschuldigten, die Beschuldigung später wieder zurückzogen und den Therapeuten nun dafür zur Verantwortung ziehen, die anfänglichen Beschuldigungen vorangetrieben zu haben. Kürzlich haben einige Gerichte auch Klagen zugelassen, in denen „von dritter Seite" – gewöhnlich von einem Familienmitglied des Patienten – behauptet wird, der Therapeut habe einen Kunstfehler begangen, indem er Praktiken angewendet habe, die Klienten dazu gebracht haben können, falsche Erinnerungen über diese „dritte Seite" zu schaffen. Diese Fälle wurden fortgesetzt, auch wenn der erwachsene Klient dies nicht wollte und wenn er keine rechtlichen Schritte gegen den mutmaßlichen Täter eingeleitet hatte. Über die Gerichtsverfahren hinaus haben sich Personen von dritter Seite erfolgreich bei Disziplinar-Ausschüssen beschwert, mit der Folge von Behandlungs-Einschränkungen oder Verlust der Lizenz, praktizieren zu dürfen. In vielen dieser Fälle haben die Patienten die Klagen nicht unterstützt und auch nicht geglaubt, dass sie durch die Therapie geschädigt wurden. Ein Ergebnis dieser Entwicklungen ist, dass einige Therapeuten zunehmend zögerlich geworden sind, auf die traumatischen Erinnerungen ihrer Patienten einzugehen, auch wenn therapeutische Aufmerksamkeit an diesem Punkt notwendig erschiene.

Praktiker, die forensische Gutachten anfertigen oder als sachverständige Zeugen aussagen, müssen sich an die festgelegten Praxisstandards in ihren jeweiligen Disziplinen halten. Forensische Praxis unterscheidet sich zum Beispiel von klinischer Praxis in Bezug auf die Rolle des praktisch Tätigen, den Zweck der beruflichen Aktivität und die generell akzeptierten Methoden und Ansätze. Forensische Gutachten dienen der juristischen Entscheidungsfindung, obgleich der Gutachter nicht immer vor Gericht aussagt. Solche Gutachten werden normalerweise von Anwälten oder vom Gericht angefordert. Die Patienten werden über die Art des Gutachtens informiert und stimmen einer Weitergabe der Informationen an designierte Parteien zu. Praktiker nehmen hierbei generell einen neutralen Standpunkt ein und verlassen sich darauf, dass es vor Gericht noch eine Vielzahl weiterer Informationsquellen zusätzlich zum Patientenbericht gibt. Experten müssen mit dem gegenwärtigen wissenschaftlichen und klinischen Kenntnisstand auf dem Gebiet „Trauma und Erinnerung" auf dem Laufenden sein.

Dieser Bereich expandiert rapide, und neue Forschungsergebnisse werden regelmäßig in Fachzeitschriften veröffentlicht und auf Fachtagungen vorgetragen. Obwohl es nicht erforderlich ist, dass Experten wissenschaftliche Forscher sind – eine Expertise kann auch Ergebnis jahrelanger Erfahrung sein –, sind klinische Experten gut beraten, sich generelle Prinzipien und Fakten vor Augen zu halten, die von der relevanten wissenschaftlichen Gemeinschaft akzeptiert werden.

Für Praktiker ist es wichtig zu verstehen, dass Gesetze und Gesetzgebung zu Verjährungsfristen, dem Einsatz von verspäteter Aufdeckung von Erinnerungen sowie die Klageeinreichungen von dritter Seite staaten- und landesspezifisch sind und sich häufig ändern. Es wird empfohlen, dass Praktiker sich in Bezug auf Sorgfaltspflicht und Kunstfehler in ihrem Beruf an die in ihrem Land zuständige Stelle bezüglich der geltenden Rechtslage wenden.

Weiterführende Literatur zu diesem Abschnitt

Bowman CG, Mertz (1996). A dangerous direction: Legal intervention in sexual abuse survivor therapy. Harv Law Rev; 109: 551–63. (Dies ist eine Zusammenfassung rechtlicher Aspekte auf dem Gebiet der Erinnerungswiedergewinnung und der Therapie.)

Brown D, Scheflin AW, Hammond DC (1998). Memory, Trauma Treatment, and the Law. New York: W.W. Norton. (Dieses Buch wurde für Ärzte, Forscher, Rechtsanwälte und Richter geschrieben, um eine kritische Auseinandersetzung mit der Erinnerungsforschung, der Trauma-Behandlung und relevanten Gerichtsfällen verfügbar zu machen.)

Knapp S, VandeCreek L (1996). Risk management for psychologists: Treating patients who recover lost memories of childhood abuse. Professional Psychology: Research and Practice; 27: 452–9. (Diese Arbeit gibt eine Reihe von Ratschlägen zu basalen Vorsichtsmaßnahmen für Praktiker zur Reduzierung gesetzlicher Risiken bei Klienten, inklusive das Aufrechterhalten von Grenzen, die Einverständniserklärung, Suche nach Konsultation und Supervision und Erstellung einer sorgfältigen Dokumentation.)

Pope KS, Brown LS (1996). Recovered Memories of Abuse: Assessment, therapy, forensics. Washington, DC: American Psychological Association. (Dieses Buch wurde für Kliniker und Experten geschrieben, die mit Patienten arbeiten, die über wiederentdeckte Erinnerungen an Missbrauch in der Kindheit berichten. Forensische Aspekte für Therapeuten, die Behandlung anbieten, und Sachverständige als Zeugen sind aufgeführt.)

Tracy CE, Morrison JC, McLaughlin MA, Bratspies RM, Ford DW (1996). Brief of the International Society for Traumatic Stress Studies and the Family Violence & Sexual Assault Institute as Amici Curiae in support of the state. No. 95-429; State of New Hampshire v. Joel Hungerford; State of New Hampshire v. John Morahan; Appeal of an Order of the Hillsborough County Superior Court, Northern District, Pursuant to RSA 606:10; In the State of New Hampshire Supreme Court, 1996 term, July session. (Dieses juristische Amici-Curiae-Dokument beschäftigt sich mit der Zulässigkeit von Aussagen bezüglich wiederentdeckter Erinnerungen an sexuellen Missbrauch in der Kindheit und im Besonderen mit der gerichtlichen Anerkennung von traumabedingter Amnesie als gut dokumentiertes Symptom, das aus einem schweren Trauma resultieren kann.)

Zusammenfassung und Schlussfolgerungen

Kindheitstraumata, die mit zwischenmenschlicher Gewalt einhergehen, treten häufig auf und spielen eine wichtige Rolle bei späteren maladaptiven Funktionsstörungen von Erwachsenen. Korrespondierend mit einer generellen Weiterentwicklung der traumabezogenen Wissenschaftlichkeit hat es eine Zunahme der Kenntnis über verspätete Erinnerung traumatischer Ereignisse und über Erinnerungsprozesse gegeben, die für das Verstehen traumatischer Erinnerungen relevant sind. Wir wissen, dass Menschen Kindheitstraumata vergessen und dass dies nicht auf Menschen in Behandlung oder auf Menschen, deren Trauma in Folge eines sexuellen Missbrauchs entstand, beschränkt ist. Wir wissen auch, dass Menschen sich genau an bereits dokumentierte Kindheitstraumata erinnern können, die sie nach eigener Aussage zuvor vergessen hatten, und dass eine Vielzahl an Auslösern mit diesen Erinnerungen verbunden ist. Die meiste Erinnerungs-Entdeckung scheint in Situationen aufzutreten, die Schlüsselreize enthalten, die ihrerseits der ursprünglichen traumatischen Situation ähnlich sind, und scheint nicht als direktes Resultat von Psychotherapie aufzutauchen. Es ist allerdings möglich – und viele würden so argumentieren –, dass Therapeuten, die sich nicht an akzeptierte Praxisstandards halten, eine „wiederentdeckte Erinnerung" eines Ereignisses begünstigen, das niemals stattgefunden hat.

Es gibt einerseits Beweise, dass wiederentdeckte Erinnerungen an Missbrauch in der Kindheit so genau sein können wie niemals vergessene Erinnerungen an Missbrauch in der Kindheit; es gibt andererseits ebenfalls Beweise, dass Erinnerung rekonstruktiv und unvollkommen ist, dass Menschen sehr grobe Fehler machen können beim Erinnern, dass Menschen unter bestimmten Umständen durch sozialen Einfluss oder durch Überredung beeinflussbar, suggestibel sind, wenn sie Erinnerungen an vergangene Ereignisse erzählen, und dass, zumindest unter bestimmten Umständen, ungenaue Erinnerungen heftig geglaubt und überzeugend beschrieben werden können. Darüber, dass traumatische Erinnerungen von normalen Erinnerungen verschieden sein können, haben wir derzeit keinen endgültigen wissenschaftlichen Konsens. Es ist ebenfalls noch nicht bekannt, wie traumatische Erinnerungen vergessen und später wiederentdeckt werden. Dies sind alles fundamentale Fragen, die eine Flut wichtiger Forschung über den Erinnerungsprozess im Allgemeinen und traumatische Erinnerungen im Besonderen ausgelöst haben.

Die Fragen nach der Bewertung und Behandlung von Traumata haben auch eine differenzierte Betrachtungsweise des Ziels, des Prozesses und der Standards von Therapie vorangetrieben. Während kompetente Therapeuten ein Therapie-Umfeld schaffen müssen, in dem auf wiederentdeckte Erinnerungen an ein Trauma in der Kindheit eingegangen werden kann, müssen sie gleichzeitig anerkennen, dass Erinnerung fehlbar ist und dass bestimmte therapeutische Ansätze die Wahrscheinlichkeit von Verzerrung und Konfabulation vergrößern können. Fachleute stimmen darin überein, dass es keine standardisierte Vorgehensweise für die Herstellung von Genauigkeit bei wiederentdeckten Erinnerungen gibt und dass es in der klinischen Praxis die Sache der Patienten ist, Schlüsse zu ziehen, ob er oder sie in der Vergangenheit traumatisiert wurde oder nicht, und auch zu den genauen Details solcher Ereignisse. Professionelle stimmen auch darin überein, dass es nicht Aufgabe der Therapeuten ist, Patienten zu instruieren oder unter Druck zu setzen, eine bestimmte Richtung dahingehend einzuschlagen, Täter und/oder Familienmitglieder während einer Therapie für Kindesmissbrauch zu verklagen.

Es gibt in der gegenwärtigen Gesellschaft eine starke Übereinstimmung, Kinder-schänder aufzuspüren. Hierbei ist es genauso wichtig, dass unschuldige Menschen nicht eines solchen Verbrechens bezichtigt werden, wie es wichtig ist, dass die Op-fer sehen, dass ihre Täter zur Rechenschaft gezogen werden. Durch das Bestreben unserer juristischen Systeme, Rechte und Schutz von mutmaßlichen Opfern und Tätern auszubalancieren, wird der derzeitigen wissenschaftlichen Kontroverse bezüglich der wiederentdeckten Erinnerung erhebliche forensische Aufmerksam-keit geschenkt, und es hat bereits zu einigen Gesetzesinitiativen geführt. Sowohl die mutmaßlichen Täter als auch diejenigen, die wegen mutmaßlich falscher Be-schuldigungen zur Rechenschaft gezogen werden (Therapeuten eingeschlossen), befinden sich im Fadenkreuz der Justiz. Momentan gibt es keine festgelegte Stan-dard-Vorgehensweise, um die Validität einzelner Berichte über wiederentdeckte Erinnerungen an ein Trauma in der Kindheit zu bestimmen; unser derzeitiger wis-senschaftlicher Kenntnisstand bietet allerdings übereinstimmend akzeptierte und ausgewogene Information, die für die forensische Praxis von großer Bedeutung sein kann.

Diese Arbeit wurde von der International Society for Traumatic Stress Studies erstellt, um die Öffentlichkeit über die komplexen und wichtigen Faktoren zu informieren, die in der momentanen Kontroverse über Erinnerungen an sexuel-len Missbrauch in der Kindheit eine Rolle spielen. Wir behandeln die Fragen zu Kindheitstrauma, traumatischer Erinnerung, Erinnerungsprozess, klinischen Fak-toren und forensischen Implikationen im Hinblick auf diese Kontroverse. Wir haben versucht, eine ausgewogene Übersicht dieser Fragen zu präsentieren. Als eine internationale Organisation, die sich der Aufgabe verschrieben hat, die beste Forschung und Ausbildung auf diesem Gebiet voranzutreiben, glauben wir, dass es essenziell wichtig ist, dass Menschen, die sich mit diesem kontroversen Thema auseinandersetzen, mit der genauesten und umfassendsten Information ausgestat-tet sind, die möglich ist. Wir hoffen, dass diese Arbeit diesen Zweck erfüllt hat.

Weiterführende Literatur ab 1998

Dieser Report wurde im Juni 1997 von der ISTSS publiziert. Seitdem gibt es wei-tere Veröffentlichungen in englischer Sprache zur Gedächtnisbildung und Erinne-rung, die für die Leser von Interesse sein könnten:

Brewin CR, Andrews B (1998). Recovered memories of trauma: Phenomenology and cog-nitive mechanisms. Clin Psychol Rev; 4: 949–70.

Courtois CA (1999). Recollections of Sexual Abuse: Treatment principles and guidelines. New York: Norton.

Foa EB, Keane TM, Friedman MJ (2000) (eds). Effective Treatment for PTSD. Practice Guidelines from the International Society for Traumatic Stress Studies. New York: Guil-ford.

Freyd JJ, DePrince AP (2001). Trauma and Cognitive Science. Binghamton, NY: Haworth Press.

Williams LM, Banyard VL (eds) (1999). Trauma & Memory. Thousand Oaks, CA: Sage.

Deutschsprachige Artikel und Bücher zum Thema

Ernst C (1999). Missbrauch vergisst man nicht. Psycho; 25: 613–7.

Flatten G, Hofmann A, Liebermann P, Wöller W, Siol T, Petzold E (2001). Posttraumatische Belastungsstörung. Leitlinie und Quellentext. Stuttgart, New York: Schattauer.

Gunkel S (1999). Die Häufigkeit posttraumatischer Belastungsstörungen: Epidemiologische Befunde. In: Kruse G, Gunkel S (Hrsg). Trauma und Konflikt. Hannover: Hannoversche Ärzte-Verlags-Union; 48–83.

Kirsch A (2001). Trauma und Wirklichkeit. Wiederauftauchende Erinnerungen aus psychotherapeutischer Sicht. Stuttgart: Kohlhammer.

Loftus E, Ketcham K (1995). Die therapierte Erinnerung. Vom Mythos der Verdrängung bei Anklagen wegen sexuellen Mißbrauchs. Hamburg: Ingrid Klein Verlag.

Markowitsch HJ (2001). Streßbezogene Gedächtnisstörungen und ihre möglichen Hirnkorrelate. In: Streeck-Fischer A, Sachsse U, Özkan I (Hrsg). Körper, Seele, Trauma: Biologie, Klinik und Praxis. Göttingen: Vandenhoeck & Ruprecht; 72–93.

Sachsse U (2004). Traumazentrierte Psychotherapie. Theorie, Klinik und Praxis. Stuttgart, New York: Schattauer.

Sachsse U, Eßlinger K, Schilling L (1997). Vom Kindheitstrauma zur schweren Persönlichkeitsstörung. Fundamenta Psychiatrica; 11: 12–20.

Simmich T (1999) Diagnostische, forensische und behandlungsethische Aspekte zur Problematik psychotherapie-induzierter sexueller Missbrauchserlebnisse. Nervenarzt; 70(11): 1009–13.

Stevens A, Foerster K (2002). Psychiatrische Begutachtung der Folgen kindlichen Missbrauchs nach dem Opferentschädigungsgesetz. MED SACH; 98(5): 172–7.

Wetzels P (1997). Zur Epidemiologie physischer und sexueller Gewalterfahrungen in der Kindheit. Ergebnisse einer repräsentativen retrospektiven Prävalenzstudie für die BRD. Forschungsbericht Nr. 59. Hannover: Kriminologisches Forschungsinstitut Niedersachsen.

6.3   Das Schuldfähigkeitsgutachten

Nach unseren Rechtsnormen darf nur bestraft werden, wer sich schuldig gemacht hat. Bestraft wird nicht die Tat, sondern die Täterin oder der Täter. Es gibt durchaus Konstellationen, bei denen eine schwerwiegende Tat geschehen ist, ohne dass der Täter sich schuldig gemacht hat. Besonders wichtig sind in diesem Zusammenhang die Bestimmung und Begutachtung der Schuldfähigkeit. Der Gesetzgeber geht als Normalfall davon aus, dass alle Erwachsenen schuldfähig sind. Juristen betrachten Schuldfähigkeit geradezu als Qualitätsmerkmal. Auch in der Bevölkerung gelten Menschen, die in einer bestimmten Situation oder generell nicht oder vermindert schuldfähig waren, als tendenziell minderwertig. Ihnen wird oft mit Spott und Verachtung begegnet.

Die Schuldfähigkeitsbegutachtung hat in Mitteleuropa eine sehr lange Tradition. Schon im Sächsischen Landrecht aus dem 13. Jahrhundert war – wie wir bereits sahen – festgehalten, dass die Tollen nicht mit dem Tode bestraft werden sollen. Sie hatten aber auch verminderte Rechte, konnten nicht als Zeugen aussagen und etwas beeiden und waren auch in anderer Hinsicht sozial und juristisch zurückgestuft. Es war und ist also nicht gerade ein Qualitätsmerkmal, nicht oder auch nur vermindert schuldfähig gewesen zu sein.

Damit dieses wichtige juristische Merkmal nicht willkürlich und beliebig eingesetzt wird, wird es von zwei zentralen Paragrafen geregelt:

- § 20 StGB (Schuldunfähigkeit wegen seelischer Störungen): Ohne Schuld handelt, wer bei Begehung der Tat wegen einer krankhaften seelischen Störung, wegen einer tiefgreifenden Bewusstseinsstörung oder wegen Schwachsinns oder einer schweren anderen seelischen Abartigkeit unfähig ist, das Unrecht der Tat einzusehen oder nach dieser Einsicht zu handeln.
- § 21 StGB (Verminderte Schuldfähigkeit): Ist die Fähigkeit des Täters, das Unrecht der Tat einzusehen oder nach dieser Einsicht zu handeln, aus einem der in § 20 bezeichneten Gründe bei Begehung der Tat erheblich vermindert, so kann die Strafe nach § 49 Abs. 1 gemildert werden.

Der Anwendung und Auslegung dieser beiden Paragrafen sind mehrere Lehrbücher gewidmet. Das Fachgebiet, um das es hier geht, nennt sich **Forensische Psychiatrie** bzw. **Forensische Psychologie**. Beide Paragrafen sind typische juristische Schachtelsätze, bei denen jede Wortwahl, jedes Komma und jede Satzstellung gründlichst reflektiert worden ist und eine besondere Bedeutung hat. Wir haben den Umgang mit Gesetzestexten ja bereits im Kapitel zur Subsumtion gut kennen gelernt (s. Kap. 3).

Sehen wir uns also gemeinsam all diese Elemente genau an. Das kann auch das global-diffuse Vorurteil Psychiatrischen Gutachtern gegenüber etwas relativieren, die nach Meinung mancher Medien und von Teilen der Öffentlichkeit ja extrem gemeingefährliche Verbrecher frei herumlaufen lassen, harmlose Spinner ein Leben lang in die Forensische Psychiatrie stecken und alle selbst eine Meise haben – so, wie die denken, argumentieren und formulieren.

„Ohne Schuld handelt" (§ 20 StGB) beinhaltet, dass eine Handlung geschehen sein kann, die zwar einen Straftatbestand darstellt, bei deren Begehung sich aber die Täterin oder der Täter nicht schuldig gemacht hat. Diese Situation ist eine Ausnahme. Sie kann nur festgestellt werden, wenn klar definierte Gründe beweisen, dass hier ohne Schuld gehandelt wurde.

Die Begutachtung bezieht sich auf einen bestimmten Zeitpunkt: „bei Begehung der Tat" (§ 20 StGB). Es ist also unerheblich, ob jemand zwei Jahre vor einer Tat eine erhebliche seelische Krise hatte, ambulant oder stationär psychiatrisch oder psychotherapeutisch behandlungsbedürftig war oder generell allen Nachbarn irgendwann schon mal komisch vorgekommen ist. Wichtig ist einzig und allein, ob dieser Mensch im Moment der Begehung der Tat schuldfähig war.

Das Wort „wegen" weist darauf hin, dass jetzt eine zwingende kausale Verknüpfung erfolgen muss. Schuldunfähig ist niemand irgendwie oder vermutlich oder wahrscheinlich, sondern „wegen" irgendetwas. Es müssen also klare Kriterien erfüllt sein. Diese Kriterien sind „seelische Störungen". Seelische Störungen werden von Psychiaterinnen, Psychologinnen, Psychotherapeutinnen, Psychoanalytikerinnen festgestellt. Deshalb ist die Schuldfähigkeitsbegutachtung auf dem Feld der Psycho-Wissenschaften angesiedelt. Eine besonders lange Tradition der Forensischen Begutachtung haben die Psychiater.

Der erste Grund, wegen dessen jemand ohne Schuld gehandelt haben könnte, ist eine „krankhafte seelische Störung" (§ 20 StGB). Diese juristische Formulierung bedarf der Übersetzung ins Psychiatrische. Gemeint sind dabei bestimmte Erkrankungen, die nach heutigem Wissensstand organisch begründet sind. Dazu gehören die beiden großen Gruppen der **Psychosen**: Schizophrenien und Zyklothymien (manisch-depressive Psychosen). Dazu gehören psychiatrische Erkrankungen auf dem Boden von Gehirnerkrankungen (Hirnhautentzündung, Gehirnentzündung, Multiple Sklerose, Epilepsie, Hirntumor). Und dazu gehören auch die Intoxikationen, die Vergiftungszustände des Gehirns. Hier gibt es einmal legale Drogen wie den Alkohol, aber auch die große Gruppe der illegalen Drogen vom Typ der Opiate, des Kokains, der Stimulanzien wie Ecstasy oder der THC enthaltenden Drogen (Haschisch, Marihuana). In Ausnahmefällen können auch weit verbreitete Medikamente die Schuldfähigkeit herabsetzen oder aufheben. Bei alten Menschen kann das manchmal schon ein Mittel sein, das den Blutdruck senkt. Glukokortikoide wie das Kortison oder auch Schilddrüsenhormone können dann, wenn sie nicht richtig dosiert worden sind, auf die Schuldfähigkeit Einfluss haben. Sogar eine Zuckerkrankheit kann die Schuldfähigkeit einschränken. Ein deutscher Politiker mit Zuckerkrankheit hatte einmal einen Meineid geleistet. In einem Gutachten konnte Unterzucker als hirnorganische Ursache für eine krankhafte seelische Störung zum Zeitpunkt der Beeidigung nicht ausgeschlossen werden, sodass Schuldunfähigkeit nicht ausgeschlossen werden konnte und keine Verurteilung wegen Meineids erfolgte. Komiker und manche Medien titulierten diesen Politiker anschließend als „Old Schwurhand", was wiederum die spöttische Reaktion der Öffentlichkeit auf Schuldunfähigkeit belegt.

Als zweiten Grund nennt der § 20 die „tiefgreifende Bewusstseinsstörung". Damit meint die Justiz die **Affekttaten**. Mit der Formulierung „tiefgreifend" ist schon eine Gewichtung vorgenommen worden. Nicht gemeint sind Handlungsabläufe, bei denen jemand beobachtet, wie ein Jugendlicher an seinem Wagen Kratzspuren hinterlässt, in den Keller läuft und seine Jagdflinte ergreift, um den Jugendlichen dann niederzuschießen. Der Gesetzgeber und die Gesellschaft muten uns allen zu, auch mit intensiveren Empfindungen gesteuert umzugehen. Wenn bei einem Fußballspiel der Schiedsrichter seine Entscheidung zu Unrecht getroffen hat, macht das jeden Spieler und die Hälfte der Zuschauer wütend. Alle Betroffenen müssen ihre Wut aber beherrschen und dürfen den Schiedsrichter nicht niederschlagen. Wenn eine Lebenspartnerin mich nach Jahrzehnten der Partnerschaft verlässt, dann macht mich das eifersüchtig, verbittert und rachsüchtig. Ich muss mit meinen Gefühlen aber gesteuert umgehen und darf meine Partnerin oder ihren neuen Partner nicht umbringen. Wenn das neueste Automodell wirklich gut aussieht, dann weckt das meine intensive Hab-Gier. Ich muss meine Gier aber beherrschen und darf das Auto nicht stehlen. Wenn in einer Disco jemand „echt geil" gekleidet ist, rechtfertigt das keine Vergewaltigung. Es gehört zur Kultur, zur Zivilisation, zu jedem Sozialleben dazu, dass ich intensive Gefühle ertragen und steuern muss. Die Heftigkeit der Gefühle muss also schon so intensiv gewesen sein, dass meine Bewusstseinslage gestört war, dass ich auf meine kognitiven Funktionen, meinen Verstand und meine Steuerung weniger oder gar keinen Zugriff mehr hatte. Dafür muss es klare Hinweise geben, die von Zeugen berichtet werden oder durch den Tatablauf belegt werden. Es reicht nicht, wenn der Gutachter mutmaßt: „Ja, der war wahrscheinlich ziemlich aufgebracht." Es geschieht übrigens sehr selten, dass jemand aufgrund einer tiefgreifenden Bewusstseinsstörung als schuldunfähig beurteilt wird. Meistens resultiert aus seiner tiefgreifenden Bewusstseinsstörung nur eine verminderte Schuldfähigkeit.

Auf juristisch heißt übrigens „Zuerkennung von Schuldunfähigkeit" **Exkulpierung**. *Culpa* ist lateinisch und heißt „die Schuld", *ex* heißt „aus". Das Wort beinhaltet also, dass jemand aus der Schuld ausgegliedert wird. Die Zuerkennung verminderter Schuldfähigkeit wird als **Dekulpierung** bezeichnet; *de* heißt „vermindert, weniger".

Das nächste Exkulpierungsmerkmal ist „Schwachsinn". Schwachsinn wird nicht schon dadurch bewiesen, dass jemand regelmäßig bestimmte Comedy-Shows in bestimmten Privatfernseh-Programmen ansieht. Schwachsinn sollte mit psychologischen Tests, die niedrige Intelligenzniveaus verlässlich testen, belegt sein. Es sind durchaus auch schon Menschen wegen Straftaten verurteilt worden, die in Werkstätten für Behinderte gearbeitet haben und in Psychiatrischen Wohnheimen lebten. Auch diese Menschen haben oft ein klares Rechts- und Unrechtsempfinden. Sie wissen, was man darf und was man nicht darf, und sie handeln nicht generell und grundsätzlich ohne Schuld.

Das letzte Merkmal aus § 20 StGB ist dasjenige der „schweren anderen seelischen Abartigkeit". Die Wortwahl „Abartigkeit" könnte einen Psychoanalytiker auf den Gedanken kommen lassen, dass der Gesetzgeber und die ihn beratenden Gremien dieses Kriterium mit innerer Abneigung in den Gesetzestext aufgenommen haben. Gemeint ist mit diesem Kriterium ein Sammelsurium schwerer anderer seelischer Störungen. Besonders häufig handelt es sich um **Perversionen, Suchtkrankheiten und Persönlichkeitsstörungen** wie die Borderline-Persönlichkeitsstörung oder die Antisoziale Persönlichkeitsstörung. Manchmal spielt auch die Narzisstische Persönlichkeitsstörung bei Spielsucht-Delikten eine Rolle. Dieser Anteil des § 20 ist nach wie vor umstritten, und nach diesem Kriterium wird ganz selten einmal ein Täter exkulpiert, häufiger allerdings dekulpiert. Das heißt, ihm wird eine verminderte Schuldfähigkeit zuerkannt.

Ohne Schuld handelt ein Täter also dann, wenn er aufgrund eines oder mehrerer dieser Kriterien „unfähig ist, das Unrecht der Tat einzusehen oder nach dieser Einsicht zu handeln" (§ 20 StGB). Die **Einsichtsfähigkeit** ist zum Beispiel aufgehoben bei einem psychotisch erkrankten Menschen, der sicher ist, dass sein Nachbar für einen feindlichen Geheimdienst arbeitet, der ihn ausspioniert und ihm nach dem Leben trachtet. Dieser Mensch würde subjektiv aus Notwehr handeln, weil seine Wirklichkeitswahrnehmung völlig anders ist als diejenige von Menschen, die nicht unter einer paranoiden Schizophrenie leiden. Er würde aus innerer, subjektiver Notwehr heraus auf den Nachbarn schießen und könnte das Unrecht seiner Tat nicht einsehen, weil er aufgrund seiner Wahrnehmungsveränderung davon überzeugt wäre, dass der Nachbar für ihn lebensgefährlich ist. Auch ein Straftäter mit einer Drogenpsychose, der im LSD-Rausch oder danach Auto fährt, sich plötzlich von Horror-Gestalten bedroht sieht, denen ausweicht und dabei einen Menschen überfährt, handelt ohne Schuld. Dieser Täter kann „bei Begehung der Tat" nicht einsehen, dass seine drogenbedingte Fehlwahrnehmung unrealistisch ist. Mit dieser Formulierung ist also nicht gemeint: „Das sehe ich gar nicht ein, dass das Unrecht sein soll." Gemeint ist vielmehr eine krankheitsbedingte, massive Wahrnehmungsveränderung.

Mit der Formulierung „nach dieser Einsicht zu handeln" (§ 20 StGB) wird die so genannte **Steuerungsfähigkeit** beschrieben. Auch an dieses Kriterium werden hohe Anforderungen gestellt. Wir hatten mehrfach darauf hingewiesen, dass wir in unserer Kultur den Verführungen der Werbung gewachsen sein müssen. Ein guter Werbetext, der uns zum Diebstahl verführt hat, gilt nicht als Exkulpierungsgrund. Gemeint sind dabei Zustände, wie sie bei Intoxikationen mit Alkohol, Drogen oder auch Medikamenten vorkommen können: Irgendwie sieht ein Mensch noch ein, dass er das eigentlich nicht tun darf, was er jetzt gerade tut. Der Suchtdruck, die Entzugserscheinungen oder die Veränderung seiner Steuerungsfähigkeit durch Medikamente sind aber so erheblich, dass diese Einsicht nicht mehr zur Wirkung kommen kann. Dies kann auch bei sehr ausgeprägter affektiver Erregung der Fall sein. Auch dieser Zusammenhang muss von einem Gutachter übrigens schlüssig belegt werden. Vermutungen reichen da nicht.

Wer nachweislich ohne Schuld handelt, kann nicht schuldig gesprochen werden. Auch wenn die Tat zweifelsfrei ein Kapitalverbrechen ist, kann der Täter nicht schuldig gesprochen werden, wenn er nachweislich ohne Schuld gehandelt hat. Besonders häufig ergeht eine solche Exkulpierung

- bei Menschen mit einer schizophrenen oder manisch-depressiven Psychose,
- bei Menschen, die ihre Straftat unter erheblichem Drogeneinfluss begangen haben,
- bei Menschen, die unter ganz erheblichem Alkoholeinfluss standen.

Das Letzte ist dann schon wieder selten. Häufiger wird dekulpiert, es wird eine verminderte Schuldfähigkeit festgestellt. Grundlage einer Dekulpierung ist die Feststellung der Kriterien des § 20. Einsichtsfähigkeit oder Steuerungsfähigkeit sind aber nicht aufgehoben, sondern „erheblich" vermindert. Dann kann die Strafe gemildert werden. Die Feststellung des § 21 kann ganz erhebliche Auswirkungen auf die Einordnung der Tat haben. Sie kann dazu führen, dass ein „minderschwerer Fall" festgestellt wird, sie kann dazu führen, dass eine Tat mit einem ganz anderen Strafrahmen geahndet wird. Auf Mord steht lebenslange Freiheitsstrafe. Auf Mord im Zustand verminderter Schuldfähigkeit steht eine Höchststrafe von 15 Jahren. Für andere Kapitalverbrechen gilt Ähnliches. Sehr häufig arbeitet eine Verteidigung deshalb aktiv darauf hin, dass der § 21 Anwendung findet.

Hier liegt aber für einen Täter auch eine Gefahr. Wenn ein Täter nämlich nach § 20 exkulpiert oder nach § 21 dekulpiert wird, dann ist nach § 63 StGB zu prüfen, ob von diesem Täter aufgrund der festgestellten seelischen Störung auch in Zukunft erhebliche rechtswidrige Taten zu erwarten sein werden. Ist dies festzustellen, wird der Betroffene einer **Maßnahme der Sicherung und Besserung** in einer forensisch-psychiatrischen Behandlungseinrichtung zugeführt. Auch diese Maßnahme ist also wieder an klar definierte Kriterien gebunden. Zunächst muss die zu erwartende Gefahr für die Allgemeinheit und den Rechtsfrieden zurückzuführen sein auf die festgestellte seelische Störung. Dies trifft nicht zu auf Berufskriminelle oder so genannte „Hangtäter", für die das Instrument der **Sicherungsverwahrung** geschaffen und in den letzten Jahren immer weiter ausgebaut worden ist. In die Forensische Psychiatrie gehören nur psychisch kranke Rechtsbrecher. Psychisch kranke Rechtsbrecher mit einer Suchterkrankung können nach § 64 einer Forensischen Suchttherapie zugeführt werden; auch dies ist eine Maßnahme der Sicherung und Besserung, die allerdings auf maximal zwei Jahre begrenzt ist.

Die zukünftige Gefahr muss mit einer gewissen bestimmbaren Wahrscheinlichkeit eintreten. Hier reicht es nicht, dass ein Gutachter mutmaßt, eine künftige Gefährdung könne nicht mit letzter Sicherheit ausgeschlossen werden. Vielmehr muss es Kriterien geben, dass diese Gefährdung mit Wahrscheinlichkeit eintreten wird. Das lässt sich aus dem bisherigen Lebensweg, der Persönlichkeitsstruktur, der Erkrankung des Betroffenen und der Tatstruktur ableiten.

Während es als Strafalternativen nur „lebenslänglich" oder eine zeitlich befristete Strafe gibt, dauert die Maßregel der Sicherung und Besserung nach § 63 so lange an, bis nach § 67d Abs. 2 StGB „erwartet werden kann, dass der Untergebrachte keine rechtswidrigen Taten mehr begehen wird". Hier ist der Psychiater als Prognose-Gutachter gefordert, und wenn er sich an dieser Stelle irrt, steht er in der Zeitung. Die Öffentlichkeit ist viel weniger als noch vor 20 Jahren bereit zu akzeptieren, dass es psychisch kranke Rückfalltäter gibt. Die Erwartung, dass Gesetzgeber, Justiz und Exekutive Wiederholungstaten besser als in der Vergangenheit verhindern, wächst auch im Umgang mit „normalen" Kriminellen.

Manche Fragen der Schuldfähigkeitsbegutachtung sind besser von einem Psychologen, manche besser von einem Psychiater zu beantworten. Bei Kapitalverbrechen erstatten nicht selten beide ein Gutachten, jeweils aus ihrer Wissenschaft heraus. Während das Glaubhaftigkeitsgutachten klar eine Domäne der Psychologie ist, ist die Schuldfähigkeitsbegutachtung eine Domäne der Psychiatrie. Auch der Massenmörder Haarmann ist Anfang der 20er Jahre auf seine Schuldfähigkeit hin begutachtet worden – übrigens im Landeskrankenhaus Göttingen –, und dieser Begutachtungsprozess ist auszugsweise in dem hervorragenden Film „Der Totmacher" mit Götz George dargestellt worden. Das Gutachtenergebnis zu Haarmann würde heute mit Sicherheit völlig anders ausfallen als damals. Die Wissenschaft vom Gehirn entwickelt sich, und die Zuschreibung von Verantwortlichkeit und Steuerungsfähigkeit unterliegt der wissenschaftlichen Entwicklung wie auch gesellschaftlichen Entwicklungen.

Literatur

Pozsar C, Farin M (Hrsg) (1995). Die Haarmann-Protokolle. Reinbek bei Hamburg: Rowohlt.

Venzlaff U, Foerster K (Hrsg) (2004). Psychiatrische Begutachtung. Ein praktisches Handbuch für Ärzte und Juristen. 4. Aufl. München: Urban & Fischer bei Elsevier.

7 Die Rechte des Beschuldigten

Jeder Beschuldigte hat:
* allgemeine Freiheitsrechte
* Informationsrechte
* Rechte im Rahmen seiner Verteidigung (Rechte des Verteidigers)
* Mitwirkungsrechte
* Anwesenheitsrechte

7.1 Allgemeine Freiheitsrechte

Jeder Beschuldigte ist bis zu dem Zeitpunkt, an dem er rechtskräftig verurteilt worden ist, unschuldig wie Sie und ich. Für jeden Beschuldigten gelten selbstverständlich alle Menschenrechte und Grundrechte. Dazu gehört beispielsweise der Anspruch auf körperliche Unversehrtheit. Deshalb besteht bei uns ein generelles Folterverbot. Dieses Folterverbot gerät immer wieder in die Diskussion, wenn eine Situation entstanden ist, in der durch Folter eines Verdächtigen vielleicht das Leben oder die Gesundheit eines Tatopfers hätte gerettet werden können. Die Menschheitsgeschichte hat aber bewiesen, dass der Folter ein fast unbegrenztes Missbrauchspotenzial inhärent ist. Medizinisch formuliert: Die Indikation zur Folter ist extrem schwer zu stellen, und dieses Mittel zur Wahrheitsfindung ist schwer zu dosieren. Deshalb ist es berechtigt, dass alle demokratischen Rechtsstaaten auf dieses Mittel verzichten und es ausdrücklich verbieten. Es ist auch berechtigt, wenn Menschenrechtsorganisationen sehr genau darauf achten, dass Rechtsstaaten auf dieses Mittel nicht wieder zurückgreifen. Der demokratische Rechtsstaat nimmt dabei billigend in Kauf, dass in seltenen Ausnahmefällen durch den Verzicht auf dieses unmenschliche Mittel Gesundheit und Leben eines Opfers verloren gegangen sind und gehen. Anderenfalls würde der Rechtsstaat herabsinken auf die Stufe vieler Täter, die Gewalt zur Durchsetzung ihrer Ziele einsetzen. Manche Western, Action-Filme und Krimis suggerieren, dass der Rechtsstaat dazu manchmal das Recht hätte. Uns beiden ist wohler in einem Staat, in dem Folter prinzipiell verboten ist. Sie brauchen nur einmal folgende Situation durchzuphantasieren: Sie werden zu Unrecht verdächtigt und beschuldigt, und die Ermittlungsbehörden hätten das Recht, Sie zu foltern, um die Wahrheit herauszufinden. So mancher würde Taten gestehen, die er gar nicht begangen hat, nur, um seine

Schmerzen zu beenden. Dies hat die Geschichte von den Hexenprozessen bis zur Gestapo immer wieder gezeigt.

Auch die Freiheitsrechte sind Grundrechte. Freiheitseinschränkungen dürfen vor der Verurteilung nur in Ausnahmefällen durchgeführt werden. Weil sie ein Eingriff in Grundrechte sind, gilt der Richtervorbehalt. Nur der Richter darf Untersuchungshaft anordnen.

7.2 Informationsrechte

Der Beschuldigte hat das Recht, dass er Mitteilung erhält über alle gegen ihn vorgebrachten Vorwürfe, und zwar in einer ihm verständlichen Sprache. Es gibt ihm nicht das Recht, auf einem Dolmetscher zu bestehen, wenn er eine Übersetzung vom Hochdeutschen ins Friesische, Westfälische oder Bayerische will. Es gibt ihm aber durchaus das Recht auf einen Dolmetscher, wenn Deutsch nicht seine Muttersprache ist und er schlecht oder gar nicht deutsch spricht.

Der Beschuldigte muss auch informiert werden über alle gegen ihn vorliegenden Beweismittel. Dies geht am besten über die Einsicht in die Akten, die aber nach deutschem Recht nur der Verteidiger erhält. Wenn nicht gerade eine Haftsache vorliegt, bekommt der Verteidiger aber erst Akteneinsicht, wenn die Kenntnis des Beschuldigten von den gegen ihn vorliegenden Beweisen die Ermittlungen nicht mehr gefährden kann. Irgendwann im Ermittlungsverfahren muss dies aber sein. Wir haben schon darauf hingewiesen, dass weder Staatsanwaltschaft noch Verteidigung plötzlich und unerwartet im Hauptverfahren irgendein neues Beweismittel aus dem Hut zaubern dürfen, ohne dass der Beschuldigte und sein Verteidiger darüber vorher gründlich informiert worden sind. Jeder Verteidiger wird dann, wenn im Hauptverfahren ein neues Beweismittel auftaucht, sofort eine Unterbrechung der Hauptverhandlung beantragen, um sich mit der neuen Beweislage gründlich vertraut machen und sich einarbeiten zu können.

Übrigens gibt nicht jeder Verteidiger automatisch jedem Beschuldigten unbeschränkte Einsicht in alle Aktenbestandteile, die ihm zur Kenntnis gelangt sind. Es kann durchaus eine gute Verteidigung sein, wenn ein Verteidiger seinen Mandanten nicht in allen Einzelheiten informiert, damit dieser zunächst unbefangen etwa in eine Schuldfähigkeitsbegutachtung durch einen Psychiater hineingeht. Psychiatrische Gutachter können immer wieder feststellen, dass ein Beschuldigter offenkundig nicht alle Akteninhalte von seinem Verteidiger mitgeteilt bekommen hat. In manchen Fällen liegt dies im wohlverstandenen Interesse des Beschuldigten und kann sogar als Qualitätsmerkmal einer guten Verteidigung gelten. Anderenfalls reagiert ein Beschuldigter nur noch defensiv, versucht sich vielleicht herauszulügen und wird damit immer unglaubwürdiger.

7.3 Das Recht auf Verteidigung

Jeder Beschuldigte hat das Recht auf freie Verteidigerwahl. Er hat jedoch nicht das Recht, unbegrenzt viele Verteidiger zu wählen. Maximal darf er drei Verteidiger wählen (§ 137 Abs. 1 StPO). Mehrere Beschuldigte in demselben Verfahren dürfen nicht denselben Verteidiger haben.

Welche Rechte der Verteidiger im Hauptverfahren hat, werden wir später noch genauer erläutern. Im Ermittlungsverfahren hat der Verteidiger Akteneinsichtsrecht, soweit der Ermittlungszweck nicht gefährdet wird. In die endgültige, abgeschlossene Akte, die die Staatsanwaltschaft zum Gericht weiterleitet, hat der Verteidiger dann uneingeschränktes Einsichtsrecht.

Handelt es sich nicht nur um ein Vergehen, sondern um ein Verbrechen, das zur Anklage kommt, dann hat ein Beschuldigter im Hauptverfahren von Amts wegen einen Pflichtverteidiger. Im Ermittlungsverfahren wird einem Beschuldigten nur auf Antrag der Staatsanwaltschaft ein Pflichtverteidiger zugewiesen. Wenn absehbar ist, dass das Delikt ein Kapitalverbrechen ist und der Beschuldigte sich erkennbar nicht ausreichend verteidigen kann, dann ist die Staatsanwaltschaft sogar gehalten, so früh wie möglich einen Pflichtverteidiger beizuordnen. Das fordern die EMRK und das Deutsche Verfassungsgericht. Gleiches gilt für den Fall, dass der Beschuldigte mehr als drei Monate in Untersuchungshaft sitzt.

Der Pflichtverteidiger wird zunächst einmal vom Staat bezahlt. Kommt es allerdings zu einer Verurteilung, dann trägt der Verurteilte die Kosten des Verfahrens, also auch die Kosten für den Pflichtverteidiger. Diese Kosten werden dem Verurteilten vom Staat in Rechnung gestellt. Die Kosten eines Hauptverfahrens mit Verteidigung können übrigens ganz erheblich sein. Die Allgemeinheit ist nicht bereit, alle Kosten zu tragen, die Straftäter verursacht haben.

7.4 Anwesenheitsrechte und -pflichten

Im Ermittlungsverfahren hat der Beschuldigte bei allen richterlichen Beweiserhebungen ein Anwesenheitsrecht. Er hat kein Anwesenheitsrecht bei Beweiserhebungen, die allein von der Polizei oder Staatsanwaltschaft durchgeführt werden. Richterliche Untersuchungshandlungen haben weit reichende Wirkungen in der Hauptverhandlung. So kann zum Beispiel das Protokoll einer Augenscheinseinnahme oder Zeugenvernehmung durch den Richter leichter in der Hauptverhandlung verlesen werden. Daher muss dem Beschuldigten auch schon im Ermittlungsverfahren die Möglichkeit gegeben werden, an den entsprechenden Untersuchungen teilzunehmen. Aber: Wenn die Gefahr besteht, dass ein Zeuge aus Angst vor dem Beschuldigten nicht aussagen oder lügen wird, hat das Gericht die Möglichkeit, den Beschuldigten auszuschließen. Es muss dies allerdings genau begründen. Der Verteidiger kann jedoch nie ausgeschlossen werden. Das deutsche Recht geht davon aus, dass Rechtsanwälte Organe der Rechtspflege sind. Sie sind daher durch ihr Standesrecht verpflichtet, nichts zu tun, was den Zweck der richterlichen Untersuchungshandlung gefährden kann: die Wahrheitsfindung.

In der Hauptverhandlung hat der Angeklagte ein durchgängiges Anwesenheitsrecht. Er hat sogar eine Anwesenheitspflicht. Wenn Sie als Angeklagter zu einer Hauptverhandlung geladen worden sind, dann können Sie nicht einfach sagen: „Sollen die doch machen, was sie wollen. Ich geh da einfach nicht hin. Mein Verteidiger wird mir schon mitteilen, was bei der Sache für mich herausgekommen ist." Bleiben Sie der Hauptverhandlung unbegründet fern, können Sie per Haftbefehl vorgeführt werden und müssen bei der Hauptverhandlung anwesend sein. Das ist übrigens kein abstraktes Konstrukt, so etwas geschieht durchaus gelegentlich. Nur in Ausnahmefällen ist die Entfernung des Angeklagten aus dem Saal möglich. Im Rahmen der Hauptverhandlung werden wir darauf noch einmal ausführlich zu sprechen kommen. Wenn Sie beispielsweise durch penetrantes, lautstarkes Absingen des juristisch durchaus relevanten Kinderliedes „Fuchs, du hast die Gans gestohlen" die Hauptverhandlung kontinuierlich stören, dann können Sie aus dem Saal entfernt werden.

7.5 Mitwirkungsrechte

Ein Beschuldigter muss im Ermittlungsverfahren über seine Rechte von Anfang an von der Polizei und der Staatsanwaltschaft aktiv belehrt werden. Dies gilt auch für seine Mitwirkungsrechte. Der Beschuldigte hat das Recht, Antrag auf einzelne Beweiserhebungen zu stellen. Ein Beschuldigter darf und soll auch durchaus beantragen, dass doch mal der Nachbar Y und die Oma von Z vernommen werden sollen, weil die zu der Sache Wichtiges zu sagen haben, und dass doch auch mal die Kleidung von Kumpel A genauer unter die Lupe genommen werden sollte, weil der doch eigentlich der Haupttäter gewesen sei. Staatsanwaltschaft und Polizei sind verpflichtet, alles zu ermitteln, was einen Beschuldigten belasten und entlasten könnte. Wenn der Beschuldigte zu seiner Entlastung bestimmte Beweiserhebungen beantragt, so ist dem in einem vernünftigen Rahmen nachzugehen. Die Polizei ist allerdings nicht verpflichtet, die Erkenntnisse einer bestimmten Wahrsagerin als Beweismittel zu erheben. Manchmal tut sie übrigens sogar das. Selbst solche Ermittlungen sind nicht immer unerheblich.

Der Beschuldigte muss genau darüber informiert werden, was gegen ihn vorliegt. Sonst könnte er sich ja inhaltlich auch überhaupt nicht angemessen verteidigen. Anderenfalls würde ein Prozess den Charakter annehmen, der atmosphärisch dicht von Franz Kafka in seinem Roman „Der Prozess" geschildert wird: „Sie sind angeklagt, Sie sind schuldig, Sie wissen und erfahren nicht, wieso und warum, aber Sie werden verurteilt." So etwas ist mit einem Rechtsstaat nicht vereinbar. Das bedeutet, dass der Beschuldigte über seinen Anwalt auch Akteneinsicht bekommt. Der Europäische Gerichtshof hat sogar ein Akteneinsichtsrecht des Beschuldigten selbst konstatiert. Die Bundesrepublik Deutschland hat wegen der in einer Akte enthaltenen sensiblen Daten diese Rechtsprechung aber nur so umgesetzt, dass der Beschuldigte, der keinen Verteidiger hat, Kopien der wesentlichen Akteninhalte erhalten kann.

In Deutschland hat jeder Beschuldigte das Recht auf Aussageverweigerung. Dem liegt der Grundsatz „Niemand muss ein Beweismittel gegen sich selbst sein" zugrunde. Nach deutscher Rechtsauffassung wird ein Beschuldigter in eine unmöglich Situation gebracht, wenn er verpflichtet werden kann, gegen sich selbst die Wahrzeit auszusagen. In den USA und in Großbritannien müssen auch Angeklagte einen Eid auf die Bibel leisten, dass sie die Wahrheit sagen werden. Wir sind überzeugt, dass unser Rechtssystem sinnvoller und realistischer ist. In Deutschland muss der Staat einem Beschuldigten oder Angeklagten beweisen, dass er schuldig ist, auch ohne dessen Mitwirkung an der Wahrheitsfindung.

Darüber hinaus hat jeder Beschuldigte und Angeklagte sogar das Recht zu lügen. Später werden wir darauf noch ausführlicher zu sprechen kommen. Das Opfer hat nicht das Recht zu lügen. In anderen Staaten gibt es dieses Recht auch, beispielsweise in Belgien. Beim Dutroux-Prozess hat der Angeklagte mehrfach darauf verwiesen, dass er im Rechtsstaat Belgien das Recht habe zu lügen. Inwiefern die Lügen des Herrn Dutroux diesem im Verfahren geholfen haben, sei dahingestellt. Ein Beschuldigter oder Angeklagter hat zwar das Recht zu lügen. Ein Gericht hat aber auch das Recht, bei der Strafzumessung zu berücksichtigen, wenn der Angeklagte nach Einschätzung des Gerichts überwiegend die Wahrheit gesagt hat. Nur dann kann ihm eine Strafmilderung zugute kommen. Nicht immer ist die Wahrnehmung des Rechts zu lügen für einen Angeklagten auch vorteilhaft.

8 Die Rechte des Verteidigers

Die Rechte des Verteidigers sind ein eigenes Kapitel wert. Verteidiger sind, wie bereits erwähnt, Rechtsanwälte, die den Beschuldigten vertreten. Sie haben die gleiche Ausbildung wie Richter und Staatsanwälte und gelten als Organe der Rechtspflege. Das bedeutet, dass sie nicht alles tun dürfen, was ihrem Mandanten hilft. So dürfen sie zum Beispiel nicht aktiv die Beweismittel beeinflussen oder ihrem Mandanten eine Aussage in den Mund legen. Ansonsten haben sie aber weit reichende Rechte, auch schon im Ermittlungsverfahren. Diese Rechte sind gesetzlich nicht festgelegt. Erlaubt ist vielmehr alles, was nicht ausdrücklich verboten ist. Generell gilt: Solange er nicht aktive Strafvereitelung begeht, darf ein Verteidiger alles tun, was seinem Mandanten hilft.

Der Verteidiger hat das Recht auf umfassende Akteneinsicht nebst allen Beweismitteln. Wenn es der Verteidiger für sinnvoll hält, kann er auch Bestandteile der Akte mit dem Beschuldigten oder Angeklagten diskutieren und im Einzelnen durchgehen.

Der Verteidiger hat das Recht auf Anwesenheit bei allen richterlichen Vernehmungen und Augenscheinseinnahmen. Erst recht muss er bei der Videovernehmung anwesend sein.

Der Verteidiger hat das Recht, selbst Beweismittel zu erheben, Zeugen und Sachverständige zu befragen. Der Verteidiger darf sogar beim Opfer an der Haustür klingeln und es um ein Gespräch bitten. Das Opfer darf dieses Gespräch allerdings verweigern. Der Verteidiger oder ein von ihm beauftragter Privatdetektiv darf sich auch in die Kneipe setzen oder auf den Campingplatz fahren, also an Orte begeben, an denen sich das Tatopfer häufig aufhält. Dort dürfen Gespräche geführt und Fragen gestellt werden, es dürfen neue Zeugen gefunden und Beweismittel erhoben werden. Die Situation, wie sie in der Fernsehserie „Ein Fall für Zwei" mit dem Detektiv Matula geschildert wird, ist in Deutschland aber eher die Ausnahme, denn es ist ja Aufgabe der Staatsanwaltschaft, auch die entlastenden Beweise zu ermitteln. Wenn ein Verteidiger von entlastenden Umständen Kenntnis erhält, informiert er in Deutschland daher im Normalfall die Staatsanwaltschaft, damit diese das Beweismittel zur Kenntnis nimmt und eventuell weitere Zeugen befragt.

Selbstverständlich darf der Verteidiger Gutachter und Sachverständige befragen. Erfahrene Gutachter und Sachverständige werden in diesem Fall aber darum ersuchen, dass die Fragen schriftlich gestellt werden und sie sie schriftlich beantworten dürfen. Am unkompliziertesten ist es immer, wenn ergänzende Fragen zu einem Gutachten dem Gutachter von den Verfahrensbeteiligten im Rahmen der Hauptverhandlung selbst gestellt werden.

Der Verteidiger darf und wird mit seinem Mandanten die für ihn beste Verteidigungsstrategie abstimmen. Es ist das gute Recht des Verteidigers, seinem Mandanten zu empfehlen, an der einen Stelle ein Teilgeständnis abzulegen, an der anderen Stelle aber einfach jede Aussage zu verweigern. Der Beschuldigte hat das Recht zu lügen und zu verschweigen, und wenn sein Verteidiger ihn zu seinem Vorteil berät, wie die Beweislage ist, wo lügen zwecklos ist und an welcher Stelle Schweigen Gold und Reden Blech wäre, dann ist das keine Bösartigkeit der Verteidigung, sondern kompetente Berufsausübung. Erfahrene Verteidiger wissen auch, dass ein Geständnis ihrem Mandanten eher nützt als ein Bestreiten um jeden Preis. Ein Geständnis zeigt nicht nur Einsicht in die Tat, sondern erspart auch oft dem Opfer die Aussage, und das wissen die Gerichte sehr wohl äußerst wohlwollend zu berücksichtigen. Ist die Beweislage aber zweifelhaft, ist es nicht nur das Recht, sondern auch die Pflicht des Verteidigers, seinen Mandanten darauf hinzuweisen – allerdings ohne ihm eine den Beweismitteln angepasste Einlassung einzuflüstern. **Einlassung** nennen die Juristen übrigens das, was der Beschuldigte zur Tat und zu deren Hintergrund angibt. Es darf aber nicht verschwiegen werden, dass es auch bei Rechtsanwälten unterschiedliche Charaktere und Qualitäten gibt und damit auch schwarze Schafe.

Der Verteidiger hat das Recht, sich mit seinem inhaftierten Mandanten unüberwacht mündlich und schriftlich auszutauschen. Post an den Verteidiger darf von der Staatsanwaltschaft nicht geöffnet werden. Die Gespräche zwischen Verteidiger und Mandanten dürfen auch nicht von der Polizei überwacht werden, der Raum darf nicht abgehört werden – auch bzw. gerade, wenn der Mandant in Untersuchungshaft sitzt. Wie jedes Recht kann auch dieses Recht von einzelnen Verteidigern missbraucht werden. Verteidiger, die politisch motiviert Kassiber geschmuggelt haben, sind aber schon zu erheblichen Haftstrafen verurteilt worden und haben ihre Rechtsanwalts-Lizenz/-Zulassung verloren. Ein Verteidiger geht also ein Risiko ein, wenn er seine Rechte hier missbraucht.

Fernsehserien über Gerichtsverhandlungen und so genannte Konflikt-Verteidiger haben die Erwartungen an die Verteidigung in der Bundesrepublik in den letzten Jahren verändert. Viele Mandanten erwarten von ihrem Verteidiger geradezu eine Art Fernsehverteidigerverhalten, einen Einsatz an der Grenze der Legalität und darüber hinaus, einen umfangreichen Presserummel und im Verteidigerverhalten eine Vorgehensweise, die dem Gericht die Arbeit so schwer wie möglich macht. Eine solche so genannte „Konflikt-Verteidigung" nutzen manche Verteidiger auch dazu, bekannter zu werden und neue Mandanten zu gewinnen. Es gibt inzwischen Rechtsanwälte, die einen Rechtsanspruch auf Sozialhilfe haben. Manche Verteidiger suchen daher ihr Heil bei Verfahren, die nach Lage der Beweismittel sicher auf eine Verurteilung mit hoher Strafe hinauslaufen. Hier versuchen sie durch eine Konflikt-Verteidigung Verfahrensfehler zu provozieren, um dann in Revision gehen zu können – in der Hoffnung, das Verfahren auf diesem Weg vielleicht doch noch kippen zu können. So etwas schafft Publizität und bringt neue, wenn auch zweifelhafte Mandanten. Ist eine solche Konflikt-Verteidigung allerdings nicht erfolgreich und kommt es zu einer Verurteilung, dann wirkt sich eine solche Verteidigungsstrategie sicher nicht zwangsläufig strafmildernd aus. Sehr vielen Verteidigern ist inzwischen auch klar, dass ihre Mandanten bei der bestehenden Beweislage gegebenenfalls sehr gut beraten sind, ein umfassendes Geständnis abzulegen, um möglicherweise die Vernehmung eines kindlichen oder jugendlichen Opfers überflüssig zu machen. Ein solches Geständnis kann einem Angeklagten durchaus mehrere Jahre Gefängnis ersparen, und dann ist es für einen Verteidiger eher kompetente Berufsausübung, wenn er auf einen aussichtslosen Konfliktkurs verzichtet.

An welche Art der Verteidigung das Opfer gelangen wird, ist nie vorhersehbar. Beschuldigte habe die freie Verteidigerwahl, sie dürfen sich sogar bis zu drei Anwälte nehmen. Wenn die Gerichte in Fällen der so genannten Pflichtverteidigung einen Anwalt beiordnen, werden sie bemüht sein, keinen Konflikt-Verteidiger zu nehmen, schon, um das Verfahren in den üblichen Bahnen halten zu können.

Zudem gibt es Möglichkeiten für das Opfer, sich auf die Konfrontation mit dem Verteidiger in der Hauptverhandlung, aber auch schon im Rahmen des Ermittlungsverfahrens vorzubereiten. Das ist insbesondere die Vertretung durch einen eigenen Rechtsanwalt, möglichst im Rahmen einer Nebenklage. Hierzu wird im Folgenden mehr zu sagen sein.

9 Die Rechte und Pflichten des Opfers

An einigen Stellen wurde das Opfer schon erwähnt, wurden seine Rechte und auch seine Pflichten angesprochen. Der Frage „Was kommt auf ein Opfer zu, wenn es ein Delikt anzeigt oder wenn der Polizei oder der Staatsanwaltschaft ein Verbrechen, ein Offizialdelikt bekannt geworden ist?" soll jetzt aber noch einmal genauer Aufmerksamkeit gewidmet werden.

Auf das Opfer kommen Vernehmungen zu, meistens mehrere Vernehmungen. Anzeige kann man sowohl bei der Polizei als auch bei der Staatsanwaltschaft erstatten. Bereits der erste Beamte, auf den das anzeigende Opfer trifft, muss Fragen stellen, um den Sachverhalt zu erfassen. Wenn klar ist, dass ein Verbrechen im Raume steht, für das es speziell ausgebildete Beamte gibt, muss dieser Polizist diese Kollegen informieren. Auf dem Land oder zu Nachtzeiten ist dies aber nicht immer möglich. Also kann es sein, dass dieser Polizist weiter fragt, um zu klären, ob erste Maßnahmen wie zum Beispiel eine Spurensicherung oder eine Festnahme zu treffen sind.

Diese weiteren Vernehmungen werden dann überwiegend von Polizeibeamten, bei Sexualdelikten oft von spezialisierten Polizeibeamtinnen durchgeführt, in Ausnahmefällen von Staatsanwälten, ganz ausnahmsweise auch von einem Richter, in sehr seltenen Fällen auch per Video. Wichtig ist zu verstehen, dass eine detailgenaue Befragung nicht dem persönlichen Lustempfinden des Fragenden dient, sondern der genauen Aufklärung des Sachverhalts. Dass diese Aufklärung notwendig ist, haben wir zum einen schon im Kapitel zur Subsumtion (s. Kap. 4) verdeutlicht: Es ist für die rechtliche Einordnung dessen, was passiert ist, wichtig, genau nachzufragen, welche sexuellen Handlungen stattgefunden haben. Zum anderen müssen die Ermittlungsbehörden wissen, was genau passiert ist, um eine Spurensicherung durchführen zu können, denn nur so können sie überhaupt erfahren, wo sich welche Spuren befinden könnten.

Letztlich gilt: Je besser und ausführlicher die Vernehmung im Ermittlungsverfahren abläuft, umso besser ist die Beweislage im Hauptverfahren. Und das dient letztlich auch der Entlastung des Opfers.

Auf das Opfer kommt eine Spurensicherung zu, am Tatort, also eventuell in der Privatwohnung, aber eben auch am Körper. Das Opfer ist als Zeuge gehalten, eine medizinische Untersuchung zu dulden. Allerdings soll dem Wunsch des Opfers, die Untersuchung einer Person oder einem Arzt bestimmten Geschlechts zu übertragen, entsprochen werden. Auch darf das Opfer eine Person des Vertrauens mit dabei haben (dies ist alles neu aufgenommen worden in § 81d StPO). Letztlich muss man auch wissen, dass Zeugen zwar generell gezwungen werden können, eine medizinische Untersuchung zu dulden, das Gesetz dem aber die Grenze der Zumutbarkeit setzt. Wenn die Untersuchung nicht zuzumuten ist, muss sie unterbleiben. Das bedeutet insbesondere, dass ein frisch traumatisiertes Vergewaltigungsopfer kaum gegen seinen Willen gynäkologisch untersucht werden wird. Dann aber muss man auch in Kauf nehmen, dass die Beweislage recht schlecht ist. Nicht nur, dass keine DNA des Täters gesichert werden kann – eine Weigerung, sich untersuchen zu lassen, ist auch Einfallstor für die Verteidigung („Vielleicht hat ja gar kein Verkehr stattgefunden?").

Wer also eine Straftat anzeigt und möchte, dass diese verfolgt wird, der muss auch die zwangsläufigen Folgen der Anzeige wie intensive Befragungen und Untersuchungen in Kauf nehmen.

Man kann sich dabei aber zumeist auch darauf verlassen, dass die mit der Sache befassten Beamten Erfahrungen mit traumatisierten Menschen haben und versuchen, die Situation für alle erträglich zu halten. So kann man natürlich bei einer Vernehmung um eine Rauchpause, ein Glas Wasser oder einen Kaffee bitten. Weinen ist genauso erlaubt wie Schimpfen. Und auch bei der Vernehmung gilt: Einer Person des Vertrauens ist die Anwesenheit normalerweise gestattet. Nur in seltenen Fällen ist das anders. Dann aber muss das genau begründet werden.

Das Opfer hat auch das Recht zu fragen: nach seinen Rechten, nach dem, was jetzt passieren wird, oder warum die eine oder andere Frage gestellt wird. Das Gefühl der Hilflosigkeit, das durch die Straftat oft entsteht, muss sich so nicht zwingend fortsetzen.

Das Opfer muss wissen, dass alle Verfahrensbeteiligten über die Akte Kenntnis erhalten von den persönlichen Details, die im Rahmen der Vernehmung erfragt werden und zur Feststellung, welches Delikt eigentlich vorliegt, auch erfragt werden müssen.

Das Opfer muss wissen: Bei Offizialdelikten gibt es kein Zurück mehr. Wenn die Anzeige erfolgt und klar ist, dass eine nicht nur geringfügige Straftat begangen wurde, dann ist die Strafverfolgung Sache des Staats und wird auch fortgesetzt, wenn das dem Opfer gar nicht mehr recht ist und es die Anzeige „zurücknehmen" will. Es reicht nicht, wenn das Opfer sagt: „Ich will jetzt nicht mehr!". Der Staat muss jetzt von Amts wegen ermitteln. Die Polizei wird daher auch nach „Rücknahme der Anzeige" den Beschuldigten befragen und weitere Beweise erheben. Es kann sogar sein, dass dann auch Anklage erhoben wird und das Opfer vor Gericht erscheinen muss. Es kann dort seine Mitarbeit nur verweigern, wenn es ein Zeugnisverweigerungsrecht zugunsten des Beschuldigten hat, etwa als nahe Angehörige. Darauf wird noch einzugehen sein.

Spätestens bei der Hauptverhandlung, meistens aber schon bei einer zweiten oder dritten Vernehmung wird das Opfer konfrontiert werden mit dem, was der Täter ausgesagt hat. Ihm wird dann etwa mitgeteilt werden: „Ihr Freund hat bei der Polizei aber ausgesagt, Sie hätten dem ausdrücklich zugestimmt, und es hätte Ihnen sogar Spaß gemacht." Ein Geständnis kann das Opfer entlasten, oft aber gibt es auch Gegendarstellungen am Rande der Wahrheit – die besten Lügen –, die zunächst ein Gefühl der Hilflosigkeit auslösen. Die Frage: „Wie soll ich denn beweisen, dass ich nicht lüge?" wird oft gestellt.

Zur Klarstellung: Das Opfer muss gar nichts beweisen, dies ist Aufgabe der Staatsanwaltschaft. Aber sie ist dabei auf die Mitwirkung des Opfers angewiesen. Dabei ist nichts problematischer als Lügen des Opfers selbst. Auch wenn sie nicht die eigentliche Tat, sondern nur das Randgeschehen betreffen, so stellen sie oft die Glaubwürdigkeit des Opfers infrage. Manchmal soll nur eine Peinlichkeit nicht zugegeben werden, auf die es nicht ankäme. Der Preis dieser Lüge kann aber letzlich die Einstellung des Verfahrens sein, weil die Notlüge herausgekommen ist und Zweifel an der Glaubwürdigkeit des Opfers insgesamt ausgelöst hat. Dieser Preis wäre dann doch erheblich höher als der, den man beim Zugeben der Peinlichkeit gezahlt hätte.

Das Opfer muss aber auch, wenn es wahrheitsgemäß ausgesagt hat, darauf vorbereitet sein, dass die Staatsanwaltschaft das Verfahren gegebenenfalls einstellt, wenn es eher unwahrscheinlich ist, dass es zu einer Verurteilung kommt. Das kann enttäuschend, belastend und frustrierend sein. Auch hier ist dann die fachkundige Unterstützung durch einen Anwalt hilfreich: Kann und sollte Beschwerde gegen die Entscheidung der Staatsanwaltschaft eingelegt werden?

Das Opfer sollte genau wissen, und die Polizei wird das jedem Opfer auch bei der Vernehmung sehr deutlich mitteilen, dass es bei einer erwiesenen falschen Anzeige ein eigenes Strafverfahren riskiert und auch die Kosten des Strafverfahrens gegen den zu Unrecht Bezichtigten tragen muss (§ 469 StPO). Wenn ein Opfer also nach vier Wochen reumütig zur Polizei kommt und beichtet „Der hat mir gar nichts getan, ich war nur sauer, weil der mich versetzt hat, und ich wollte dem mal eins auswischen", dann kann das sehr teuer werden. Vielleicht sind Dolmetscher-Kosten entstanden, DNA-Analysen sind ausgesprochen kostspielig, und vielleicht sind sogar schon erste Honorare für den Pflichtverteidiger fällig. Eine falsche Anzeige ist ein ausgesprochen teurer Spaß. Eine solche Kostenrechnung erfolgt allerdings nur bei erwiesenermaßen falscher Anzeige, nicht bei Einstellung eines Verfahrens gegen den Beschuldigten mangels hinreichenden Tatverdachts.

Das Opfer muss damit rechnen, dass der Beschuldigte wegen Verleumdung und falscher Verdächtigung eine **Gegenanzeige** erstattet. Aus dem Opfer soll ein Täter gemacht werden. Staatsanwaltschaften reagieren auf solche Gegenanzeigen juristisch korrekt, aber nicht unbedingt begeistert. Bei einem laufenden Ermittlungsverfahren wird das aufgrund der Gegenanzeige eingeleitete Verfahren wegen Verleumdung und falscher Verdächtigung vorläufig eingestellt. Erst nach dem Urteilsspruch wird das Verfahren wieder aufgenommen und entweder eingestellt oder weiterverfolgt. Das hängt vom Ausgang des Ursprungsverfahrens ab. Wie schon gesagt: Wer jemanden zu Unrecht einer Straftat bezichtigt oder auch nur eine nicht begangene Tat vortäuscht, macht sich strafbar (§§ 164, 145d StGB). Wurde die Unschuld des Angezeigten bewiesen und liegt klar auf der Hand, dass das vorgebliche Opfer gelogen hat, so ist eine Anklage gegen dieses mehr als wahrscheinlich. Aber: Das Opfer wird dann zum Beschuldigten und hat diesel-

Abb. 9-1 Die Pflichten des Opfers I

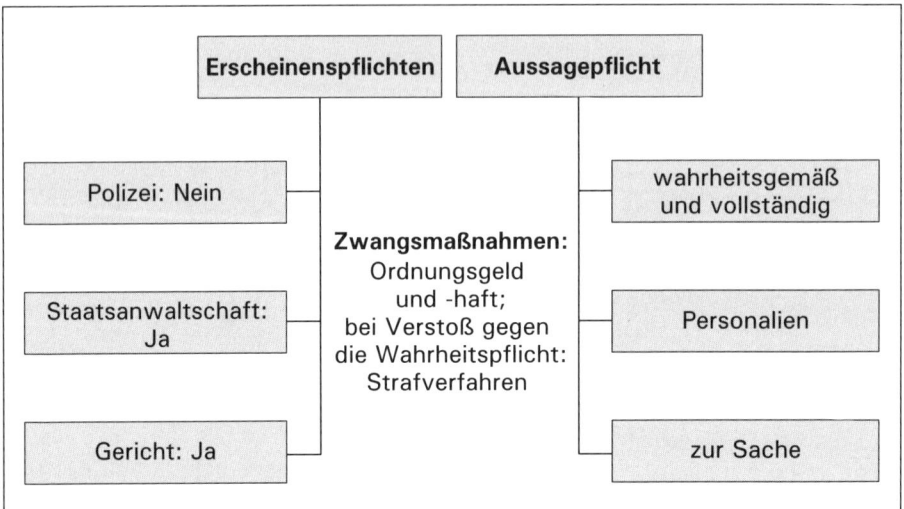

ben Rechte wie die oben dargelegten. Das bedeutet: Auch hier muss der Staat die Schuld sicher nachweisen.

Diese Fragen stellen sich aber nur dann, wenn bewusst falsch angezeigt wird. Der Normalfall ist die Gegenanzeige aus taktischen Gründen. Da der Rechtsstaat kein Interesse daran hat, dass ein Opfer davon abgeschreckt wird, eine Tat zur Anzeige zu bringen, reagiert er gelassen auf solche Gegenanzeigen. Das Verfahren wird erst einmal eingestellt (§ 154d StPO). Gegenanzeigen wirken eher auf ein Opfer einschüchternd, als dass sie die Ermittlungsbehörden sonderlich beeindrucken.

Das Opfer muss darauf vorbereitet sein, möglicherweise lange auf das Gerichtsverfahren warten zu müssen. Sitzt der Täter in Untersuchungshaft, so kommt es relativ rasch zu einer Hauptverhandlung. Ist der Angeklagte aber nicht in Haft, so haben Verfahren Vorrang, bei denen die Angeklagten in Untersuchungshaft sitzen. Da alle deutschen Gerichte ganz erheblich belastet sind, kann sich die Zeit zwischen Anklage und Hauptverhandlung manchmal noch über mehrere Monate erstrecken. Dies hat auch Einfluss auf eine Therapie (s. Abschnitt 18.1).

Das Opfer muss darauf vorbereitet sein, dass es in der Hauptverhandlung von allen Verfahrensbeteiligten, einschließlich des Angeklagten, befragt werden kann und zumindest auch von dem Verteidiger umfangreich befragt werden wird. Vom Grundsatz her ist die Hauptverhandlung öffentlich. In Ausnahmefällen kann die Öffentlichkeit ausgeschlossen werden (s. Abschnitt 12.4).

Das Opfer muss darauf vorbereitet sein, dass der Angeklagte im Urteil möglicherweise freigesprochen wird. Im Urteilsspruch selbst wird dabei noch nicht deutlich, ob der Freispruch wegen erwiesener Unschuld erfolgt oder ob die Beweise einfach nicht ausreichen. In der Urteilsbegründung wird dies aber klarer. Das Gericht begründet das Urteil gleich in der Verhandlung, alle hören zu. Da kann so ein Freispruch für das Opfer oft nicht nur enttäuschend, sondern auch demü-

Abb. 9-2 Die Pflichten des Opfers II

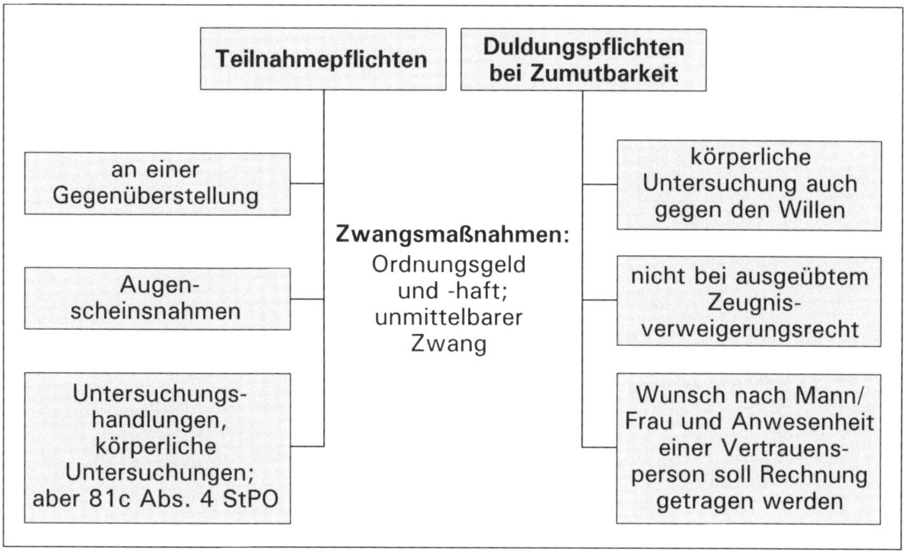

Teilnahmepflichten	Duldungspflichten bei Zumutbarkeit
an einer Gegenüberstellung	körperliche Untersuchung auch gegen den Willen
Augenscheinsnahmen	nicht bei ausgeübtem Zeugnisverweigerungsrecht
Untersuchungshandlungen, körperliche Untersuchungen; aber 81c Abs. 4 StPO	Wunsch nach Mann/Frau und Anwesenheit einer Vertrauensperson soll Rechnung getragen werden

Zwangsmaßnahmen: Ordnungsgeld und -haft; unmittelbarer Zwang

tigend sein. Letzteres ist aber dann zu vermeiden oder zumindest aufzufangen, wenn das Opfer ausreichend auf die Rechtslage vorbereitet wird, wenn es weiß, dass ein Freispruch nicht immer heißt: „Man glaubt mir nicht, ich soll gelogen haben." Wann ein Freispruch erfolgt, dazu kommen wir später noch im Rahmen der Hauptverhandlung.

Wenn das Opfer Nebenklage eingereicht und einen Anwalt beauftragt hat, so kann es sich im Vorfeld besser über die Situation informieren, und es hat im Falle des Freispruchs auch das Recht, gegen das Urteil ein Rechtsmittel einzulegen. Auch hierzu später mehr.

In den Schaubildern (Abb. 9-1 und 9-2) haben wir die Pflichten des Opfers noch einmal zusammengefasst.

Insgesamt ist das Opfer dem Verfahren nicht mehr schutzlos ausgeliefert wie in den 60er Jahren. Die Rechte des Opfers sind in den letzten Jahren kontinuierlich gewachsen. Das Opfer ist nicht mehr nur Zeuge im Strafverfahren, sondern hat im Gesetz festgelegte Rechte auf Auskunft, Beistand und Mitwirkung. Es gilt seit 1986 ausdrücklich als eigenständiger Prozessbeteiligter.

Auf Antrag erhält das Opfer Auskunft über jeden Verhandlungstermin, über das Urteil und über die Strafvollstreckung sowie die Haftentlassung des Täters (§§ 214, 406d StPO). Das Opfer wird spätestens bei der Einstellung des Verfahrens oder bei der Anberaumung der Hauptverhandlung informiert.

Das Opfer hat das Recht und den Anspruch, über sein Recht auf Nebenklage und Zeugenbetreuung informiert zu werden (§ 48 StPO). In der Praxis sollte diese Information bereits bei der ersten polizeilichen Vernehmung erfolgen. Manchmal wird dies aber dort vergessen, oder das Opfer kann nach einer anstrengenden Vernehmung nicht mehr richtig zuhören. Deshalb sollte im Idealfall noch einmal ein Hinweis auf die Opferrechte durch die Staatsanwaltschaft oder das Gericht erfolgen. Dies gelingt noch nicht immer, weil die Vorschriften hierzu recht neu sind. Die Justiz ist hier aber auf einem guten Weg.

Das Opfer hat drei Möglichkeiten, sich Beistand zu suchen, und die Art des Beistands bestimmt dann auch seine Rolle im Prozess. Es kann sich eines Zeugenbeistands bedienen, es kann sich einen Opferanwalt nehmen oder Nebenklage einreichen und einen Nebenklagevertreter beauftragen.

Zeugenbeistand und Opferanwalt haben eine eher passive Rolle. Das Gesetz unterscheidet sehr genau zwischen „kann" und „muss". Bei einer Kann-Bestimmung steht die Entscheidung im Ermessen des Gerichts. Eine Muss-Bestimmung ist zwingend. Einen **Anwalt als Zeugenbeistand** kann jeder Zeuge, nicht nur ein Opfer, zur Vernehmung mitnehmen. Dies hat das Bundesverfassungsgericht schon Mitte der 70er Jahre entschieden. Diesen Anwalt muss der Zeuge aber selbst bezahlen. Anders verhält es sich bei Zeugen, die ihre Rechte nicht wahrnehmen können. Diesen kann dann, wenn sie noch keinen Anwalt haben, ein Zeugenbeistand auf Kosten der Staatskasse beigeordnet werden (§ 68b StPO). Dreht sich die Vernehmung um ein Verbrechen oder ein Vergehen nach den Sexualstraftatbeständen, so muss sogar auf Antrag des Opfers der Zeugenbeistand beigeordnet werden. Dies gilt für jede richterliche Vernehmung und auch für die Vernehmung durch die Staatsanwaltschaft, nicht aber für die polizeiliche Vernehmung. Die Rolle des Zeugenbeistands beschränkt sich allerdings auf die Anwesenheit bei der Zeugenvernehmung. Er kann nicht aktiv in die Vernehmung eingreifen, sondern seinen Mandanten allenfalls beraten.

Die Möglichkeiten des Opferanwalts gehen weiter. Der **Opferanwalt** ist ein Rechtsbeistand des Verletzten, unabhängig von dem begangenen Delikt. Er wirkt in allen Verfahrensabschnitten mit und hat auch aktive Rechte. Er kann Einsicht in die Akten bekommen, er hat nicht nur ein Anrecht auf Anwesenheit bei jeder Vernehmung, sondern kann auch Fragen, Rügen und Anträge auf Ausschluss der Öffentlichkeit stellen (§§ 406g und 406f StPO). Die Kosten des Opferanwalts trägt – wie bei der Nebenklage – bei bestimmten Delikten von Anfang an die Staatskasse (§ 406g StPO). Liegen diese Straftaten nicht vor, so trägt das Opfer das Kostenrisiko für den Fall, dass der Angeklagte nicht verurteilt wird. Wird er verurteilt, so werden ihm die Kosten auferlegt. Wie bei der Nebenklage kann das Opfer aber Prozesskostenhilfe beantragen, wenn es sich den Anwalt nicht leisten kann. Außerdem unterstützen hier auch die Opferhilfsorganisationen wie der Weiße Ring und die Stiftung Opferhilfe in Niedersachsen.

9.1 Die Nebenklage

Die Rechte der **Nebenklage** sind dann noch umfangreicher. Zunächst zur Begrifflichkeit: Nebenkläger ist das Opfer einer Straftat bzw. dessen Angehörige bei Tötungsdelikten (nach seiner Tötung kann niemand mehr Nebenkläger sein). Der hinzugezogene Anwalt ist dann der Nebenklagevertreter.

Sofern die Rechtslage das zulässt, ist die Nebenklage dem Rechtsstatus des Opferanwalts in jedem Fall vorzuziehen. Die Nebenklage ist aber nicht bei allen

Delikten zugelassen. Bei den meisten Sexualdelikten besteht allerdings ein Recht auf Nebenklage. § 395 StPO legt fest, bei welchen Delikten die Nebenklage zulässig ist. Dabei ist die gesetzliche Regelung nicht immer nachvollziehbar: Opfer einer Verleumdung oder Beleidigung, also relativ geringfügiger Delikte, können Nebenklage einreichen. Das Opfer eines Raubs, das bei der Tat nicht verletzt wurde, hat aber kein Recht auf Nebenklage.

Über die Nebenklage nehmen das Opfer und der Rechtsanwalt als Nebenklagevertreter aktiv am Verfahren teil. Theoretisch könnte ein Opfer sogar eigenständig als Nebenkläger auftreten, es braucht nicht zwingend einen Rechtsanwalt. Das ist aber wirklich nicht zu empfehlen, denn zur Ausübung vieler Rechte – das ist Ihnen bei der Lektüre dieses Buchs inzwischen bestimmt sehr klar geworden – braucht man zwingend gute juristische Kenntnisse.

Der Gesetzgeber hat die Nebenklage eigentlich nur für die Hauptverhandlung gedacht. Der Nebenklagevertreter kann aber schon im Ermittlungsverfahren beigeordnet werden, dort hat er aber nur die Rechte wie der Opferanwalt.

Die Möglichkeiten der Nebenklage sind dennoch vielfältig. Sie gehen weit über die Rechte des Opfers mit Opferanwalt hinaus. Bei der Nebenklage kommt das Opfer aus der Rolle des Zeugen heraus und beteiligt sich aktiv am Prozess.

So kann der Verletzte (muss es aber nicht) während der gesamten Hauptverhandlung anwesend sein. Der „normale Zeuge" darf weder bei der Verlesung der Anklage noch bei der Einlassung des Angeklagten dabei sein. In nichtöffentlichen Verfahren oder beim Ausschluss der Öffentlichkeit bei gewissen Verfahrenshandlungen zählt der „normale Zeuge" nach seiner Vernehmung zur Öffentlichkeit und muss den Saal verlassen – der Nebenkläger nicht.

Der Nebenkläger bzw. sein Anwalt können den Angeklagten, die Zeugen und Sachverständigen selbst befragen. Sie können Anträge auf Vereidigung und eigenständige Beweisanträge stellen. Nebenklagevertreter und Nebenkläger dürfen am Ende der Hauptverhandlung selbst plädieren, also nicht nur eine bestimmte Strafe und ein Strafmaß beim Gericht beantragen, sondern auch noch einmal ausführlich die Lage aus ihrer Sicht würdigen. Wird der Angeklagte freigesprochen, haben sie auch ein Recht, gegen das Urteil Berufung oder Revision einzulegen.

Ein Rechtsanwalt ist als Nebenklagevertreter auch deshalb dringend anzuraten, weil nur ein Rechtsanwalt volles Akteneinsichtsrecht hat. Dies steht dem Opfer auch als Nebenklägerin grundsätzlich nicht zu.

Eine Nebenklage hat aber auch ihre Grenzen, und Rechtsanwälte haben als Nebenklagevertreter ebenso ihre Grenzen. Dem Opfer kann die Belastung durch die Aussage in der Hauptverhandlung nicht völlig abgenommen, allenfalls durch die Anwesenheit eines kompetenten Rechtsanwalts gemildert werden. Manche Rechtsanwältinnen und Rechtsanwälte haben sich inzwischen sehr gut eingearbeitet in die Nebenklagevertretung und wissen auch gut Bescheid über die Probleme traumatisierter Menschen. Das gilt aber nicht für alle. Zur juristischen Ausbildung gehört nicht die Vermittlung psychologischer Kompetenzen, genauso wenig, wie zur psychologischen oder medizinischen Ausbildung die Vermittlung juristischer Kompetenzen gehört. Ein Jurist als Nebenklagevertreter ist kompetent für die Bewältigung der juristischen Probleme, ersetzt aber nicht eine kompetente Begleitung durch eine Opferhilfe-Organisation, eine Beratungsstelle oder eine Therapie, die um die Belastungen, Möglichkeiten und Grenzen eines Verfahrens weiß.

9.2 Das Zeugnisverweigerungsrecht des Opfers

Die Aussage vor Gericht gehört zu den allgemeinen Bürgerpflichten. Das bedeutet, dass jeder, der von einem Gericht oder auch einer Staatsanwaltschaft geladen wird, dort erscheinen und aussagen muss, und zwar vollständig und wahrheitsgemäß. Wer auf eine Ladung nicht erscheint, kann polizeilich vorgeführt und mit empfindlichen Ordnungsstrafen belegt werden. Wer vor Gericht lügt, wird selbst zum Straftäter und muss mit einer Verurteilung – auch mit Freiheitsstrafe – rechnen. Das kann (Überraschung!) sogar für Therapeutinnen und Therapeuten gelten. Darauf werden wir später noch ausführlich eingehen.

Manchmal stehen diese Pflichten jedoch im Konflikt mit der Konstellation zwischen Täter und Opfer. Wenn die Ehefrau gegen ihren geliebten Ehemann aussagen soll (nehmen wir mal das Beispiel, dieser sei betrunken Auto gefahren oder habe schwarzgearbeitet): Dann würde die Frau möglicherweise ihre Familie gefährden, wenn sie wahrheitsgemäß aussagt, oder aber sich selbst der Strafverfolgung aussetzen, wenn sie lügt. Da aber der Schutz von Ehe und Familie Verfassungsrang hat (Art. 6 GG), trägt das Gesetz diesem Konflikt Rechnung.

Unter bestimmten, genau festgelegten Bedingungen hat ein Zeuge ein Aussageverweigerungsrecht. Wenn der Zeuge/die Zeugin (also auch das Opfer) mit dem Beschuldigten oder Angeklagten bis zur zweiten Linie verwandt oder verschwägert ist, dann hat er/sie ein Zeugnisverweigerungsrecht. Das bedeutet, dass das Opfer nicht aussagen muss. Es muss allerdings ausdrücklich erklären, von diesem Recht Gebrauch zu machen. Das Gericht, der Staatsanwalt und die Polizei müssen den Zeugen auch ausdrücklich über dieses Recht belehren.

Ein Zeugnisverweigerungsrecht haben auch Berufs-Geheimnisträger gemäß § 53 StPO und deren Bedienstete. Dieses Recht betrifft insbesondere Pfarrer, Ärzte, Psychologen und Rechtsanwälte. Deren Schweigepflicht steht im Konflikt mit der allgemeinen Aussagepflicht des Bürgers. Daher dürfen auch sie das Zeugnis verweigern, aber nur, wenn sie keine Schweigepflichtsentbindung haben. Hierzu mehr im Kapitel „Die Therapeutin als Zeugin" (Kap. 10). Wegen ihrer Schweigepflicht haben auch öffentliche Bedienstete ein Zeugnisverweigerungsrecht gemäß § 54 StPO, also beispielsweise Justizangehörige und Polizisten. Sie sagen im Hauptverfahren zwar fast immer aus, müssen aber von der Dienststellenleitung dafür formal ausdrücklich die Erlaubnis erhalten haben.

Zu welchem Zeitpunkt kann ein Opferzeuge von seinem Zeugnisverweigerungsrecht Gebrauch machen? Jederzeit. Ein Opfer kann im Ermittlungsverfahren, im Zwischenverfahren und auch schon bei laufender Hauptverhandlung plötzlich und unerwartet mitteilen: „Jetzt mache ich von meinem Zeugnisverweigerungsrecht Gebrauch." Das muss das Opfer aber höchstpersönlich erklären. Es reicht normalerweise nicht, dass ein Opfer dies dem Gericht per Postkarte mitteilt.

Die Wahrnehmung des Rechts auf Zeugnisverweigerung hat ganz erhebliche Folgen. Zunächst ist jede weitere Vernehmung absolut unzulässig. Warum auf einmal nicht mehr ausgesagt wird, darf nicht erfragt werden. Allenfalls kann versucht werden nachzuhaken, ob eine Straftat im Hintergrund steht, also das Opfer unter Druck gesetzt wurde und eigentlich aussagen will, sich aber nicht traut. Wenn das Opfer aber bei seinem Zeugnisverweigerungsrecht bleibt, darf es nicht unzulässig bedrängt werden.

Gericht, Staatsanwaltschaft, Nebenklage und Verteidigung dürfen aber nachfragen zu den Umständen, die zum Zeugnisverweigerungsrecht führen. Das Gericht darf zum Beispiel bei einem bisher nicht bekannten Verlöbnis zwischen Opfer und Täter auch genauer nachfragen, wieso, seit wann und in welcher Form denn diese Verlobung so plötzlich und unerwartet zustande gekommen ist. Es gilt nicht schon als Verlobung, wenn das Opfer auf dem Weg zur Hauptverhandlung sich selbst und dem Angeklagten auf dem Marktstand zwei schöne, aber nicht ganz passende balinesische Freundschaftsringe gekauft hat. An den Zustand der Verlobung werden doch etwas höhere Maßstäbe angelegt.

Ist das Zeugnisverweigerungsrecht eines Angehörigen zu akzeptieren, dann dürfen die bisherigen Aussagen des Zeugen nicht mehr verwertet werden. Auch der Umstand, dass von dem Zeugnisverweigerungsrecht Gebrauch gemacht wird, darf sich nicht nachteilig für den Angeklagten auswirken (nach dem Motto: Die Ehefrau sagt wohl deshalb nicht aus, weil sie ihren Mann sonst belasten müsste, also wird er es schon gewesen sein).

Befunde, die zum Beispiel bei der körperlichen Untersuchung erhoben wurden, dürfen aber weiterhin hinzugezogen werden. Auch die Ergebnisse aus richterlichen Vernehmungen im Rahmen des Ermittlungsverfahrens sind von der Rückwirkung des Zeugnisverweigerungsrechts ausgenommen. Diese dürfen im Hauptverfahren verwertet werden. In diesem Fall wird der vernehmende Richter zur Hauptverhandlung vorgeladen und vernommen, und alles das, was dem Richter mitgeteilt worden ist, darf im Rahmen der Hauptverhandlung verwertet werden. Deshalb wird die Staatsanwaltschaft meist auch bemüht sein, eine richterliche Vernehmung eines Zeugen herbeizuführen, der ein Zeugnisverweigerungsrecht hat, aber noch aussagebereit ist. Wichtig ist dies zum Beispiel bei Fällen von sexuellem Missbrauch von Kindern. Es hat nicht selten Fälle gegeben, in denen das Kind den Vater erheblich belastet hat und dieser dann sogar in Untersuchungshaft genommen wurde, dann aber die Mutter des Kindes den Ernährer nicht verlieren wollte und auf das Kind erheblichen Einfluss nahm, um dieses zur Aussageverweigerung anzuhalten.

Wenn ein Zeugnisverweigerungsberechtigter übrigens aussagt, so muss die Aussage wie bei jedem anderen Zeugen auch wahrheitsgemäß sein. Niemand kann eine Lüge vor Gericht damit rechtfertigen, dass er wegen eines Gewissenskonflikts gelogen hat: Genau dafür sind die Zeugnisverweigerungsrechte da.

Letztlich braucht auch niemand auszusagen, wenn er sich durch die wahrheitsgemäße Beantwortung einer Frage selbst einer Straftat bezichtigen müsste (niemand muss sich selbst belasten). Beispiel: Eine Frau hat, um die Schwangerschaft aus dem Fremdgehen zu erklären, ihrem Ehemann erklärt, der Nachbar habe sie vergewaltigt. Der Ehemann zeigt dies an, und die Frau schildert bei der Polizei einen völlig erfundenen Sachverhalt, der sogar zur Verhandlung führt. Hier hat die Frau Gewissensbisse, ihre Ehe ist längst gescheitert, und sie will nicht weiter lügen. Wenn sie aber die Wahrheit sagt, müsste sie zugeben, bei der Polizei gelogen und damit den Straftatbestand der falschen Verdächtigung verwirklicht zu haben. Daher reicht es für sie in dieser Situation, zu erklären, sie mache von ihrem Aussageverweigerungsrecht Gebrauch (§ 55 StPO).

10 Die Therapeutin als Zeugin

Nicht selten kommt es vor, dass die Justiz auf die Therapeutin des Opfers (aber auch des Täters) zukommt und von ihr Informationen will. Manchmal droht sogar die Durchsuchung der Praxis. Hier ist es wichtig, seine eigenen Rechte und Pflichten zu kennen und ausreichend informiert zu sein, um sich nicht selbst in Schwierigkeiten zu bringen.

Im Grundsatz ist das Vertrauensverhältnis zwischen Therapeutin und Hilfesuchender geschützt. Eine Ärztin, eine Psychologin und eine Pastorin unterliegen der Schweigepflicht. Was ihnen anvertraut wird, dürfen sie nicht anderen mitteilen, auch nicht einem Gericht. Sie haben daher das Aussageverweigerungsrecht nach § 53 Abs. 1 Nr. 3, 3a und 3b StPO. Dieses Aussageverweigerungsrecht erstreckt sich auch auf die Mitarbeiter des Therapeuten (§ 53a StPO).

Das Recht des Patienten auf Vertraulichkeit dessen, was in der therapeutischen Beziehung besprochen wird, ist ein so hohes Rechtsgut, dass das Strafgesetzbuch für den Fall der Verletzung dieses Rechts einen eigenen Straftatbestand geschaffen hat, den des § 203 StGB. Aber:

> Der Schutz der Patientin kann durch einseitige Erklärung der Patientin aufgehoben werden. Die Schweigepflicht dient dem Schutz der Patientin. Sie dient nicht dem Schutz der Therapeutin. Herrin der Schweigepflicht ist die Patientin. Wenn die Patientin einseitig erklärt, die Therapeutin solle als Zeugin im Verfahren aussagen, dann ist dies einzig und allein die Entscheidung und Angelegenheit der Patientin.

Das ist vielen nicht klar.

Was ist die Folge? Hat die Patientin ihre Therapeutin von der Schweigepflicht entbunden, so ist die Therapeutin wie jeder andere Bürger Zeuge. Es besteht also eine **Aussagepflicht** der Therapeutin. Das ist gesetzlich in § 53 Abs. 2 Satz 2 StPO geregelt. Gleiches gilt für die Berufshelfer (§ 53a Abs. 2 StPO). Weigert sich die Therapeutin, so kann sie zur Aussage gezwungen werden, entweder durch ein Zwangsgeld oder sogar durch Ordnungshaft. Entstehen im Verfahren durch die Weigerung der Therapeutin auszusagen weitere Kosten, können diese der Therapeutin in Rechnung gestellt werden.

Was muss die Therapeutin dann aussagen? Zum einen kommt dies auf den Umfang der Schweigepflichtentbindung an (s. unten). Ist diese aber umfassend, muss sie wie jede andere Zeugin auch umfassend und wahrheitsgemäß aussagen. Sie hat ein Aussageverweigerungsrecht, wenn sie durch ihre Aussage sich selbst oder nahe Angehörige einer Straftat oder einer Ordnungswidrigkeit beschuldigen würde, und sie darf die Aussage verweigern, wenn sie in einem nahen Grade mit dem Täter (nicht dem Opfer!) verwandt oder verschwägert ist. Sie ist dann eine Zeugin wie jede andere Zeugin auch.

Noch einmal, weil das wirklich manchen nicht klar ist: Die Schweigepflicht schützt die Patientin oder Klientin, nicht die Therapeutin. Die Schweigepflicht schützt ein Rechtsgut der Patientin, nicht ein Rechtsgut der Therapeutin!

Die Schweigepflichtentbindung kann jede Patientin erteilen, zu deren Gunsten die Schweigepflicht begründet ist. Sie muss aber auch von der Patientin höchstpersönlich abgegeben werden, dies kann weder deren Anwalt noch deren Betreuer tun.

Die Schweigepflichtentbindung muss von jedem Mitglied des durch die therapeutische Beziehung geschützten Personenkreises erteilt werden. Dies kann zum Beispiel zu Problemen bei Paartherapien führen, wenn ein Beteiligter der Paartherapie von der Schweigepflicht entbindet, ein Partner aber weiterhin auf der Schweigepflicht besteht. Hier reicht die eine Schweigepflichtentbindung nicht aus, selbst wenn sie beschränkt wird auf das, was der Entbindende offenbart hat. Hier sollte in jedem Fall von dem auf der Schweigepflicht basierenden Aussageverweigerungsrecht Gebrauch gemacht werden. Problematisch kann es auch werden, wenn eine Jugendliche auf der Schweigepflicht besteht, während ihre Eltern von der Schweigepflicht entbinden. Dies sind schwierige Rechtsfragen, die dann nur im Einzelfall von kompetenten Rechtsanwältinnen, zum Beispiel der Ärztekammern, entschieden werden können.

Selbstverständlich kann die Schweigepflichtentbindung mündlich erfolgen oder auch stillschweigend. Zur eigenen Sicherheit sollte die Therapeutin aber eine ausdrückliche und schriftliche Schweigepflichtentbindung fordern. Dies hilft, um Missverständnisse zu vermeiden, insbesondere über Art und Umfang der Schweigepflichtentbindung. Jede Therapeutin, die vor Gericht als Zeugin aussagt oder aber von Inhalten der Therapie Bericht an Gutachter, Ordnungsämter, Versorgungsbehörden oder Krankenkassen gibt, sollte sich ausdrücklich konkret für diese Situation und Sachlage von der Schweigepflicht entbinden und genau festlegen lassen, gegenüber welchen Institutionen diese Schweigepflichtentbindung gilt und ob sie auf einen bestimmten Lebenssachverhalt beschränkt oder umfassend ist.

Die Schweigepflichtentbindung kann nämlich von der Patientin auf bestimmte Tatsachenkomplexe beschränkt werden, nicht aber auf einzelne Tatsachen. So kann die Patientin verlangen, dass die Therapeutin zwar über ihre Angaben zu Missbrauchserfahrungen im Alter zwischen 12 und 14 Jahren aussagt und andere Komplexe außen vor bleiben, wie zum Beispiel eine Vergewaltigung im Kindesalter durch einen anderen Täter. Die Therapeutin darf aber dann, wenn sie im Rahmen der Hauptverhandlung gefragt wird, ob Missbrauchserfahrungen vor dem Alter von 12 bis 14 Jahren vorlagen, nicht lügen und „Nein" sagen; sie darf lediglich sagen: „Meine Schweigepflichtentbindung ist auf den Lebenssachverhalt, der hier zur Anklage steht, beschränkt." Daraus darf das Gericht nicht zwingend schließen, dass es einen weiteren Vorfall gegeben hat. Wie jede Ausübung des Zeugnisverweigerungsrechts ist dies auch hier ohne Bewertung durch die Justiz zu akzeptieren.

Wenn die Therapeutin von der Schweigepflicht entbunden wird, kann sie im Rahmen des Tatsachenkomplexes aber nicht von der Patientin dazu verpflichtet werden, eine bestimmte Einzeltatsache gezielt wegzulassen („Sagen Sie alles aus, aber sagen Sie ja nicht, dass ich damals da …").

Die Schweigepflichtentbindung muss für jedes Verfahren gesondert erteilt werden: für dieses konkrete Strafverfahren, dann für das anschließende Zivilverfahren, dann für den Antrag nach dem Opferentschädigungsgesetz (OEG) beim Versorgungsamt.

Eine Schweigepflichtentbindung kann von der Patientin jederzeit widerrufen werden. Und dieser Widerruf muss ausdrücklich von der Patientin erklärt werden. Dann steht die Therapeutin wieder unter Schweigepflicht und hat ein Zeugnisverweigerungsrecht. Aber: Ihre bis dahin gemachte Aussage ist weiter verwertbar. Es besteht kein rückwirkendes Verwertungsverbot wie bei dem Aussageverweigerungsrecht aufgrund naher verwandtschaftlicher Beziehung. Es ist wichtig, die Patientin auf Folgendes ausdrücklich hinzuweisen: Eine Schweigepflichtentbindung kann in einem gerichtlichen Verfahren nützen, sie birgt aber natürlich auch immer Gefahren in sich, und was einmal gesagt wurde, ist dann gerichtsbekannt. In unserem Beispiel mit den Missbrauchserfahrungen im Alter zwischen 12 und 14: Die Therapeutin muss natürlich nicht von sich aus angeben, dass die Patientin in dieser Zeit bereits regelmäßig Heroin geraucht hat. Wird sie aber danach gefragt, so muss sie wahrheitsgemäß antworten, auch wenn die Patientin vorher erklärt hat, sie wolle nicht, dass dies bekannt wird (eine Beschränkung auf Tatsachen in dem relevanten Lebenskomplex ist unzulässig). Wenn also die Therapeutin nach Faktoren gefragt wird, die die Wahrnehmungsfähigkeit der Patientin in der Tatzeit beeinträchtigt haben könnten und sie pflicht- und wahrheitsgemäß antwortet, so hilft es nichts mehr, wenn die Patientin danach die Schweigepflichtentbindung zurücknimmt: Gesagt ist gesagt und kann im Urteil verwertet werden. Das Gericht wird es auch zu würdigen wissen, wenn die Patientin bei der entsprechenden Frage des Gerichts an die Therapeutin aufspringt und die Schweigepflichtentbindung sofort zurücknimmt: Dies wird erheblichen Einfluss auf die Beurteilung des Sachverhalts haben, weil ein wesentlicher Fragenkomplex nicht geklärt werden konnte und diese Unsicherheit sich zugunsten des Angeklagten auswirken muss.

Eine Therapeutin ist natürlich als Zeugin zur Aussage verpflichtet über alles, was ihr an Tatsachen privat bekannt geworden ist. Wenn sie mit ihrem Nachbarn gut bekannt ist, nachmittags beim Grillen erfahren hat, dass der Sohn gerade Fahrerflucht begangen hat, dann wird sie als Zeugin diese Tatsache mitteilen müssen und kann nicht sagen: „Ich bin Psychotherapeutin, ich stehe grundsätzlich immer unter Schweigepflicht." Denn diese Tatsache ist ihr als Nachbarin und Freundin der Nachbarn bekannt geworden. Das ändert sich in dem Moment wieder, in dem der Sohn sich an sie wendet, sie um eine Krisenintervention bittet, ihr die Chipkarte der Krankenkasse mitbringt und sie als erfahrene Psychotherapeutin mit der Frage anspricht, wie er denn in dieser Situation nun am besten mit sich selbst zurechtkommen soll. Dann wiederum steht sie selbstverständlich unter Schweigepflicht.

Die therapeutische Schweigepflicht kann eine Therapeutin in arge moralische Probleme bringen, wenn sie im Rahmen der Therapie erfährt, dass die Patientin/der Patient ein Täter/eine Täterin ist. Wie soll sie damit umgehen, wenn sie in der Therapie erfährt, dass jemand möglicherweise weitere Straftaten begehen wird, dass dieser pädosexuelle Patient kurz von einem Rückfall steht oder gerade mal wieder rückfällig geworden ist?

Aus dieser moralischen Notlage gibt es keinen sicheren juristischen Ausweg. § 203 StGB nennt keine Rechtsfertigungsgründe dafür, wann die Schweigepflicht gegebenenfalls gebrochen werden darf. Vielmehr muss auf die allgemeinen Rechtfertigungsgründe im Strafrecht (Notwehr, rechtfertigender Notstand, §§ 32, 34 StGB) zurückgegriffen werden. Beide setzen voraus, dass eine gegenwärtige Gefahr besteht. Notwehr bzw. Nothilfe zugunsten anderer (Opfer) ist nur für zukünftig zu erwartende Straftaten zulässig, und dabei muss die Gefahr für das Opfer unmittelbar bevorstehen. Beim Notstand muss das bedrohte Rechtsgut hochwertiger sein als das Rechtsgut der Schweigepflicht. Beides dürfte manchmal recht schwer zu beurteilen sein.

Konkret bedeutet dies: Wenn eine Tat bereits begangen wurde, dann gibt es gar keine Rechtfertigung dafür, die Schweigepflicht zu brechen. Die Tat ist geschehen, die Patientin oder der Patient vertrauen sich der Therapeutin an, und dieses Vertrauensverhältnis ist geschützt.

Wenn mit einiger Wahrscheinlichkeit eine Straftat begangen werden wird, steckt die Therapeutin in der Zwickmühle. Es ist nicht ihre Aufgabe, in jedem Fall Straftaten zu verhindern. Der Bruch der Schweigepflicht kann nur dann straflos ausgehen, wenn eine hohes Rechtsgut (Leib und Leben) gefährdet war und die Gefahr sich auch konkret und sicher sehr bald realisiert hätte.

Dies ist wieder eine andere Situation für Therapeutinnen und Therapeuten in Forensischen Kliniken. Hier ist der Sicherungsauftrag im Arbeitsauftrag enthalten. Da gehört es sehr wohl dazu, dass psychisch kranke Rechtsbrecher daran gehindert werden, weitere erhebliche rechtswidrige Taten zu begehen. In diesem besonderen Verhältnis besteht weder eine uneingeschränkte Schweigepflicht noch eine uneingeschränkte Offenbarungspflicht, und der Patient weiß auch, dass das, was er in Gesprächen von sich offenbart, für die Entlassungsprognose eine Rolle spielen wird. Diesen Spezialfall werden wir aber nicht vertiefen. Alle in der Forensischen Psychiatrie Tätigen reflektieren diese Problematik fast täglich.

Aber nicht jeder Bruch der Schweigepflicht ist strafbar. Wenn Sie als Therapeutin die Schweigepflicht gegen den Willen der Patientin brechen und ein Geheimnis verraten haben, wird die Staatsanwaltschaft gegen Sie ein Ermittlungsverfahren einleiten, wenn der Patient Strafantrag gestellt hat. Der Bruch der Schweigepflicht nach § 203 StGB ist ein absolutes Antragsdelikt, der Staat greift also nur ein, wenn die Patientin dies ausdrücklich verlangt (§ 205 StGB).

Wenn Sie dokumentiert haben, dass Sie Ihre Entscheidung sehr wohl abgewogen, mit Kollegen Rücksprache genommen, einen Rechtsanwalt zu Rate gezogen und nach langen inneren Kämpfen die Entscheidung getroffen haben, bewusst die Schweigepflicht zu brechen, um etwa das Leben oder die Gesundheit eines Opfers zu schützen, dann kann es sein, dass das Verfahren gegen Sie eingestellt wird.

Es kann aber auch sein, dass Sie verurteilt werden. Die Schweigepflicht ist ein wichtiges Rechtsgut, das viele Therapien überhaupt nur möglich macht.

> So hat es den Fall gegeben, dass ein Patient bei seiner Therapeutin ausphantasiert hat, er würde durch Deutschland fahren, kleine Kinder auf Spielplätzen in ländlichen Gegenden ausspähen, zu sich ins Auto locken, dann vergewaltigen und umbringen. Die Therapeutin hat nach einigem inneren Zwiespalt diesen Patienten bei der Staatsanwaltschaft angezeigt und ist einige Monate später zu einer vierstelligen Geldstrafe wegen Bruchs der Schweigepflicht verurteilt worden.

Oder war das eine Einstellung des Verfahrens gegen Geldauflage? Jeder Patient hat in der Therapie das Recht, seinen Phantasien freien Lauf zu lassen, ohne dass eine Therapeutin oder ein Therapeut ihn deshalb vor Gericht bringt. Erst wenn die Phantasie sehr real wird und konkret absehbar ist, dass bald wieder ein Kind ums Leben kommen wird, wäre der Bruch der Schweigepflicht gerechtfertigt.

Haben Sie die Schweigepflicht gewahrt und jemanden nicht angezeigt, der dann eine Straftat begangen hat, sind Sie juristisch auf der sicheren Seite, es sei denn, es lag bereits ein Unglücksfall bzw. eine schwere Straftat vor, bei der noch hätte eingegriffen werden können. Vertraut Ihr Patient Ihnen an, er habe ein Kind entführt und es liege in einem Erdloch und er wisse nicht, ob er es dort verhungern lassen soll: Na klar müssen Sie eingreifen! Anderenfalls könnte eine unterlassene Hilfeleistung vorliegen. Dieser Fall ist noch einfach. In Grenzfällen kann der Rückzug auf die Schweigepflicht moralisch erhebliche Schwierigkeiten bereiten, und Presse und Öffentlichkeit nehmen hier Therapeuten gerne mit in die Pflicht, obwohl das juristisch unzulässig ist. Sie können aber Ihrer Patientin oder Ihrem Patienten durchaus sagen: „Das ist für mich moralisch unmöglich, das trage ich nicht mit, hier lasse ich mich von Ihnen nicht in Ihre Straftaten einbinden, sondern beende ausdrücklich die Therapie, damit ich weder juristisch noch moralisch mit Ihnen in irgendeiner Form in einem Boot sitze." Dieses Verhalten wäre dann, wenn es den Patienten nicht in eine akute Suizidalität treibt oder sonst wie schädigt, juristisch und standesrechtlich in Ordnung. Besonders wichtig bei solchen Vorgängen ist es immer, Supervision, Intervision oder Qualitätszirkel zu nutzen, die Patienten dort anonym vorzustellen, um auch in diesem Kreis nicht die Schweigepflicht zu brechen, und gut zu dokumentieren. Juristen lieben Akten, Aktenvermerke und ausführliche Dokumentationen. Ein Gericht verurteilt eine Therapeutin selten, wenn sie sich gründlich Gedanken gemacht, aber geirrt hat und wenn ihre Abwägungsprozesse aus den Aufzeichnungen heraus gut nachvollziehbar sind. Was die

Gerichte nicht schätzen, ist ein Handeln, bei dem sich jemand offenkundig wenig gedacht hat und spontan aus dem Bauch heraus entschieden hat.

11   Die Patientenakte

Anders als bei der Akte in der Justiz, bei der von vornherein klar ist, dass alle Beteiligten Einsicht nehmen können, ist die Patientenakte zunächst einmal etwas, das nur die Therapeutin und das Opfer betrifft. Deshalb ist sie aber auch für die Strafverfolger interessant: Sie werden wissen wollen, was in der Therapie besprochen wurde, um hieran möglicherweise die Beurteilung der Glaubwürdigkeit der Patientin knüpfen zu können.

Daher müssen Sie wissen: Muss ich im Falle einer Anzeige meiner Patientin mit einer richterlich angeordneten Durchsuchung der Praxis und einer Beschlagnahme meiner Akte rechnen?

Bei der freiwilligen Herausgabe der Patientenakte muss natürlich eine Schweigepflichtentbindung vorliegen. Sonst hat sich die Therapeutin nach § 203 StGB des Bruchs der Schweigepflicht strafbar gemacht.

Einfach ist die Sachlage, wenn Ihr Patient der Täter ist. Die Patientenakte einer Therapeutin darf im Verfahren gegen ihren Patienten nicht beschlagnahmt werden (§ 97 StPO).

Wie ist die Rechtslage, wenn die Patientin nicht Täterin ist, sondern nur Zeugin? Diese Frage ist noch weitestgehend ungeklärt. Einige Urteile von Gerichten bejahen die Zulässigkeit der Beschlagnahme von Opfer-Patientenakten, allerdings in anderer Konstellation als der hier in Rede stehenden. Die Urteile beziehen sich beispielsweise auf Arzthaftungsverfahren, in denen eine Krankenakte eines verstorbenen Patienten beschlagnahmt werden kann, um dem Arzt einen Behandlungsfehler nachzuweisen. Das ist auch schon geschehen beim Verdacht des Abrechnungsbetrugs. Allerdings sind sich Bundesgerichtshof (Strafverteidiger 1997, S. 622) und Bundesverfassungsgericht darin einig, dass die Beschlagnahme einer Patientenakte bei dem entgegenstehenden Willen des Patienten ein schwerwiegender Eingriff in das allgemeine Persönlichkeitsrecht ist und daher nur in extremen Ausnahmefällen erfolgen kann. Bislang sind keine Fälle entschieden worden, in denen die Beschlagnahme einer Akte eines lebenden Patienten im Rahmen eines Strafverfahrens gegen eine andere Person für zulässig erklärt worden wäre. Dies würde letztlich auch bedeuten, dass das Opfer bis hin zu seiner Intimsphäre vom Staat instrumentalisiert werden würde – gerade das haben die aktuellen Opferschutzgesetze aber verhindern wollen.

Wie aber verhalten Sie sich, wenn die Polizei bei Ihnen steht und Ihre Unterlagen haben will? Geben Sie die Akte in einem versiegelten Umschlag heraus,

widersprechen Sie ausdrücklich der Beschlagnahme und rufen Sie Ihre Rechtsanwältin und Ärztekammer-/Psychologenkammer-Justitiare an. Dann muss binnen
drei Tagen ein Richter über die Sachlage entscheiden.

Das Wissen, dass Akteneinsicht gegen den Willen von Patientin und Therapeutin nicht völlig ausgeschlossen ist, kann die Aktenführung beeinflussen. Dies gilt
umso mehr bei Krankenakten im Krankenhaus. Da hat der Medizinische Dienst
der Krankenkassen (MDK) ein Recht auf Akteneinsicht zur Prüfung der Behand-
lungsnotwendigkeit. Es soll Krankenkassen geben, die systematisch gegen die
gesetzlich vorgeschriebene Trennung von MDK und Sachbearbeitung verstoßen
und selbst Einsicht in Arztberichte und Krankenakten nehmen. Ich habe auch
schon erlebt, dass eine große Ersatzkasse juristisch quasi an der Patientin vorbei
versucht hat, die Hintergründe der Diagnose „Posttraumatische Belastungsstörung" (PTBS) auszuforschen, um für die Behandlung vom Täter Schadensersatz
zu erhalten. Finanziell und sozial ist diese Haltung völlig in Ordnung. Warum
sollen meine Kassenbeiträge ausgegeben werden, um die Folgen eines Verbrechens
zu behandeln, und der Täter kommt als Verursacher einfach so davon? Als Therapeut werde ich aber abwägen müssen, was meine Patientin an mich und die
Therapie für einen Auftrag hat und ob ein juristisches Vorgehen gegen den Täter
die Therapie oder gar die Patientin nicht schädigen würde. Darum empfehle ich,
die Akten ausführlich, aber an einigen Stellen unpräzise zu formulieren. Für die
Aktenführung reicht „T" als Kürzel für Täter zur Ihrer Erinnerung an den Therapieverlauf völlig aus. Da muss nicht „Patenonkel Adolf" stehen. Dann müssen Sie
als Therapeutin zumindest vernommen werden und können sich darauf mit Ihrer
Patientin gründlich vorbereiten. Es steht dann nicht schon alles in der Akte.

Literatur
Bundesgerichtshof (1997). Urteil vom 23.07.1997, 3StR91/97; Strafverteidiger: 622.

12 Die Gerichtsverhandlung

Mit dem Abschluss des Ermittlungsverfahrens hat die Staatsanwaltschaft das Verfahren entweder eingestellt oder Anzeige erstattet. Die Ermittlungsakte geht zum zuständigen Gericht, das Gericht prüft im Zwischenverfahren, ob die Anklage zugelassen wird, und das Gericht eröffnet anschließend die Hauptverhandlung. Mit Erheben der Anklage wird der mutmaßliche Täter vom Beschuldigten zum Angeklagten.

Die Staatsanwaltschaft klagt das Delikt bei dem Gericht an, das für diese Deliktart und Deliktgruppe zuständig ist. Es gibt unterschiedliche Gerichte.

12.1 Die unterschiedlichen Gerichte

Bei den **Amtsgerichten** (AG) gibt es den Strafrichter und das Schöffengericht. Die Zuständigkeit bestimmt sich nach dem Delikt und der konkreten Straferwartung (§§ 24, 25 GVG). Der **Strafrichter beim Amtsgericht** ist zuständig für Vergehen, nicht für Verbrechen, und auch nur dann, wenn keine Strafe von mehr als zwei Jahren zu erwarten ist. Das **Schöffengericht des Amtsgerichts** ist zuständig für Vergehen und Verbrechen, bei denen für den konkreten Fall unter Berücksichtigung aller Umstände eine Freiheitsstrafe von höchstens vier Jahren zu erwarten ist. Das Schöffengericht ist besetzt mit einem Berufsrichter und zwei Schöffen. Bei den **Schöffen** handelt es sich um juristisch nichtvorgebildete Privatpersonen, die als ehrenamtliche Richter fungieren. Sie haben das gleiche Stimmrecht wie der Berufsrichter und können diesen daher auch überstimmen.

Für Straftaten von Jugendlichen und Heranwachsenden sind besondere **Jugendrichter** und **Jugendschöffengerichte** zuständig, wobei die Jugendschöffengerichte auch höhere Strafen als vier Jahre Jugendstrafen verhängen dürfen.

Beim **Landgericht** (LG) gibt es für Strafsachen verschiedene Kammern. Die Berufungskammer ist zuständig für Berufungen gegen Urteile der Amtsgerichte, also sowohl die Urteile des Strafrichters als auch die des Schöffengerichts. Es besteht aus einem Berufsrichter und zwei Schöffen.

Die **große Strafkammer des Landgerichts** besteht normalerweise aus vier Richtern: dem Vorsitzenden Richter, einem Beisitzenden Richter und zwei Schöffen. Bei besonders bedeutenden Verfahren und Schwurgerichtssachen ist die große Strafkammer mit drei Berufsrichtern und zwei Schöffen besetzt. Die große Strafkammer ist zuständig, wenn eine Freiheitsstrafe ab vier Jahren zu erwarten ist. Seit neuer Gesetzgebung ist sie auch bei besonderer Schutzbedürftigkeit des Opfers zuständig. Während früher Sexualdelikte meistens erst vor dem Schöffengericht, dann vor der Berufungskammer verhandelt wurden, werden Sexualdelikte heute oft gleich bei der großen Strafkammer angeklagt, sodass dem Opfer zwei Tatsacheninstanzen erspart bleiben. Als Rechtsmittel gegen Urteile des Landgerichts gibt es nämlich nur noch die Revision zum BGH, bei der keine Zeugen mehr vernommen werden.

Besondere große Strafkammern sind die **Schwurgerichtskammer** und die **Jugendkammer** bzw. **Jugendschutzkammer**. Die Schwurgerichtskammer ist zuständig für Tötungsdelikte, die Jugendkammer oder Jugendschutzkammer ist zuständig für Delikte, bei denen Kinder und Jugendliche als (Opfer-)Zeugen vernommen werden müssen, und bei schwerwiegenden Straftaten von jugendlichen und heranwachsenden Tätern, zum Beispiel Tötungsdelikten.

Das **Oberlandesgericht (OLG)** ist nur bei Staatsschutzdelikten (Terrorismus, Spionage) Tatsacheninstanz und ansonsten lediglich zuständig für Revisionen gegen Urteile eines Amtsgerichts bzw. Berufungsurteile der Berufungskammer des Landgerichts und für die Haftprüfung nach sechs Monaten Untersuchungshaft.

Der **Bundesgerichtshof (BGH)** ist zuständig für Revisionen gegen Urteile der großen Strafkammern. In Revisionsverfahren wird das Urteil des vorhergehenden Gerichts nur auf Rechtsfehler überprüft. Daher gibt es in Revisionsurteilen auch oft Grundsatzentscheidungen.

Die Besonderheiten im Jugend- und Sicherungsverfahren

Täter, die eine erhebliche rechtswidrige Tat begangen haben, zum Tatzeitpunkt aber schuldunfähig waren, werden nicht verurteilt. Sie waren zum Tatzeitpunkt nicht schuldfähig, und verurteilt werden kann nur, wer sich schuldig gemacht hat. Nach § 63 StGB wird geprüft, ob von dem Täter aufgrund seines Zustands auch in Zukunft erhebliche rechtswidrige Taten zu erwarten sein werden. In diesem Fall wird er untergebracht in einer Forensisch-psychiatrischen Spezialabteilung, mit dem Ziel der Besserung und Sicherung. Die Frage, wie er da sinnvoll behandelt wird, ist eine besonders schwierige, behandlungstechnische Frage, und sehr häufig stehen der Sicherungsaspekt und die Besserungsaspekte in einem Zielkonflikt. Hier hat in den letzten Jahren auch ein Wandel stattgefunden. Die Gesellschaft, das heißt die Öffentlichkeit ist viel weniger bereit als früher, bei psychisch kranken Rechtsbrechern das Risiko einzugehen, dass eine Lockerung der Sicherungsmaßnahmen zu einem erneuten Delikt, insbesondere zu einem erneuten Sexualdelikt führt. Behandlungszeiten in der Forensischen Psychiatrie haben sich bei bestimmten Deliktgruppen fast verdoppelt, und die Lockerungsmaßnahmen werden zunehmend vorsichtiger durchgeführt.

Im Jugendverfahren steht nicht der Strafaspekt im Vordergrund, sondern der Erziehungsaspekt.

Da es bei beiden Verfahren, sowohl dem Sicherungsverfahren als auch dem Jugendverfahren, keine Strafaspekte gibt und sehr sensible Daten der Betroffenen erörtert werden, sind diese Verfahren nicht öffentlich. Bei Heranwachsenden, also Angeklagten zwischen 18 und 21 Jahren, sowie Tätern, die bei Begehung der Tat zwischen 18 und 21 alt waren, können die Verfahren öffentlich sein.

Inzwischen ist in einem Verfahren gegen Heranwachsende und im Sicherungsverfahren die Nebenklage zulässig. Diese Rechtsregelung besteht erst seit kurzer Zeit.

Definiert sich das **Jugendverfahren** durch das Alter des Täters, so sind **Jugendschutzsachen** Verfahren gegen Jugendliche, Heranwachsende oder Erwachsene, bei denen Jugendliche bis 16 Jahren als Opferzeugen in Betracht kommen (§ 26g VG). Wenn der Angeklagte ein Jugendlicher ist, dann ist die Nebenklage nicht zulässig. Ist der Angeklagte ein Heranwachsender oder Erwachsener, dann ist die Nebenklage wie üblich zulässig. Jugendschutzkammern verhandeln Verfahren gegen Angeklagte jeden Alters. Sie schützen im besonderen Maße jugendliche Opferzeugen. In Jugendschutzsachen wird das Kind lediglich vom Richter, nicht von allen Prozessbeteiligten vernommen. Das ergibt dann aber manchmal eine seltsame Situation, auf die oben schon eingegangen worden ist. In Anwesenheit des Kindes fragt der Verteidiger: „Frau Vorsitzende, könnten Sie bitte Sophie fragen, ob das Auto des Täters grün oder rot gewesen ist?" Vorsitzende Richterin: „Sophie, kannst du dich eigentlich noch erinnern, ob das Auto vom Täter rot oder grün gewesen ist?" Sophie: „Ich hab die Frage schon verstanden, ich bin doch nicht taub. Ich hab doch schon gesagt: Das Auto war gelb."

12.2   Der Ablauf der Hauptverhandlung

Dies ist das Ereignis, auf das von dem Moment der Anzeige an das Opfer hofft und vor dem es Angst hat: die Hauptverhandlung vor Gericht, an deren Ende die Entscheidung steht, ob und wie der vermeintliche Täter für den angezeigten Sachverhalt verurteilt wird. Hier muss sich das Opfer den Fragen der Verteidigung stellen und – in aller Öffentlichkeit – seine Glaubwürdigkeit beleuchten lassen. In vielen Filmen ist die Hauptverhandlung der Show-down mit überraschenden Wendungen, intensiven Fragen, Emotionen und Medienrummel.

Um es vorwegzunehmen: So dramatisch wie in Film und Fernsehen ist es überwiegend nicht. Und wie in den angeblichen Reality-Shows läuft die Verhandlung ohnehin nicht ab: Es wird nicht quer durcheinander gefragt, wer brüllt, wird vom Gericht gerügt, und das Urteil fällt immer noch das Gericht und nicht das Publikum.

Gerichtsverfahren sind öffentlich. Die Öffentlichkeit der Hauptverhandlung ist ein wesentliches Rechtsgut. In nichtöffentlicher Verhandlung ist staatlicher Willkür zu viel Raum gegeben, wie wir aus Gerichtsverfahren in totalitären Regimen wissen.

Eine Hauptverhandlung ist in ihrem Ablauf gesetzlich verbindlich festgelegt. Sie folgt einem strikten und starren Ritual, und eine formale Abweichung von den gesetzlich festgelegten Abläufen in der Hauptverhandlung kann ein Revisionsgrund sein. Dann muss die Hauptverhandlung oder Teile davon eventuell wiederholt werden. Das bedeutet, dass Staatsanwaltschaft und Gericht auch darauf achten, dass die Verfahrensordnung eingehalten wird. Je höher das zuständige Gericht, umso formeller ist das Verfahren. Das gibt einigen Kritikern der Neuregelung zur Zuständigkeit des Landgerichts beim schutzbedürftigen Opfer Anlass zu fragen, ob die Verhandlungsatmosphäre für Schwertraumatisierte vor dem Amtsgericht mit eher familiärer Atmosphäre erträglicher ist.

In allen Gerichten sitzt das Gericht vorne an einem Tisch. Der/die Berufsrichter hat/haben eine Robe an, die Schöffen nicht. Auf der einen Seite neben dem Gericht sitzt der Protokollführer, ebenfalls in schwarzer Robe, auf der anderen Seite der Staatsanwalt, auch in Robe. Manchmal sitzt der Staatsanwalt auf der gleichen Ebene wie das Gericht, in anderen Gerichtssälen nicht. Die jeweilige Position hängt von den baulichen Gegebenheiten und den Sicherheitsvorkehrungen ab.

Die Hauptverhandlung beginnt damit, dass die Sache von einem Wachtmeister oder Protokollführer aufgerufen wird und das Gericht den Saal betritt, wobei alle im Saal Anwesenden sich erheben. Das ist nicht gesetzlich vorgeschrieben, aber eine selbstverständliche Geste, die den Respekt davor bezeugt, dass hier Recht gesprochen wird. Eine Hauptverhandlung ist eine sehr ernste und ernsthafte Sache. Es geht um die Rechte von Opfern und Tätern, es geht um Wahrheit und Gerechtigkeit, und es geht möglicherweise um Urteile, die zu Recht oder zu Unrecht erhebliche Geld- oder Freiheitsstrafen für Einzelne bedeuten.

Der Vorsitzende Richter eröffnet dann die Hauptverhandlung, stellt die Anwesenheit aller wichtigen Prozessbeteiligten ausdrücklich fest: „Erschienen sind als Angeklagter Herr Sowieso, das sind Sie? Als sein Verteidiger Frau Sowieso. Die Anklage wird vertreten durch Herrn Staatsanwalt Y. Protokollführerin Frau Sowieso. Als Gutachter geladen und erschienen sind vom Gerichtsmedizinischen Institut der Universität P. Frau Dr. Sowieso, als Psychiatrischer Gutachter Herr Dr. S." Ist Nebenklage erhoben, wird die Anwesenheit des Nebenklagevertreters ebenfalls festgestellt. Diese Formalie erfolgt jeden Tag neu, mit immer den gleichen Worten.

Sind schon Zeugen im Saal, so werden diese belehrt. In großen Verfahren werden Zeugen gestaffelt geladen, das heißt, sie sind nicht von Anfang an dabei, sondern warten dann auf dem Flur, bis sie aufgerufen werden.

Zeugen müssen von Gesetzes wegen belehrt werden, dass sie vor Gericht verpflichtet sind, die Wahrheit zu sagen, nichts hinzufügen, aber auch nichts weglassen dürfen und sich im Falle des Lügens strafbar machen. Zeugen sind verpflichtet, sich um eine wahrheitsgemäße Aussage zu bemühen. Sie dürfen nicht einfach nach dem Motto verfahren: „Das würde jetzt aber zu anstrengend, wenn ich mich da genauer erinnern sollte." Ein Zeuge, der vor Gericht lügt, macht sich wegen falscher uneidlicher Aussage strafbar. Wird er vereidigt, liegt sogar das Verbrechen des Meineids mit einer Mindeststrafe von einem Jahr vor. Aber auch ein fahrlässiger Meineid ist schon strafbar. Der liegt dann vor, wenn sich der Zeuge richtig erinnern könnte, sich aber nicht ausreichend bemüht und so etwas Falsches ausgesagt hat.

Und Sie müssen belehrt werden, dass Sie als Zeuge ein Zeugnisverweigerungsrecht haben, wenn Sie mit dem Angeklagten in einem nahen Grade verwandt oder verschwägert sind oder sich durch Ihre Aussage selbst oder einen nahen Angehörigen einer Straftat oder einer Ordnungswidrigkeit beschuldigen würden.

Diese Belehrung kommt bei vielen Zeugen nicht als das an, was sie ist, nämlich eine juristisch zwingend geforderte Belehrung und Information, sondern als generelles Misstrauensvotum. Erfahrene Vorsitzende Richter wissen das und formulieren die Belehrung deshalb häufig so, dass sie für die Zeugen nicht als Misstrauen ankommt.

Die Gerichte sind unabdingbar auf gute Zeugenaussagen angewiesen. Wenn Sie selbst Opfer einer Straftat geworden sind, dann kommen Sie nur zu Ihrem Recht, wenn Unfallzeugen oder andere Zeugen sich als solche melden und sich vor Gericht dann Mühe geben, richtig auszusagen. Wir sind da aufeinander angewiesen. Eine falsche Zeugenaussage ist auch im Altertum oft schon sehr hart bestraft worden, und es gehört zu den Zehn Geboten, dass wir nicht falsch Zeugnis reden sollen wider unsern Nächsten.

Nach der Belehrung verlassen die Zeugen den Saal. Jeder Zeuge muss einzeln vernommen werden, und die Zeugen sollen die Einlassung des Angeklagten und die anderen Zeugenaussagen auch nicht mitbekommen, um dadurch nicht beeinflusst zu werden. Auch das Opfer verlässt als Zeugin jetzt erst mal den Saal, es sei denn, die Nebenklage ist zugelassen und das Opfer ist Nebenklägerin. Anwesend bleibt in jedem Fall eine Rechtsanwältin, die als Nebenklagevertreterin zugelassen ist. Wenn das Opfer beschließt, als Nebenklägerin im Saal zu bleiben, so ist das nach heutiger Gesetzeslage ihr gutes Recht und kein Revisionsgrund. Nebenklagevertreterin und Opfer werden vorher genau besprochen haben, ob es für das Opfer hilfreicher ist, die Aussagen des Angeklagten mitzuhören, oder ob es besser ist, wenn das Opfer erst als Zeugin den Gerichtssaal betritt, nachdem der Angeklagte seine Aussage gemacht hat.

Anschließend werden die Personalien des Angeklagten festgestellt, damit sich bestätigt, dass der Anwesende auch die angeklagte Person ist. Es soll schon mal vorgekommen sein, dass ein guter Freund statt des Täters im Gericht als angeblicher Angeklagter erschienen ist, um zu verhindern, dass die Zeugen ihn wiedererkennen.

Dann verliest der Staatsanwalt die Anklage. Die Anklageschrift ist einige Zeit vorher dem Angeklagten bereits zugegangen, sodass er und sein Rechtsanwalt sie genau kennen. Sie darf auch nicht fünf Minuten vor der Hauptverhandlung in der Frühstückspause noch mal eben verändert werden. Es ist übrigens aus organisatorischen Gründen nicht immer so, dass der Staatsanwalt, der die Ermittlungen geleitet hat, auch die Anklage vor Gericht vertritt. Das kann durchaus jemand anderes aus der Staatsanwaltschaft sein, der dann in den Einzelheiten gar nicht so gut informiert ist und sich erst mal einarbeiten musste. Das Opfer muss das wissen und wird entsprechend von der die Nebenklage vertretenden Rechtsanwältin informiert worden sein. Es kann nämlich sein, dass das Opfer ganz erstaunt feststellt: „Den kenne ich ja gar nicht. Im Ermittlungsverfahren habe ich immer mit jemand anderem zu tun gehabt. Der kennt mich doch gar nicht." Die Personalsituation lässt es nicht zu, dass immer der Staatsanwalt die Anklage in der Hauptverhandlung vertritt, der das Ermittlungsverfahren geleitet hat. Auch in Psychiatrischen und Psychotherapeutischen Kliniken gibt es Urlaubszeiten mit Therapeutenwechsel und Vertretungen. Je schwieriger der Fall ist, umso wahrscheinlicher wird aber der Sachbearbeiter der Staatsanwaltschaft an der Hauptverhandlung teilnehmen; eine Garantie dafür gibt es aber nicht.

Nach dem Verlesen der Anklage wird der Angeklagte belehrt, dass er die Aussage verweigern kann. Verteidiger und Angeklagter werden vorher ganz genau besprochen haben, ob der Angeklagte eine Aussage macht oder nicht.

Es folgt dann die Einlassung des Angeklagten. Jede Berufsgruppe hat einige Begriffe gebildet, die Berufsgruppenfremden merkwürdig erscheinen. Dazu gehört das Wort „Einlassung" für die Aussage eines Beschuldigten oder Angeklagten. Der Angeklagte darf sich zum Tathergang und zu seinem Lebenslauf in einem Zusammenhang äußern, der Vorsitzende Richter stellt zunächst als Einziger Zwischenfragen.

Hat sich der Angeklagte umfassend eingelassen, so folgt eine Befragungsrunde. Diese Befragung geht nicht wild durcheinander, jedenfalls sollte sie das nicht. Wenn der Vorsitzende Richter keine Fragen mehr hat, fragen je nach Art des Gerichts die weiteren Richter, und zwar zunächst die Berufsrichter und dann die Schöffen. Schöffen stellen selten Fragen, sie haben aber das Recht dazu.

Als Nächstes hat der Staatsanwalt das Fragerecht. Nach der Staatsanwaltschaft hat zunächst die Nebenklagevertretung Fragerecht. Dann hat der Angeklagte durchaus das Recht zu sagen: „Ihnen sag ich gar nichts! Mit Ihnen rede ich nicht." Wenn dieser sich den Fragen der Nebenklage aber verweigert, so wird das Gericht dies zu würdigen haben. Bei Kindern und Jugendlichen kann die Nebenklagevertreterin die Fragen auch an den Vorsitzenden Richter stellen und diesen bitten, die Fragen vonseiten des Gerichts an den Angeklagten weiterzugeben. Das ist dann manchmal in der Hauptverhandlung eine merkwürdige Situation, ähnlich wie bei zerstrittenen Familien: „Udo, könntest du deinen Vater vielleicht mal bitten, mir die Butter rüberzureichen? – Papa, könntest du Mama bitte mal die Butter rüberreichen? – Udo, sag deiner Mutter bitte von deinem Vater, wenn sie schon zum Frühstück Butter isst, wird sie noch unansehnlicher, als sie jetzt schon ist, und das möchte ich ihr doch ersparen."

Dann folgen die anwesenden Gutachter. Gerichtsmediziner und Psychiater sind von Anfang an dabei, weil der Gerichtsmediziner aus den Einlassungen des Angeklagten Informationen zum Tathergang erhält und befragt werden wird, ob denn die Schilderung des Angeklagten mit dem körperlichen Zustand des Opfers in Übereinstimmung zu bringen ist, ob die Tat also so abgelaufen sein kann, wie der Angeklagte sie geschildert hat. Und der Psychiatrische Gutachter muss auch der gesamten Hauptverhandlung beiwohnen, das heißt anwesend sein, weil er aus Zeugenaussagen noch viele Informationen bekommen kann über die seelische Situation des Angeklagten zum Tatzeitpunkt. Beide haben das Recht, während der Hauptverhandlung nachzufragen und sich zu informieren („Ich habe hier ein Problem. Als ich Sie exploriert habe, haben Sie mir erzählt … Heute haben Sie gesagt … Auf welche Mitteilung soll ich Bezug nehmen?"). Grundsätzlich gilt:

Was in der Hauptverhandlung unmittelbar gesagt worden ist, darauf ist erst mal Bezug zu nehmen. Und das kann durchaus etwas anderes sein als das, was bei der Exploration mitgeteilt wurde.

Danach kommt der Verteidiger. Dieser hat durchaus auch Fragen an seinen Mandanten, insbesondere wenn entlastende Faktoren – oder zumindest nach Ansicht der Verteidigung entlastende – noch nicht zur Sprache kamen.

Wenn der Angeklagte seine Aussage gemacht hat und wenn die Prozessbeteiligten ihre Fragen gestellt haben, dann folgt entweder eine kleine Pause oder die erste Zeugenvernehmung.

Zum Thema Pausen: Die Prozessleitungsbefugnis (so heißt die Aufsicht über den technischen Ablauf) hat der Vorsitzende Richter. In kleinen Verfahren, die ohnehin nur 1 bis 2 Stunden dauern, gibt es in der Regel keine Pausen. In großen Verfahren, insbesondere vor dem Landgericht, muss es Pausen geben, hierfür gibt es aber keine gesetzlich festgelegten Regeln. Das bedeutet, dass der Vorsitzende Richter über Pausen entscheidet, was aber wiederum nicht heißen muss, dass andere Verfahrensbeteiligte keine Pausen beantragen können. So sollte der Nebenklagevertreter immer darauf achten, ob die Vernehmung seiner Mandantin zu viel wird und sie eine Unterbrechung braucht. Allerdings kann man nicht immer damit rechnen, dass es dann auch eine Pause gibt. So kann man sich nicht durch eine Bitte um eine Pause unangenehmen Fragen entziehen. Die Erfahrung zeigt im Übrigen, dass Opferzeugen oft gar keine Pause, sondern lieber ihre Aussage schnell hinter sich bringen wollen.

Der Wachtmeister oder der Protokollführer im Gerichtssaal ruft nach der Befragung des Angeklagten den ersten Zeugen herein, der auf dem Flur gewartet hat. Ist die Zeugenbelehrung noch nicht erfolgt, so geschieht sie jetzt. Der Zeuge sitzt in fast allen deutschen Gerichtssälen mit dem Gesicht zum Gericht an einem kleinen Tisch, der sich in der Mitte des Saals zwischen Verteidigung und Staatsanwaltschaft befindet.

Mit den normalen gesellschaftlichen Gepflogenheiten sollte man nicht rechnen. Es ist immer noch durchaus nicht unüblich, dass es kein „Guten Morgen, schön, dass Sie kommen konnten" gibt. Auch wird dem Zeugen oft keine Gelegenheit gegeben, erst einmal den Mantel abzulegen. Das ist keine Missachtung des Zeugen, schon gar kein Verhalten, das Rückschlüsse auf die Einstellung des Gerichts zur Frage der Glaubwürdigkeit des Zeugen zulässt. Allerdings fühlen sich alle mit dem Zeugen oder der Zeugin unwohl, die mitten im Winter im überheizten Gerichtssaal im Mantel am Tisch sitzt und eine Aussage macht. Und es ist auch kein Problem, wenn eine Zeugin im Saal, bevor sie sich setzt, den Mantel auszieht – sofern man dies vor allen Beteiligten tun mag. Besser noch, man hat dies vor dem Saal erledigt und muss dann im Saal nur noch das Problem des „Wohin mit meinem Mantel (und meiner Handtasche)?" bewältigen. Moderne Gerichtssäle haben Kleiderständer, aber längst noch nicht alle. Die dadurch entstehenden Irritationen können teilweise Einfluss auf die gesamte Atmosphäre der Vernehmung haben, weil die Zeugin sich unsicher fühlt, nicht genau weiß, ob sie alles richtig gemacht hat. Gleiches gilt für die Ladung und den Ausweis. Viele Zeugen halten diese Papiere die ganze Zeit in der Hand: Und dann will sie keiner sehen. Die Identität eines Zeugen wird nur in extremen Ausnahmefällen anhand des Ausweises überprüft. Auch die Ladung will nachher nur der Anweisungsbeamte sehen, der für das Zeugengeld zuständig ist, nicht das Gericht. Und der Zeuge, der nicht weiß, wann er nach diesen Dokumenten gefragt wird, ist verunsichert.

Deshalb ist es wichtig, dass Opferzeugen vor der Verhandlung kompetent betreut werden. Das Gericht kann dies nicht leisten, darf es auch nicht. Denn wenn ein Richter vor dem Prozess einen Zeugen betreut, setzt er sich sofort dem Vorwurf der Befangenheit aus. Opferschutzeinrichtungen und Zeugenbetreuungseinrichtungen sind hier die richtigen und fachkundigen Ansprechpartner, daneben natürlich wie immer der Nebenklagevertreter. Allerdings ist auch dieser ein Jurist und deshalb nicht immer mit den eben geschilderten kommunikationspsychologischen Problemen vertraut.

Nach der Belehrung wird der Zeuge zur Person vernommen. Dabei ist nur der Wohnort anzugeben, nicht die Straße und Hausnummer. Und der Zeuge muss sein Alter angeben. Fast alle Zeugen und Gutachter, die zum ersten Mal vor Gericht erscheinen, beginnen dann ein wildes Kopfrechnen. Jeder Mensch kann spontan aus dem Tiefschlaf heraus sein Geburtsdatum sagen. Aber das mit dem Alter ist ja auch nicht ganz einfach. Schließlich ist das jedes Jahr anders. Die Welt geht im Übrigen nicht davon unter, wenn man dann trotz der Frage nach dem Alter das Geburtsdatum nennt oder wenn man sofort mit der ganzen Anschrift herausplatzt. Das passiert 50% der Zeugen.

Und auch wenn die Situation von den Äußerlichkeiten her vergleichbar ist: Eine Zeugenvernehmung ist keine Examensprüfung. Es geht nicht darum, alles richtig zu machen. Das Gericht ist vielmehr auf den Zeugen zur Wahrheitsfindung angewiesen. Der Zeuge hat eine wesentliche Rolle im Prozess und macht nur dann einen Fehler, der den Unmut der Beteiligten verursacht, wenn er/sie lügt.

Auch bei den Angaben zur Person darf man übrigens nicht lügen, auch hierauf erstreckt sich die Wahrheitspflicht. Was das für die Bekanntgabe der Anschrift bedeutet, werden wir in Abschnitt 12.3 ausdrücklich ansprechen.

Nach der Vernehmung zur Person folgt die so genannte Vernehmung zur Sache. Zunächst soll der Zeuge das Tatgeschehen, die Zeit vorher und nachher mit eigenen Worten frei schildern. Das gelingt nicht immer: Manchmal kommt es auf Randdetails nicht an und der Zeuge wird in deren Schilderung „abgewürgt". Manchmal fehlen aber wesentliche Details, sodass der Vorsitzende Richter, je nach Temperament, gleich von Anfang an unterbricht und diese oder jene Nachfrage stellt. All das sollte nicht bewertet werden. Ohne spezifische juristische Ausbildung und ohne Kenntnis dessen, was die anderen Zeugen oder der Angeklagte bislang gesagt haben, kann man als Zeuge nicht wissen, was wichtig ist und was nicht. Der Zeuge sollte sich durch Zwischenfragen und Unterbrechungen nicht verunsichern lassen. Das ist sicherlich nicht ganz einfach. Es hilft aber sicher, wenn man sich vor Augen hält, dass es bei Gericht ähnlich wie beim Arzt zugeht: Nur der weiß, welche Symptome krankheitsrelevant sein können und welche nicht. Und beim Arzt ist in der Regel niemand verunsichert, wenn dieser gezielt Fragen stellt.

Fragen des Gerichts werden auch häufig mit dem Begriff des „Vorhalts" verbunden. Der allgemeine Sprachgebrauch verbindet mit „Vorhaltungen" „jemanden einen Spiegel vorhalten", und dass man eine Person deutlich auf ihre Fehler hinweist. In der Justiz ist aber der Begriff des Vorhalts wörtlich zu nehmen: Dem Zeugen soll nur etwas vor Augen geführt, vor die Augen gehalten werden. Wenn also der Vorsitzende bei der Zeugenvernehmung sagt: „Ich will Ihnen mal folgenden Vorhalt machen: Bei der Polizei haben Sie damals gesagt ...", dann meint er nur, dass er mit dem Zeugen die in den Akten befindliche Aussage mit dem, was in der Verhandlung gesagt wurde, vergleichen will – ohne jede Wertung, und ohne dass daraus der Schluss gezogen werden muss, das Gericht habe bereits erhebliche Widersprüche festgestellt.

Quer durcheinander gefragt wird – anders als in den Reality-Shows in den Privatfernseh-Sendern – nicht. Zwischenfragen der anderen Verfahrensbeteiligten duldet das Gericht nur in Ausnahmefällen. Jeder weiß, dass durch ständiges Durcheinanderfragen ein Zeuge, erst recht eine Opferzeugin, verunsichert wird, und daher wird der Vorsitzende im Rahmen seiner Prozessleitung darauf bestehen, zunächst sein Fragerecht alleine ausüben zu dürfen.

Nach der Zeugenbefragung durch das Gericht beginnt wieder die ritualisierte Fragerunde: Vorsitzender Richter, Beisitzende Richter, Schöffen, Staatsanwalt, Nebenklage, Gutachter, Verteidiger und auch Angeklagter. Diese Reihenfolge ist gesetzlich nicht zwingend vorgeschrieben, aber so üblich, dass es Abweichungen nur auf begründeten Antrag eines Prozessbeteiligten geben dürfte.

Zeugen unter 16 Jahren (nicht nur Opfer!) werden nur vom Vorsitzenden befragt. Wenn die Prozessbeteiligten Fragen an einen solchen Zeugen haben, so dürfen sie nur über den Vorsitzenden gestellt werden, der diese Fragen filtern und kindgerecht umformulieren darf. Ausnahmen sind allerdings möglich. Dabei kommt es darauf an, ob Nachteile für das Wohl des Zeugen drohen, wenn jeder fragen darf (§ 241a StPO).

Und zum Schluss hat selbstverständlich auch der Angeklagte ein uneingeschränktes Fragerecht. Dass auch der Angeklagte fragen darf, gehört zu seinen Menschenrechten. Gute Verteidiger wissen aber eigene Fragen des Mandanten zu verhindern: So mancher hat sich dabei schon um Kopf und Kragen geredet oder den Unmut aller Anwesenden auf sich gezogen, sodass hinterher nicht auszuschließen war, dass eine hohe Strafe auch auf dem unangemessenen Umgang des Angeklagten mit dem Opferzeugen beruhte.

Auch er darf aber nur fragen, keine Vorwürfe machen und auch nicht einen Zeugen verbal angreifen: „Wie kommst du denn dazu, hier so einen Unsinn zu erzählen? Was hast du denn gegen mich, warum willst du mich in die Pfanne hauen?"

Ein Zeuge darf im Übrigen (fast) alles gefragt werden und muss auch auf (fast) alle Fragen antworten. Unzulässige Fragen gibt es nur in engen Grenzbereichen. Hierauf werden wir in Abschnitt 12.3 noch einmal genauer eingehen.

Der Zeuge muss seine Aussage zur Sache selbstverständlich auch dann machen, wenn er sie schon zweimal im Ermittlungsverfahren gegenüber einem Polizeibeamten gemacht hat. Es gilt das Prinzip der Unmittelbarkeit in der Hauptverhandlung, und der Zeuge kann nicht sagen: „Das hab ich doch alles schon gesagt."

Ein Zeuge wird befragt, und ihm wird erst einmal unterstellt, dass er die Wahrheit sagt. Wenn die Zeugenaussage allerdings schwer nachvollziehbar ist oder ganz offenkundig doch wohl so Einiges weglässt, dann wird schon das Gericht, der Staatsanwalt, die Nebenklage oder der Verteidiger ziemlich drängend werden. Wer als Zeuge fahrlässig die Unwahrheit sagt, wird bestraft, und wer zum Schluss sogar vereidigt worden ist, der hat bei einer Falschaussage einen Meineid geleistet, und das kann, wie wir bereits sahen, mit Gefängnis bestraft werden. Das wird es übrigens auch. Eine falsche Zeugenaussage kann dazu führen, dass Geldstrafe oder Freiheitsstrafe verhängt wird, und es kann sogar dazu führen, dass entstandene Kosten in Rechnung gestellt werden. Auf falsche Zeugenaussagen reagieren Gerichte zu Recht ausgesprochen humorlos.

Vereidigt wird im Gegensatz zum angloamerikanischen Recht erst nach der Aussage, der so genannte Nacheid. Eine Vereidigung muss auch ausdrücklich von einer Partei beantragt werden, sonst gilt (seit neuestem) der Grundsatz, dass der Zeuge nicht vereidigt wird.

Es gilt der Grundsatz der Unmittelbarkeit und Mündlichkeit. Das Gericht muss sein Urteil auf das Ergebnis der Hauptverhandlung und nicht auf den Akteninhalt stützen. Das bedeutet, dass jeder Zeuge vom Gericht gehört werden muss. Der Grund hierfür leuchtet gerade bei Zeugenvernehmungen ein: Das Gericht kann sich nur dann ein Bild von der Glaubwürdigkeit des Zeugen machen, wenn es den Zeugen persönlich erlebt. Wir alle wissen: Papier ist geduldig. Aussagen können daher nur in Ausnahmefällen verlesen werden (§ 251 StPO in der aktuellen Fassung).

Dies sind die Fälle eines verstorbenen oder schwer kranken bzw. unerreichbaren Zeugen, findet aber auch Anwendung, wenn die Parteien sich einig sind, dass die Aussage verlesen werden kann. Aber je wichtiger der Zeuge für den Tatvorwurf ist, umso weniger kann auf die persönliche Aussage im Verfahren verzichtet werden.

Für Opferzeugen sind daher nur zwei Fälle der Verlesung wirklich von Bedeutung, und beide Fälle liegen nicht in seiner/ihrer Disposition. Das ist zum einen der Fall, wenn der Täter ein umfassendes Geständnis abgelegt hat und die Aussage des Zeugen nicht mehr benötigt wird. Der andere Fall ist der Fall der Vorführung einer im Ermittlungsverfahren durchgeführten Videovernehmung. Deren Verwertbarkeit in der Hauptverhandlung ist aber sehr schwierig. Die Vernehmung muss ordnungsgemäß gewesen sein (s. Abschnitt 5.2). Außerdem ist sie nur dann gegen den Willen eines Prozessbeteiligten zulässig, wenn eine Sexualstraftat, ein Tötungsdelikt oder eine Misshandlung von Schutzbefohlenen vorliegt und das Opfer unter 16 Jahren alt ist (§ 255a StPO).

Statistische Untersuchungen haben gezeigt, dass von dieser Möglichkeit in der Praxis sehr selten Gebrauch gemacht wird. Ein Grund hierfür ist letztlich auch, dass immer ergänzende Fragen an den Zeugen zulässig sind und daher ein Verteidiger, der das Opfer verunsichern will, dieses schon wegen (angeblicher) ergänzender Fragen laden lässt.

In der Hauptverhandlung werden nicht nur Zeugen vernommen, es werden auch Tatwaffen und Fotos vom Tatort in Augenschein genommen (solche Fotomappen sind oft sehr harter Tobak) sowie wichtige Urkunden verlesen.

Anschließend werden Sachverständige gehört. Schusswaffensachverständige machen Angaben, von wo, aus welcher Entfernung, mit welchem Schusswinkel und mit welcher Waffe geschossen worden ist. Gerichtsmediziner können aus dem Sektionsergebnis einer Leiche oft verblüffend weitgehende Schlussfolgerungen auf den Tathergang ziehen. Sachverständige können zu Giftspuren oder auch zu Ameisen etwas aussagen, wenn diese am Stiefel eines Menschen gefunden wurden, der als Täter angeklagt ist (s. Abschnitt 6.3 zum Psychiatrischen Gutachten).

Jederzeit können Staatsanwaltschaft, Nebenklage und Verteidigung weitere Beweisanträge stellen. Beispielsweise können neue Gutachten oder eine weitere Zeugenvernehmung gefordert werden, weil ein Zeuge ausgesagt hat, dass ein weiterer Nachbar etwas mitbekommen hat, oder weil der Angeklagte plötzlich etwas völlig Neues behauptet, worauf niemand vorbereitet gewesen ist und was jetzt überprüft werden muss.

Für das Opfer kann das bedeuten, dass der Verteidiger den Beweisantrag stellt, etwa Leumundzeugen zu hören oder Zeugen, die die Glaubwürdigkeit des Opfers erschüttern sollen. Das ist sein gutes Recht, und das ist das gute Recht des Angeklagten. Überraschende Beweisanträge werden gelegentlich übrigens von Verteidigern gestellt. Die Verteidiger rechnen dann geradezu mit einer Ablehnung des Beweisantrags, um daraus einen Revisionsgrund abzuleiten und einen neuen Prozess zu erreichen, weil der aktuelle nicht gut für ihren Mandanten läuft. Das ist natürlich für einen Nicht-Juristen besonders schwer auseinanderzuhalten: Stellt der jetzt meine Aussage, meine Glaubwürdigkeit infrage, oder möchte der einen Beweisantrag abgelehnt bekommen, um daraus später einen Revisionsgrund ableiten zu können?

Wenn das Gericht einem Beweisantrag Folge leistet, so heißt das nicht, dass das Gericht selbst die Frage immer für bedeutsam hält. Es kann auch bedeuten, dass das Gericht der Verteidigung hier keine Möglichkeit geben möchte, einen Revisionsgrund zu schaffen, und dass das Gericht das Urteil revisionssicher machen möchte.

Natürlich wird der Verteidiger das nicht so formulieren: „Ich stelle einen Beweisantrag, ich halte den selbst für völlig unerheblich, aber ich möchte einen Revisionsgrund schaffen, und deshalb lehnen Sie meinen Beweisantrag bitte ab." Genauso wenig wird der Vorsitzende Richter offen aussprechen: „Dieser Beweisantrag dient ja wohl offenkundig nur dazu, einen Revisionsgrund zu schaffen, aber den Gefallen werden wir Ihnen nicht tun, und deshalb gehen wir dem Beweisantrag nach." So etwas wird ein guter Nebenklagevertreter dem Opfer dann in der Verhandlungspause erläutern, weil die juristischen Prozessbeteiligten diese Spiele meist sehr viel besser durchschauen als die Opfer, die Zeugen oder die Zuhörer.

Führen wir erst mal den formalen Ablauf der Hauptverhandlung zu Ende. Nachdem die Gutachten erstattet worden sind, stellt der Vorsitzende Richter die Frage, ob alle Prozessbeteiligten einverstanden sind, dass die Beweisaufnahme abgeschlossen wird. Entweder es folgen jetzt weitere Beweisanträge oder die Prozessbeteiligten stimmen zu.

Es folgen dann die Plädoyers: zunächst das der Staatsanwaltschaft, dann das der Nebenklage, zum Schluss das der Verteidigung. Dies ist zumindest die übliche Reihenfolge in erstinstanzlichen Verfahren.

Das letzte Wort hat immer der Angeklagte. Es stellt einen Revisionsgrund dar, der immer zur Aufhebung des Urteils führt, wenn dem Angeklagten vom Vorsitzenden Richter nicht ausdrücklich das letzte Wort erteilt wurde. Der Angeklagte muss auch darauf hingewiesen und angesprochen werden. Ihm kann nicht anschließend gesagt werden: „Sie hätten sich ja melden können."

Dann zieht sich das Gericht zur Beratung zurück. Die Beratung ist absolut geheim, keiner der Teilnehmer darf den Inhalt nach außen berichten. Der Vorsitzende leitet die Beratung, alle Richter haben aber die gleiche Stimme. Die Schöffen sind also ebenso stimmberechtigt wie die Berufsrichter. Bei einer Besetzung mit vier Richtern (zwei Berufsrichtern und zwei Schöffen) kann es daher zu einem Patt kommen. Wenn es dabei um die Frage geht: War er's oder war er's nicht?, dann ist bei einem Patt freizusprechen. Man braucht für Fragen, die sich auf den Schuldspruch oder das Strafmaß beziehen, immer eine Mehrheit (§ 263 Abs. 1 StPO). Gibt es keine Mehrheit, so ist die für den Angeklagten günstigste Variante anzunehmen. Erinnern wir uns: Bis zur Verurteilung gilt der Angeklagte (immer noch) als unschuldig. Und daher muss dann auch eine Mehrheit der Richter die Schuld feststellen.

Die Beratung kann durchaus etwas länger dauern. Das hängt ganz von der Dauer der Verhandlung und den Beweisen ab. Daher können zwischen den Plädoyers und der Urteilsverkündung (wie auch ansonsten zwischen den Verhandlungstagen in umfangreichen Prozessen) bis zu 30 Tage liegen. Anders als in den USA erklärt das Gericht aber nach den Plädoyers, wann das Urteil verkündet werden soll, sodass die Ungewissheit nicht so groß ist.

Dann wird das Urteil verkündet, „Im Namen des Volkes". Bei der Urteilsverkündung (Schuldspruch und Strafmaß) stehen alle im Gerichtssaal. Bei der Urteilsbegründung nehmen alle wieder Platz, und der Vorsitzende Richter erläutert ausführlich, welche Beweismittel die Verurteilung tragen bzw. warum freizusprechen war und ein bestimmtes Strafmaß verhängt wurde.

Für die schriftliche Urteilsbegründung hat das Gericht bis zu sechs Wochen nach der Verkündung der mündlichen Urteilsgründe Zeit. Mit den üblichen Zeiten für das Schreiben und Versenden kann es daher sein, dass man bis zu zwei Monate auf die schriftliche Urteilsbegründung warten muss. Diese kann durchaus weitere Aspekte beinhalten als die mündliche Urteilsbegründung.

Das Revisionsgericht überprüft nur die schriftlichen Urteilsgründe, nicht die mündlichen. Der Angeklagte muss nach der mündlichen Urteilsverkündung über die möglichen Rechtsmittel belehrt werden. Wenn ein Freispruch erfolgt und Nebenklage eingereicht wurde, wird auch die Nebenklägerin über die möglichen Rechtsmittel belehrt. Manchmal akzeptieren alle Prozessbeteiligten das Urteil bereits im Gerichtssaal, dann wird es sofort rechtskräftig. Das lässt sich anschließend dann aber nicht mehr revidieren. Weder Staatsanwaltschaft noch Verteidigung können sagen: „Ich hab mir das anders überlegt." Wenn das Urteil aber nicht angenommen wird, so muss der Angeklagte bzw. sein Verteidiger oder die Staatsanwaltschaft innerhalb einer Woche erklären, ob eine Überprüfung des Urteils durch die nächste Instanz erwünscht ist. (Zum Unterschied von „In Revision gehen" und „Berufung einlegen", s. Kap. 14; zu den Belastungsfaktoren für das Opfer in der Hauptverhandlung und der Frage, wie diesen entgegengewirkt werden kann, s. Abschnitt 12.4.) An dieser Stelle werden schlaglichtartig einige typische Fragen von Zeugen und Prozessbeobachtern beantwortet:

- **Was ist mit meinen Fahrtkosten als Zeuge?** Die Fahrtkosten werden vom Gericht erstattet. Man muss die Kosten aber zunächst auslegen und die Belege für etwaige Bahnfahrten und Taxifahrten aufbewahren. Das Gericht schickt den Zeugen nach der Vernehmung zum Kostenbeamten, der alles Weitere regelt.
- **Ich habe doch einen Beruf, muss das Gericht darauf Rücksicht nehmen?** Nein, der Arbeitgeber ist verpflichtet, seinen Mitarbeiter für eine Zeugenvernehmung freizustellen. Er muss diesen Tag nicht bezahlen, den Verdienstausfall erstattet die Staatskasse. Man muss nur eine entsprechende Bescheinigung des Arbeitgebers mitbringen. Einzelheiten hierzu stehen auch auf der Zeugenladung.
- **Was ist mit meinem Kind? Kann ich das mitbringen?** Die Kinderbetreuung in Gerichten ist meist nicht vorgesehen. Die lange Wartezeit auf den Fluren und die Atmosphäre des Gerichtssaals sind oft eine Belastung für Kinder. Gleichzeitig ist es für das Gericht sehr schwierig, sich auf die Zeugenaussage zu konzentrieren, wenn ein Kind im Arm der Zeugin quengelt und weint. Deshalb ist es besser, eine Kinderbetreuung zu Hause zu organisieren oder wenigstens eine Vertrauensperson mitzunehmen, die mit dem Kind auf dem Flur warten kann.
- **Wie lange dauert eine Zeugenvernehmung?** Das hängt von der Wichtigkeit der Aussage und der Einlassung des Angeklagten ab. Es gibt Zeugenaussagen von zwei Minuten und solche, die mehrere Tage dauern (extremer Ausnahmefall).
- **Kann ich nach der Vernehmung weiter zuhören?** Der Zeuge gilt nach Abschluss seiner Vernehmung als ganz normaler Bürger und gehört damit zur Öffentlichkeit. Daher darf er auch bei öffentlichen Verhandlungen nach der Vernehmung zuhören, muss aber bei nichtöffentlichen Verhandlungen (z.B. gegen Jugendliche) nach der Vernehmung den Saal verlassen, selbst wenn er Geschädigter ist. Im Verfahren gegen Jugendliche gibt es keine Nebenklage, sodass auch das Opfer in jedem Fall nach der Vernehmung gehen muss. Die Gerichte werten es übrigens nicht, ob jemand nach der Vernehmung geht oder bleibt.
- **Darf der Zeuge auch Fragen stellen?** Die Antwort lautet erst einmal: Nein. Das Fragerecht haben nur das Gericht, der Nebenklagevertreter, Sachverständige, Verteidiger sowie der Angeklagte. Ein Zeuge kann daher allenfalls Fragen wie „Muss ich das beantworten?" oder „Kann ich eine Pause haben?" stellen. Auch ein Nachhaken nach dem Sinn der Fragen der Prozessbeteiligten ist nicht vorgesehen und stößt auf wenig Gegenliebe beim Gericht. Ein „Wozu wollen Sie das wissen?" wird vielfach mit dem Hinweis auf die Pflicht des Zeugen zur umfassenden Aussage erwidert. Dies hat nichts damit zu tun, dass das Gericht den Zeugen missachtet. Die Strafprozessordnung sieht eine selbstständige Rolle des Zeugen einfach nicht vor. Eine Ausnahme besteht lediglich für den Nebenkläger und für einige wenige Anträge, die auch ein Zeuge stellen kann, insbesondere die Anträge auf Ausschluss der Öffentlichkeit und des Angeklagten. Hierauf werden wir bei den Rechten des Opfers noch näher eingehen.

- **Was ist ein Befangenheitsantrag?** Ebenso wie Beweisanträge werden Befangenheitsanträge oft aus taktischen Gründen von der Verteidigung gestellt. In ihnen wird gerügt, dass das Gericht befangen ist. Grundvoraussetzung für ein faires Verfahren ist ein unparteilicher Richter. Wenn aber Anhaltspunkte dafür bestehen, dass der Richter – aus welchen Gründen auch immer – nicht mehr unvoreingenommen ist, so hat jeder Prozessbeteiligte das Recht, dies zu rügen und auf Ablösung zu drängen. Oft wird in bestimmten Äußerungen oder Gesten des Richters ein Befangenheitsgrund gesehen. Fatal sind begründete Befangenheitsanträge in Verfahren, die schon mehrere Tage gedauert haben. Ist der Richter nämlich wirklich befangen, so hätte er an der Sache gar nicht mitwirken dürfen, und dann muss die gesamte Verhandlung von vorne beginnen. Wirkte ein Richter mit, obwohl er befangen war, so wird das Urteil in der Revision in jedem Fall aufgehoben. – Einen Befangenheitsantrag können auch die Staatsanwaltschaft und die Nebenkläger, nicht aber ein Zeuge stellen.
- **Was ist ein Deal im Strafprozess?** Es ist inzwischen auch bei deutschen Gerichten rechtens, dass es zwischen Staatsanwaltschaft und Verteidigung Absprachen über die Beendigung des Verfahrens gibt. Das sind dann jene Momente, in denen in der laufenden Verhandlung Staatsanwaltschaft oder Verteidigung um eine Unterbrechung bitten, miteinander auf dem Gerichtsflur diskutieren und sich dann mit dem Gericht ins Beratungszimmer setzen. Und dann kann es sein, dass die, die sich eben im Saal noch trefflich angegiftet haben, nach Wiederaufruf der Verhandlung („Alle eintreten!") auf einmal in bestem Einvernehmen erklären, man brauche die Zeugen nicht mehr, und der Angeklagte wolle ein Geständnis ablegen. Was da hinter den verschlossenen Türen vereinbart wurde, darf nach neuerer Rechtsprechung aber nicht geheim bleiben. Der Vorsitzende Richter muss das Ergebnis der Beratungen in der öffentlichen Verhandlung zu Protokoll geben. Meist wurde zur Abkürzung des Verfahrens vereinbart, dass der Angeklagte ein Geständnis ablegt und er daher mit einem bestimmten Strafmaß rechnen kann. Häufig ist es nämlich auch die Ungewissheit über die Strafe, die sich Staatsanwaltschaft und Richter für die Tat vorstellen, die den Angeklagten zu einem massiven Bestreiten veranlasst. Absprachen können durchaus dem Opferschutz dienen. Beispielsweise kann die Verteidigung anbieten, dass auf die Vernehmung des Opfers verzichtet wird, wenn das Gericht dafür eine spürbare Strafmilderung verbindlich einräumt. Bislang war hier eine rechtliche Grauzone, reglementiert nur durch die Rechtsprechung es BGH. Mittlerweile existieren aber Gesetzesentwürfe einiger Bundesländer und des Bundesjustizministeriums, um feste Regelungen für eine zulässige Vereinbarung im Strafprozess festzulegen.

12.3 Die Rechte des Verteidigers und des Angeklagten in der Hauptverhandlung

Angeklagter und Verteidiger haben in der Hauptverhandlung ein durchgängiges Anwesenheitsrecht, weitgehend sogar Anwesenheitspflicht. Das basiert auf der

Unschuldsvermutung und dem Recht auf rechtliches Gehör und hat damit Verfassungsrang.

Daher sind Einschränkungen nur in Ausnahmefällen zulässig. Wenn zum Beispiel ein Angeklagter seine Verhandlungsunfähigkeit durch Herbeiführen einer Krankheit vorsätzlich verursacht hat, dann kann auch in seiner Abwesenheit verhandelt werden. Auch wenn er vorsätzlich und wiederholt die Verhandlung stört, kann er von der Verhandlung ausgeschlossen werden.

Beim Betreten des Gerichtssaals werden dem Angeklagten, der aus der Untersuchungshaft in Handschellen vorgeführt wird, zunächst einmal die Handschellen abgenommen. Nur in absoluten Ausnahmefällen, das heißt bei besonderer Gefährlichkeit, sind Angeklagte im Gerichtssaal gefesselt. Dann handelt es sich meist um Fußfesseln und nicht um Handschellen. Der Angeklagte ist vor Gericht zunächst einmal ein freier Bürger, für den die Unschuldsvermutung Gültigkeit hat. Bei in Untersuchungshaft befindlichen Angeklagten bleibt in dessen Nähe aber auch mindestens ein Justizwachtmeister sitzen.

Sowohl Verteidiger als auch Angeklagte haben in der Hauptverhandlung ein umfassendes Fragerecht gegenüber allen Zeugen und Sachverständigen. Beide haben das Recht zur Teilnahme an Ortsterminen, bei denen zum Beispiel der Tatort noch einmal in Augenschein genommen wird, oder bei der Einsicht in die Bildmappen, in denen die Ergebnisse der Tatortsicherung festgehalten sind. Bei Tötungsdelikten haben sie auch ein Recht, die Fotos der Sektion mit zu betrachten, anhand derer zum Beispiel Schusskanäle erläutert oder die Spuren stumpfer Gewalt wie Schläge auf den Körper dargestellt werden können. Der Vorsitzende Richter ruft dann alle Prozessbeteiligten nach vorne, und es wird eine Bildmappe eingesehen. Auch die anwesenden Gutachter treten an den Richtertisch, wenn es für sie auf den Augenschein ankommt. Insbesondere technische Gutachter sind auf Tatortbilder angewiesen.

Beim Psychiatrischen Gutachten wird der bis dahin bekannte Akteninhalt übrigens komplett dem Gutachter zugesandt. Ins Gutachten soll all das, was bereits ermittelt worden ist, einbezogen werden können.

Nicht nur sein Verteidiger, sondern auch der Angeklagte selbst hat das Recht, sich die Gegenstände des Augenscheins mit anzusehen. Schwierig wird es, wenn die Augenscheinnahme während einer Zeugenvernehmung erfolgt. So kann es zum Beispiel sein, dass während der Vernehmung des Opfers eines körperlichen Übergriffs die Fotos, die von den Verletzungen gefertigt wurden, angesehen werden sollen. Oder das Opfer soll anhand einer Fotoaufnahme vom Tatort zeigen, wo dies oder das passiert ist. Dann muss nicht nur das Opfer nach vorne an den Richtertisch, vielmehr drängen sich dort dann auch Staatsanwaltschaft und Verteidigung – und eben manchmal auch der Angeklagte. Denn alle haben das Recht, das, was der Zeuge zu den Fotos zu sagen hat, nachvollziehen zu können.

Ein geschickter Verteidiger wird seinen Mandanten bei so emotional aufgeladenen Verhandlungen wie Vergewaltigungsprozessen bitten, bei Augenscheinsnahmen, die mit dem Opfer erfolgen, sitzen zu bleiben. Ein Verteidiger, der das Opfer einschüchtern will, kann solche Situationen aber auch taktisch nutzen. Dann ist es die Aufgabe von Gericht, Staatsanwaltschaft und Nebenklagevertreter, die Situation zu entschärfen, indem beispielsweise dafür gesorgt wird, dass zwischen dem Angeklagten und dem Opfer mindestens zwei Personen (Staatsanwalt und Verteidiger) stehen.

Die Verteidiger haben das Recht, dem Opfer sehr unangenehme Fragen zu stellen, seine Glaubwürdigkeit infrage zu stellen, um damit das Tatgeschehen gründlich zu hinterfragen. Das ist ihr Beruf. Hier hat sich klimatisch aber in den letzten Jahren vieles gewandelt. Ist die Beweislage relativ klar, empfehlen viele Verteidiger ihren Mandanten ein Geständnis, weil sich dieses deutlich strafmildernd auswirken kann. Und ein Verteidiger, dessen Opferbefragung in der Presse sehr kritisiert wird, erschwert sich möglicherweise auch die Gewinnung mancher Mandantengruppen, die so etwas nicht unbedingt schätzen. Eine Garantie für eine schonende Befragung gibt es natürlich nicht. Aber auch hier muss der Nebenklagevertreter vorbereitend und in der Verhandlung schützend wirken. (Welche Fragen unzulässig sind, wird noch einmal in Abschnitt 12.4 dargelegt.)

Die Verteidigung hat das Recht zum Schlussvortrag. Genau wie beim Staatsanwalt und dem Nebenklagevertreter gibt es hierfür kein zeitliches Limit. Der Verteidiger wird in einem streitigen Verfahren noch einmal all das vortragen, von dem er meint, es könne seinen Mandanten entlasten. Das können durchaus auch Ausführungen zur Glaubwürdigkeit und psychischen Verfassung des Opfers sein und natürlich die Milderungsgründe für den Angeklagten, etwa seine eigenen Gewalterfahrungen als Kind. Das kann für das Opfer oft nur schwer zu ertragen sein, und auch da muss die Nebenklage mit dem Opfer genau erörtern, ob es sich das zumuten will.

Der Angeklagte hat das Recht zum letzten Wort. Das kann durchaus ein komplettes Plädoyer sein, und es gibt Angeklagte, die zusätzlich zu ihrem Verteidiger auch noch einmal plädieren. Wenn mehrere Verteidiger einen Angeklagten verteidigen, dann haben alle Verteidiger das Recht auf ein Schlussplädoyer.

Ein Hauptverfahren bleibt für die Opferzeugen meistens eine Belastung, und diesen Belastungsfaktoren werden wir uns im nächsten Kapitel ausführlich widmen.

12.4   Wie kann das Opfer vor der Wirkung der Belastung durch die Verhandlung geschützt werden?

Für diesen Schutz ist der Therapeut nur im Sinne einer seelischen Stabilisierung zuständig. Die juristischen Aspekte in der Verhandlung gehören in die Hände von Experten. Doch die Strafprozessordnung bietet mittlerweile ein Instrumentarium für den Opferschutz.

Fassen wir die Belastungsfaktoren erst einmal im Überblick zusammen:

- Warten auf die Hauptverhandlung
- Warten auf dem Gerichtsflur
- Was werden mir für Fragen gestellt?
- Muss ich meine Anschrift bekannt geben?
- Kann ich mich gegen gewisse Fragen wehren?

- Wie lange dauert die Aussage?
- Wie oft muss ich aussagen?
- Hat der Angeklagte ein Geständnis abgelegt, oder werde ich in meiner Glaubwürdigkeit hinterfragt?
- Bekommt die Öffentlichkeit alle intimen Details mit?
- Ich habe Angst vor der Konfrontation mit dem Täter.
- Was ist nach meiner Aussage?

Warten auf die Hauptverhandlung: Die Terminierung einer Hauptverhandlung kann lange dauern, wenn der Angeklagte nicht in Untersuchungshaft sitzt. Besonders lange dauert ein Verfahren, wenn Gutachten (zur Schuldfähigkeit des Täters oder ein Glaubwürdigkeitsgutachten) eingeholt werden müssen. Eine genaue Dauer von Anzeige bis zur Verhandlung kann man nicht angeben, sie hängt von den Einzelheiten des Falls ab. Da aber immer gewisse Fristen einzuhalten sind, kann man fast nie mit einer Verhandlung vor Ablauf von drei Monaten nach der Tat rechnen. Bei besonders problematischen Fällen kann auch mehr als ein Jahr zwischen Anzeige und Hauptverhandlung liegen.

In dieser Zeit besteht für das Opfer Ungewissheit: Glaubt man mir, kommt die Sache vor Gericht, werde ich aussagen müssen? Das Opfer kann aber bei der Staatsanwaltschaft oder beim Gericht Auskunft über den Verfahrensstand beantragen. Noch besser ist es, wenn das Opfer einen Rechtsanwalt mit der Nebenklage beauftragt hat und dieser sich darum kümmert. Das Opfer muss über die Terminsetzung der Hauptverhandlung informiert werden, auch wenn es als Zeugin nicht geladen ist und nicht geladen werden muss.

In der Wartezeit besteht für das Therapeut-Patient-Verhältnis oft ein Problem. Das Opfer soll in der Verhandlung möglichst authentisch und emotional aussagen, damit die Aussage im Fall eines Bestreitens alle Glaubwürdigkeitskriterien erfüllt. Andererseits möchte ich als Therapeut und meistens auch mein Patient, dass eine traumatische Erfahrung so schnell wie möglich entaktualisiert, desensibilisiert und verarbeitet wird. Auf diesen Zielkonflikt zwischen Hauptverfahren und Akutpsychotherapie werden wir noch eingehen.

Dann kommen die Information über den Hauptverhandlungstermin und oft eine Ladung des Opfers als Zeuge. Bei vielen Gerichten kommt die Ladung per Postzustellurkunde, weil das Nicht-Erscheinen, wie wir bereits sahen, in der Verhandlung Folgen hat (vgl. Kap. 18).

In der Vorbereitung auf den Verhandlungstermin sind Zeugenbetreuungseinrichtungen hilfreich, manchmal auch neben dem Nebenklagevertreter. Sie können dem Opfer den Gerichtssaal beschreiben und über Zeugenwartezimmer berichten. Diese können die Angst vor dem **Warten auf dem Gerichtsflur** nehmen, möglicherweise gemeinsam mit dem Angeklagten, seinem Verteidiger und seinen Angehörigen warten, bis das Gericht erscheint.

In sehr vielen Gerichten gibt es inzwischen Zeugenzimmer zum Warten. Ein Opfer, ein Zeuge kann sich danach bei den Wachtmeistern erkundigen. Auf das Zeugenzimmer wird heute häufig schon in der schriftlichen Ladung hingewiesen. In den Landgerichten der meisten Bundesländer gibt es inzwischen auch die Möglichkeit einer Opferbetreuung oder Zeugenbetreuung. In fast allen größeren Städten besteht dieses Angebot, und man kann sich danach erkundigen. Das Bundesministerium für Justiz hat mehrere Opferfibeln herausgegeben, die man über das Bundesministerium der Justiz und auch über das Internet (www.bmj.de) beziehen kann.

Oft haben Zeugen Angst davor, ihre **Anschrift** in der Verhandlung anzugeben. Das müssen sie aber auch nicht – es reicht, wenn der Wohnort angegeben wird. In manchen Fällen kann aber auch das vermieden werden. Wenn der Zeuge besonders gefährdet ist, kann eine andere ladungsfähige Anschrift angegeben oder die Nennung des Wohnorts erlassen werden (§ 68 Abs. 2 StPO).

Besonders belastet die Sorge, die in folgendem Fragenkomplex zum Ausdruck kommt: „Was für Fragen werden auf mich zukommen? Ist der Täter geständig? **Kann ich mich gegen gewisse Fragen wehren?**"

Hier ist die vorherige Akteneinsicht durch den Rechtsanwalt der Nebenklage oder den Opferanwalt hilfreich. Dann ist das Opfer informiert darüber, was etwa der Angeklagte schon gesagt hat. Und der Rechtsanwalt wird wissen, was für eine Art von Fragen auf das Opfer wahrscheinlich zukommen wird. Als Nebenklägerin kann das Opfer ja auch von Beginn der Hauptverhandlung an in der gesamten Verhandlung anwesend sein. Dann erfährt es auch gleich, welche Einlassungen der Angeklagte bei seiner Aussage vor Gericht gemacht hat und was er anders in Erinnerung zu haben scheint als das Opfer.

Unangenehme Fragen lassen sich im Interesse der Sachaufklärung nicht immer vermeiden. Dennoch hat der Zeuge ein Recht darauf, dass möglichst schonend mit ihm umgegangen wird. Fragen, die nicht zur Sache gehören, kann das Gericht zurückweisen (§ 240 StPO).

Insbesondere dürfen Fragen, die einen Zeugen, natürlich auch eine Opferzeugin, bloßstellen könnten oder dessen Persönlichkeitskern betreffen, nur gestellt werden, wenn sie unerlässlich sind (§ 68a StPO). Unerlässlich sind Fragen, die notwendig sind, um die Glaubwürdigkeit eines Zeugen zu beurteilen. Da kann es dann durchaus auch einmal auf **intime Fragen** ankommen.

Damit sind den Möglichkeiten einer Konflikt-Verteidigung immer noch viele Möglichkeiten eröffnet. Die Verteidigung hat ja oft auch nur die Chance, die Glaubwürdigkeit einer Zeugin oder eines Opfers infrage zu stellen, wenn „Aussage gegen Aussage" steht.

So kann es passieren, dass die Verteidigerin eine Frage stellt und der Staatsanwalt reflexhaft durch den Saal brüllt: „68a!" – oder etwas gelassener interveniert: „Ich rüge diese Frage gemäß § 68a StPO." Trotzdem ist es nicht selten so, dass der Vorsitzende Richter diese Frage dennoch zulässt. Anderenfalls könnte der Angeklagte im Revisionsverfahren geltend machen, er sei in seinen Rechten zur Verteidigung unzulässig eingeschränkt worden. Und das ist ein Revisionsgrund, der nicht selten zum Erfolg führt, weil das Recht auf Verteidigung von den höchsten deutschen und europäischen Gerichten sehr umfangreich ermöglicht wird. Es hat Verfassungsrang.

Würde das Urteil wegen einer zu Unrecht zurückgewiesenen Frage in der Revision aufgehoben, käme auf ein Opfer ein zweiter Prozess zu. Das ist erfahrungsgemäß belastender als einzelne unangenehme Fragen im ersten Prozess. Insofern ist es manchmal besser, wenn das Opfer darauf vorbereitet ist, auch belastende und unangenehme Fragen zu beantworten. Ein verantwortlicher Staatsanwalt wird sich ohnehin bemühen, die mutmaßlich von der Verteidigung zu erwartenden Fragen selbst zu stellen oder aber auf die weitestgehende Einhaltung der Zeugenrechte zu achten.

Ein Zeuge kann übrigens Fragen nicht als unzulässig rügen. Er kann im Zweifelsfall nur fragen, ob er die Frage beantworten muss. Auch hier kann ein Nebenklagevertreter entscheidende Unterstützung geben.

Die Zeiten sind übrigens vorbei, in denen bloßstellende Fragen vor Gericht sehr viel bewirkt haben. Eine Verteidigerin kann durchaus fragen: „Wie waren Sie denn in der Disco gekleidet?" Auch eine junge Frau, die sehr sexy gekleidet in eine Disco geht, darf nicht vergewaltigt werden. Es ist auch kein Grund, wenn der Angeklagte dann vertritt: „Die war so aufreizend gekleidet, da konnte ich mit meinen Impulsen gar nicht mehr umgehen." Unsere Gesellschaft erwartet von allen Bürgern, dass sie ihre Impulse trotz aufreizender Werbung und Kleidung kontrollieren können. Es ist ja auch kein Grund, wenn ein Autodieb erklärt: „Dieser Ferrari hat mich so überwältigt, da konnte ich meine Impulse einfach nicht mehr steuern und musste ihn klauen."

Auch der Lebenswandel des Opfers spielt keine Rolle. Auch der erzwungene Geschlechtsverkehr mit einer Prostituierten ist eine Vergewaltigung. Die meisten Verteidiger haben auch gemerkt, dass es das Strafmaß ihrer Mandanten nicht unbedingt senkt, wenn sie Opferzeugen in der Hauptverhandlung bloßstellen, blamieren, ihren Ruf schädigen oder sie dazu bringen, die Fassung zu verlieren und in Tränen auszubrechen.

Andererseits haben Gerichte und auch Staatsanwälte nicht sehr viel Verständnis für Opferzeuginnen, die am Tag vor ihrer Vernehmung schon einmal der „BILD-Zeitung" ein umfangreiches Interview gegeben haben, das dort mit Großfoto und sehr intimen Zitaten veröffentlicht wurde (wofür die Zeuginnen vielleicht auch einen kleinen Geldschein in die Hand gedrückt bekamen), und dann in der Hauptverhandlung tränenreich klagen: „Das ist alles so schlimm für mich, das finde ich alles so peinlich, da kann ich gar nicht drüber reden. Ich werde hier ja schlimmer behandelt als bei der Vergewaltigung selbst." Einer solchen Opferzeugin kann es dann durchaus passieren, dass der Vorsitzende Richter ihr den Zeitungsartikel vorhält – dieses Mal tatsächlich im doppelten Wortsinn! – und sie fragt: „Haben Sie dieses Interview gegeben, und haben Sie sich fotografieren lassen?"

Die Themen „Medien und Opfer" und – generell – „Medien und Strafprozess" sind übrigens besonders schwierig. Eine Hauptverhandlung ist aus sehr guten Gründen ein Ereignis für die **Öffentlichkeit**, aber jedes Opfer hat das Recht, dass seine Privatsphäre nicht verletzt wird. Wer nicht im Fernsehen erscheinen will, braucht es auch nicht. Allerdings kann man sich nicht vor geschwärzten Bildern und dem Kommentar „Das mutmaßliche Opfer war zu einer Stellungnahme nicht bereit" schützen. Auch hier gilt: Sollte die Presse ein Interesse am Verfahren zeigen, ist es die Aufgabe des Nebenklagevertreters, mit dem Opfer abzuklären, wie man sich eventuell schützen kann.

Viele Opferzeugen befürchten, dass die Öffentlichkeit intime Details ihres Privatlebens in der Hauptverhandlung mitbekommt. In der Hauptverhandlung sitzt nicht selten die gesammelte Rentner-Riege, die so genannten „professionellen Zuhörer". Wenn dann die Frage gestellt wird: „Hatten Sie in der Zeit, in der Sie mit dem Angeklagten verkehrten, auch noch andere Intimpartner?", dann spürt eine Opferzeugin durchaus berechtigt das breite Grinsen auf der Zuhörerbank in ihrem Nacken. Wer dann das nächste Mal in der Wohnsiedlung zum Einkaufsmarkt geht, bekommt leicht das Gefühl, von allen spöttisch angegrinst zu werden, auch wenn das meistens unberechtigt ist.

Prinzipiell ist die Öffentlichkeit in Hauptverhandlungen ein sehr wichtiger Schutz für alle. Gerichtsverhandlungen müssen in aller Öffentlichkeit stattfinden, damit die Urteile im Namen des Volkes ergehen, damit die unabhängigen Richter eine Kontrolle erfahren über die Öffentlichkeit und die Medien und damit die Urteile, die am Schluss gefällt werden, nachvollziehbar sind. Das sind auch Konsequenzen aus den Inquisitionsprozessen früherer Jahrhunderte, und Diktaturen schätzen die Öffentlichkeit in Gerichtsverhandlungen ja auch heute noch nicht. Wenn am Schluss ein Urteil stünde mit dem Tenor: „Der Angeklagte wird freigesprochen, und es geht die Öffentlichkeit überhaupt nichts an, wie wir als Gericht zu diesem Urteil gekommen sind", dann wäre sehr schnell das Vertrauen in die Rechtsstaatlichkeit dahin. Wer an mehreren Hauptverhandlungen von der ersten Minute bis zur Urteilsverkündung teilgenommen hat, wird die allermeisten Urteile nachvollziehbar finden. Jeder hätte vielleicht im Strafmaß etwas mehr oder etwas weniger verhängt, und manchmal hätten einzelne Beobachter auch eine andere Entscheidung getroffen. Doch die meisten Hauptverhandlungen führen zu einem auch für Nicht-Juristen nachvollziehbaren Urteil.

Die **Öffentlichkeit** kann aber zum Schutz des Persönlichkeitsrechts eines Zeugens, natürlich auch eines Opferzeugen, nach § 171b GVG **ausgeschlossen** werden. Dies geschieht auf Antrag. Die Öffentlichkeit muss ausgeschlossen werden, wenn das Opfer dies beantragt. Dieser Antrag muss sich nicht auf die Vernehmung des Opfers selbst beschränken. Schließlich kann auch nicht ausgeschlossen werden, dass der Angeklagte intime Details über das Opfer preisgibt. Selbst wenn das Opfer gar nicht vernommen wird, kann es den Ausschluss der Öffentlichkeit aus der gesamten Verhandlung oder Teilen der Verhandlung beantragen. In der Praxis kommt dies aber äußerst selten vor.

Ein Opfer kann auch Angst davor haben, im Gerichtssaal wieder mit dem **Anblick des Täters** konfrontiert zu sein. Unbedarfte Zuschauer mögen vertreten: „Die soll sich nicht so anstellen." Wer aber weiß, wie Trigger-Mechanismen funktionieren, der weiß auch, dass der **Anblick eines Täters**, der einen Menschen schwer traumatisiert hat, diesen zur Erstarrung und zum Verstummen bringen kann. Das können auch biologische Mechanismen sein, für die inzwischen sogar die Gehirnkorrelate gefunden worden sind.

Für diesen Fall sieht die Strafprozessordnung vor, dass der Angeklagte nach § 247 StPO während der Vernehmung des Opfers aus dem Saal entfernt werden kann. Allerdings hat der Angeklagte ein wohlbegründetes Recht darauf, dass er in der Hauptverhandlung alles, aber auch alles mitbekommt, was gegen ihn vorgebracht wird. Deshalb kann er nur unter engen Voraussetzungen von der Vernehmung ausgeschlossen werden. Entweder es ist zu befürchten, dass der Zeuge lügen wird, wenn der Angeklagte im Saal ist, oder aber es sind konkrete Anhaltspunkte dafür vorhanden, dass die Anwesenheit des Angeklagten bei der Zeugenvernehmung die Gesundheit des Zeugen gefährdet (§ 247 StPO). Bei Zeugen unter 16 Jahren werden dabei geringere Anforderungen gestellt als bei erwachsenen Zeugen (und Opfern).

Erforderlich ist dabei ein Ärztliches Attest, das die Gesundheitsgefahr für das Opfer belegt. Dieses Attest kann auch nicht einfach beinhalten: „Frau X ist es unangenehm und peinlich, Herrn Y wiederzusehen, und sie hat Angst davor." Vielmehr muss eine dringende Gefahr eines schwerwiegenden Nachteils für die Gesundheit gegeben sein. Es muss also aus ärztlicher, aus psychiatrischer Sicht für die Juristen nachvollziehbar dargestellt und belegt werden, dass die Konfrontation mit dem Täter zum Beispiel eine akute Suizidalität auslösen wird, zur Dekompensation mit dissoziativen oder psychoseähnlichen Schüben führen wird, die Einweisung in eine geschlossene Psychiatrische Station zur Folge haben wird oder Ähnliches.

Wenn der Angeklagte ausgeschlossen wird, ist die Vorgehensweise für das Gericht recht kompliziert. Der Angeklagte muss, wenn er wieder im Saal ist, über alles informiert werden, was das Opfer gesagt hat. Hat er noch Fragen an die Zeugin, so teilt er diese mit und verlässt dann den Saal. Das Opfer wird wieder geholt und mit den Fragen konfrontiert. Von der Verhandlung über seinen Ausschluss darf der Angeklagte übrigens nicht ausgeschlossen werden. Der Ausschluss kann ein absoluter Revisionsgrund sein, auch wenn der Angeklagte es zunächst nicht beanstandet. Daher erfolgt eine genaue Prüfung der Voraussetzungen von Amts wegen. Eine Begegnung von Täter und Opfer kann somit letztlich nicht vermieden werden. Geschickte und erfahrene Nebenklagevertreter setzen sich dann beispielsweise bei der Zeugenvernehmung rechts neben das Opfer, sodass sie zwischen Angeklagtem, Verteidiger und Opfer sitzen. Das ist rein räumlich schon einmal eine Art menschlicher Schutzwall. Zwischen Angeklagtem, Verteidiger und Opfer sitzt körperlich, physisch ein Verbündeter. Das kann sehr vieles erleichtern.

Prinzipiell wäre in der Hauptverhandlung eine Videovernehmung möglich. Wir sahen ja bereits, dass in der Verhandlung die Videovernehmung eines Opfers aus dem Ermittlungsverfahren vorgeführt werden kann. Allerdings muss diese korrekt zustande gekommen sein, und es darf keine weiteren Fragen an das Opfer geben. Es gibt aber auch noch die **Simultanvernehmung**, die theoretisch eine echte Alternative zum Ausschluss des Angeklagten aus der Verhandlung ist. Dabei befindet sich das Opfer bei der Vernehmung gar nicht im Gerichtssaal, sondern in einem gesonderten Raum, in dem es bei der Aussage gefilmt wird (§ 247a StPO). Dorthin kann es von seinem Anwalt und auch von einer Vertrauensperson begleitet werden. Aber auch das kann das Opfer sich nicht aussuchen. Es müssen die gleichen erheblichen Gefahren vorliegen wie beim Ausschluss des Angeklagten.

In der Praxis wird diese Videovernehmung jedoch kaum durchgeführt. Sie ist auch recht unpersönlich, weil nach dem so genannten „Englischen Modell" der Vorsitzende Richter nicht in dem Raum mit dem Opfer ist, sondern im Gerichts-

saal bleibt und das Opfer per Telefon vernimmt. Das hat eine gewisse Unpersön-
lichkeit zur Folge, die sich auch auf das Opfer belastend auswirken kann (s. Abb.
12-1).

Dieses Modell findet heute manchmal auch Anwendung bei Vernehmungen
von Personen, die im Ausland sind und sich weigern, als Zeugen nach Deutschland zu kommen.

Nicht verhindern kann ein Zeuge oder ein Opferzeuge missverständliche Fragen. Übrigens kann durchaus das Gericht selbst oder der Staatsanwalt eine Frage
manchmal offen oder missverständlich formulieren, um einem Zeugen auf den
Zahn zu fühlen. Manche Zeugenaussagen klingen inzwischen sehr gut einstudiert,
sind völlig unspontan und wiederholen manchmal sogar wortwörtlich die polizeiliche Aussage. Dann wird schon deutlich, dass die Vorbereitung auf die Hauptverhandlung möglicherweise ein wenig zu weit gegangen ist, dass die Hauptverhandlung eben nicht mehr „unmittelbar" abläuft. Alle Prozessbeteiligten haben dann
möglicherweise ein Interesse, dass die Zeugenaussage ein wenig spontaner, ein
wenig unreflektierter wird, um sich ein besseres Bild davon zu machen, was denn
wohl mitbekommen und was anschließend einstudiert wurde.

Nicht verhindert werden können auch eindringliche Fragen und Fragenwie-
derholungen. Es ist gängige Praxis, Fragen erneut zu stellen, um zu überprüfen,
ob wenigstens in der Hauptverhandlung jemand 20 Minuten später noch das
Gleiche sagt wie 20 Minuten früher. Und alle Prozessbeteiligten werden „Vorhalte aus der Akte" machen. Dass dies ein sehr missverständlicher Begriff aus der
juristischen Sprache ist, haben wir bereits erläutert. Vorhalte sind nicht Vorwürfe, sondern ein Vor-Augen-Halten, ein Vor-die-Nase-Halten. Der Begriff allein
provoziert aber eine innere Abwehrhaltung desjenigen, der mit einem Verdacht
konfrontiert wird. Deshalb wäre die Justiz gut beraten, diesen Begriff gegenüber
Nicht-Juristen so selten wie möglich zu benutzen. Er ist aber halt sehr etabliert

Abb. 12-1   Alternative zum Ausschluss des Angeklagten: die Simultanvernehmung (§ 247a StPO)

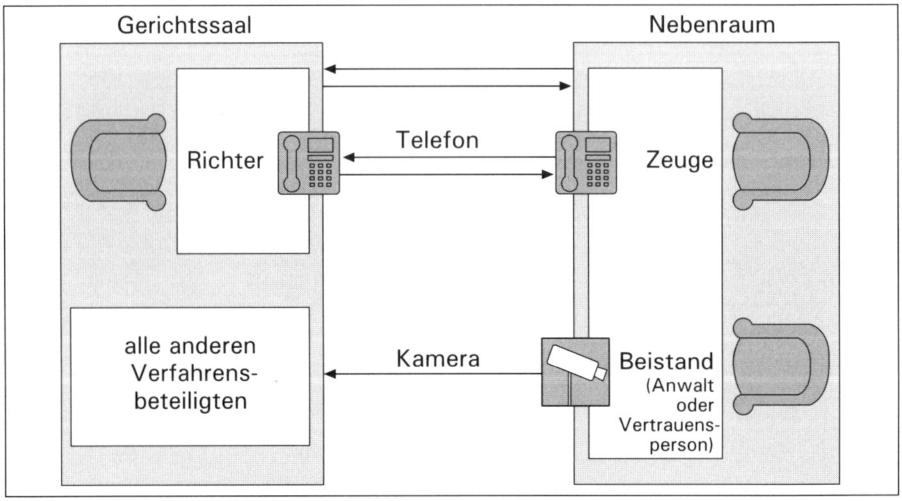

und eingeschliffen, und wir Menschen sind ausgeprägte Gewohnheitstiere. Das gilt auch für Juristen.

Die Fragen nach der **Dauer der Aussage** des Opfers kann man nicht allgemein gültig beantworten. Die Antwort hängt zum einen von der Einlassung des Angeklagten ab. Ist er geständig, so kann es recht schnell gehen. Bestreitet er die Tat insgesamt oder zum Beispiel bei einer Vergewaltigung den Umstand, dass die sexuelle Handlung erzwungen wurde, so kann die Vernehmung eines Opferzeugen auch über mehrere Stunden gehen. Zu den Pausen haben wir schon Einiges ausgeführt, hier nur noch mal zur Erinnerung: Niemand muss über seine Kräfte hinausgehendes leisten. Wenn es (wirklich) nicht mehr geht, dann sollte man das sagen und um eine Pause bitten.

Auch die Frage „**Wie oft muss ich aussagen?**" ist nicht ohne Weiteres zu beantworten. Wird die Sache beim Amtsgericht angeklagt, gibt es eine zweite Tatsacheninstanz, wenn Angeklagter, Staatsanwalt oder auch der Nebenkläger mit dem Urteil des Amtsgerichts nicht einverstanden sind. Auch wenn die Verhandlung vor dem Landgericht stattfindet, kann eine Revision dazu führen, dass das Urteil aufgehoben und die Sache mit den Zeugen vor dem Landgericht neu verhandelt wird. Innerhalb einer Instanz muss ein Zeuge normalerweise nur einmal aussagen, es sei denn, es gibt nach der Aussage weitere Beweismittel, die Anlass zu Rückfragen geben, zum Beispiel, wenn das Opfer aussagt: „Nach der Tat habe ich keinen Kontakt mehr zu dem Angeklagten gehabt" und dann eine Zeugin auftaucht, die aussagt, sie habe Opfer und Angeklagten zusammen in einer Diskothek an der Theke stehen gesehen. Diese Zeugenaussage führt nicht zwingend dazu, dass man dem Opfer nun nicht mehr glaubt – aber man muss jetzt doch einmal nach der geschilderten Situation fragen. Da kann es sein, dass das Opfer in der Diskothek von dem Angeklagten kurz angesprochen wurde und dies nicht als Kontakt im Sinne der Frage des Gerichts aufgefasst hat.

„**Was ist nach der Aussage?**": Der Zeuge wird entlassen (so heißt das), nachdem über die Frage entschieden wurde, ob er die Aussage noch beeiden soll. Das Gesetz geht davon aus, dass die Vereidigung der absolute Ausnahmefall sein soll (§ 59 StPO). Nach der Aussage wird noch gefragt, ob ein Zeuge Fahrtkosten oder Verdienstausfall hatte, und dann wird sie oder er mit einem Formular zum Kostenbeamten zur Erstattung geschickt. Ansonsten ist das Opfer wie alle anderen Zeugen jetzt Teil der Öffentlichkeit und kann bei öffentlichen Verhandlungen im Saal unter den Zuhörern Platz nehmen.

12.5 Das Urteil

Wie findet der Richter oder wie finden die Richter ihr Urteil? Das ist ganz einfach. In dem Aufsatz „Der Strafprozess" des Juristen Schünemann (1998, S. 391) ist die Urteilsfindung für jeden Menschen leicht nachvollziehbar dargestellt:

> *„Der Richter hat grundsätzlich nach dem Modell der induktiv-statistischen Erklärung vorzugehen, die er jedoch nicht mit Hilfe von quantitativ präzisen probalistischen Obersätzen sowie durch exakte Verrechnung multipler*

*Wahrscheinlichkeiten nach dem Bayes-Theorem, sondern mit Hilfe alltags-
theoretisch begründeter qualitativer Obersätze und einer so genannten Reprä-
sentativhermeneutik bewältigt, die nach dem Prinzip der besten Trefferchance
die relativ größte objektive Wahrscheinlichkeit in subjektive Gewissheit
verwandeln.*"

Alles klar? Falls nicht: Studieren Sie bitte Jura! Versuchen wir es noch einmal
etwas alltäglicher: Beim Urteil stellen sich zwei Fragen:
* Wann wird verurteilt?
* Wonach richtet sich die Strafe?

Eine Verurteilung wegen der angeklagten Tat (oder nach entsprechendem
vorangegangenen Hinweis des Gerichts wegen einer anderen Tat) erfolgt, wenn
das Gericht aus dem Inbegriff der Hauptverhandlung von der Schuld überzeugt
ist, und zwar in tatsächlicher und rechtlicher Hinsicht – einschließlich Vorsatz
und Schuld des Angeklagten. Aus der Beweiswürdigung muss sich für das Gericht
also die Überzeugung ergeben, dass die Tatsachen in einer bestimmten Form
abgelaufen, erfolgt sind. Die Beweiswürdigung muss ergeben, dass tatsächlich dies
und jenes geschehen ist. Dann müssen die rechtlichen Kriterien erfüllt sein (s. dazu
Kap. 3). Das Gericht muss im nächsten Schritt also feststellen, dass diese Tatsachen
und diese Handlungen einen Straftatbestand erfüllen, und zwar diejenigen der
§§ X, Y und Z. Im nächsten Schritt muss klar sein, dass mit Vorsatz, bedingtem
Vorsatz oder Fahrlässigkeit gehandelt worden ist. Schicksalsschläge können nicht
abgeurteilt werden. Dieser konkrete Mensch muss sich in diesem konkreten Fall
schuldig gemacht haben. Das ist der Öffentlichkeit nicht immer leicht zu vermitteln.
Durch unglückliche Konstellationen und das statistisch unwahrscheinliche, in
diesem Fall aber doch eingetretene Zusammentreffen mehrerer Umstände können
Züge entgleisen und Menschen zu Tode kommen, ohne dass ein Schuldspruch
gerechtfertigt wäre. Bei bestimmten Straftaten schreit das Volk vehement nach
einem Schuldigen – und manchmal hat man den Eindruck: ganz egal, nach
wem. Hier muss die Justiz des Volkes Stimme Widerstand entgegensetzen und
Angeklagte freisprechen, wenn Vorsatz und Schuld nicht feststellbar sind. Ganz
zum Schluss muss das Gericht noch feststellen, dass der Täter zum Zeitpunkt
der Tat auch schuldfähig war. Bei der Auseinandersetzung mit den Gutachten im
Hauptverfahren oder im Ermittlungsverfahren haben wir das bereits erörtert.
   Das Gericht muss von alldem überzeugt sein, die Tat muss aber nicht im naturwissenschaftlichen Sinne bewiesen sein. Die **Beweisführung im Strafverfahren**
– wie übrigens auch in einem Gutachten – entspricht nicht derjenigen in den Naturwissenschaften, jedenfalls oft nicht. Hier geht es um die so genannte „historische Beweisführung". Es kann als historisch bewiesen gelten, dass vor ca. 2000
Jahren Menschen wie Kaiser Augustus in Rom und Jesus in Jerusalem gelebt haben. Im naturwissenschaftlichen Sinne bewiesen wäre das noch nicht. Wir haben
Zeugenaussagen, literarische Quellen und lebensgeschichtliche Konsequenzen aus
der Existenz beider historischer Gestalten. Insofern reicht auch für das Gericht
ein nach der Lebenserfahrung ausreichendes Maß an Sicherheit, demgegenüber

vernünftige Zweifel nicht mehr aufkommen. Sonst wäre fast keine Straftat aburteilbar, weil nicht bei jeder Straftat naturwissenschaftliche Beweise, etwa durch Gerichtsmediziner oder Vergiftungssachverständige (Toxikologen), erbracht werden können.

Vernünftige Zweifel dürfen allerdings nicht mehr aufkommen. So darf bei der Urteilsbegründung kein Verstoß gegen zwingende Gesetze der Logik, Naturwissenschaften und Denkgesetze vorliegen. Auch das kann strittig sein.

In einem Verfahren bestand der erste Mordanschlag einer Ehefrau gegen ihren Ehemann darin, dass sie gemeinsam mit ihrer Wahrsagerin getragene Unterwäsche des Ehemanns in einer Vollmondnacht im November auf den Höhen eines kahlen Bergs verbrannte. Ziel dieser Handlung war es, Dämonen zu veranlassen, den Ehemann im Schlaf zu erschrecken und zu töten, weil der unter Hochdruck litt und ein schwaches Herz hatte. Von der tatsächlichen Ebene her waren die Dämonen auch gekommen, denn die Ehefrau hatte ihr Wirken in Form von Poltergeistern im Hause nachts sehr intensiv wahrgenommen. Der Ehemann hatte allerdings völlig ungerührt weitergeschlafen. Das Gericht hat diesen Bestandteil des in mehreren Phasen abgelaufenen Mordversuchs gegen den Ehemann nicht ins Urteil aufgenommen und die Ehefrau dafür nicht verurteilt, weil dieser Ablauf zwar mit manchen Gesetzen der Schwarzen Magie, nicht aber mit den Gesetzen der Logik und Naturwissenschaften in Übereinstimmung stand.

Viele Menschen sind der Überzeugung: Anzeigen hat ja doch keinen Zweck, im Zweifel wird der Angeklagte ja sowieso freigesprochen. Dafür gibt es sogar einen weithin bekannten lateinischen Spruch: *in dubio pro reo,* im **Zweifel für den Angeklagten**. Dieser Grundsatz, der Zweifelsgrundsatz, hat Eingang gefunden in die Menschenrechtskonvention (MRK), hat somit für die zivilisierte Welt weitgehend Gültigkeit. Er bedeutet: Immer dann, wenn sich letzte Zweifel an der Schuld des Angeklagten nicht beseitigen lassen, ist freizusprechen. Das bedeutet aber nur: Immer dann, wenn sich letzte vernünftige Zweifel im Rahmen der naturwissenschaftlichen Gesetze nicht beseitigen lassen, ist freizusprechen. Das bedeutet nicht: Wenn „Aussage gegen Aussage" steht, ist prinzipiell der Zweifelsgrundsatz anzuwenden. Bei Straftaten gegen die sexuelle Selbstbestimmung ist es sehr häufig so, dass es keine weiteren Beweismittel gibt als die Aussage des Opfers. Nicht immer konnten Spuren gesichert werden, nur in Ausnahmefällen gibt es Zeugen, manchmal bleibt nur: Hier steht Aussage gegen Aussage. Aber die Aussage des Opfers kann beispielsweise durch Hinweise, so genannte Indizien, und durch andere Zeugen gestützt werden. In diesem Fall kann auch ein Glaubwürdigkeitsgutachten hilfreich sein, das die Glaubwürdigkeit oder Glaubhaftigkeit dieser Aussage bestätigt. Aber selbst dann, wenn dies alles nicht vorliegt, muss das Gericht überprüfen, ob es von der Aussage des Opfers überzeugt ist, ob also diese Opferzeugin glaubhaft, glaubwürdig ist und die Angaben glaubhaft sind. Dabei ist das Gericht verpflichtet, die Aussage genau zu prüfen und genau zu würdigen. In letzter Zeit hat es durchaus Urteile gegeben, bei denen wirklich „Aussage gegen Aussage" stand, es keine weiteren Indizien und Zeugen gab und bei denen es zu einer Verurteilung des Täters gekommen ist. Denn wenn das Gericht in seiner Beweiswürdigung zu der Überzeugung kommt, dass das Opfer als Zeugin glaubwürdig und die Aussage glaubhaft sind, dann ist zu verurteilen.

Bedenken gegen die Glaubwürdigkeit des Opfers und die Glaubhaftigkeit der Zeugin können darauf beruhen, dass es doch erhebliche Widersprüche im Kernbereich des Geschehens gibt. So kann es sein, dass die erste Aussage bei der Polizei vor einem Jahr im Kern doch deutlich anders klang als das, was jetzt vor Gericht geschildert worden war. Gerade eine traumazentrierte Therapie kann die Erinnerung verändern (vgl. Kap. 18). Bedenken bezüglich der Glaubwürdigkeit können auch darauf beruhen, dass wenig detailreiche Angaben gemacht werden. Wut auf den Täter ist zwar nachvollziehbar und akzeptabel, ein Opfer tut sich aber keinen Gefallen, wenn es bedenkenlos und besinnungslos gegen den Täter losledert. Das Gericht braucht zur Urteilsfindung und zur Beweiswürdigung Tatsachen. Emotionen, auch heftige Emotionen, sind Tatsachen, aber das alleine reicht nicht und kann auch Dinge vernebeln.

Ganz problematisch wird es dann, wenn ein Opfer oder ein Zeuge erhebliche Motive zum Lügen hat. Bei Sorgerechtsstreitigkeiten nach Scheidungen ist eine ganze Zeit lang, sogar auf Empfehlung von Rechtsanwälten, von Frauen in den Raum gesetzt worden: „Ich hab den Verdacht bekommen, mein Mann belästigt unsere Tochter sexuell." Gerade Familienrichter begegnen inzwischen solchen Aussagen mit einer gewissen Skepsis, auch wenn sie sicherlich absolute Ausnahmen waren. Hier hat die gewissenlose Erfolgsorientierung einiger Frauen und Rechtsanwälte der Sache selbst erheblichen Schaden zugefügt.

Bedenken gegen die Glaubwürdigkeit des Opfers und die Glaubhaftigkeit der Aussage können sich nicht stützen auf Widersprüchlichkeiten im Randbereich. Wir haben schon dargestellt, wie eingeengt die Wahrnehmung bei dem Banküberfall gewesen ist (s. o.). Und ob das Auto wirklich rot, grün oder gelb gewesen ist, ist in der Tatsituation für das Opfer möglicherweise völlig unerheblich gewesen, deshalb dann auch nicht präzise abgespeichert worden. Gegen eine Glaubhaftigkeit spricht auch nicht ein ungewöhnliches Verhalten. In Gesundheitsgefahr, Lebensgefahr oder auch hochgradig demütigenden Situationen können Menschen völlig abstruse Verhaltensweisen entwickeln, die sie sonst nie ergreifen würden.

Sehr problematisch sind Moralvorstellungen der Justiz. Richter, Schöffen, Staatsanwälte und Nebenkläger haben eine Moral. Niemand lebt ohne Moralvorstellungen, und diese Moralvorstellungen müssen nicht mit denjenigen des Angeklagten oder auch des Opfers übereinstimmen. Unter anderem deshalb gibt es auch Gesetze, die jenseits von Moral und Religion Dinge zwischen Menschen regeln und festlegen, was eine Straftat eigentlich ist. Trotzdem ist hier ein irrationaler oder auch unbewusster Faktor nie mit letzter Sicherheit auszuschließen, auf keiner Seite der Verfahrensbeteiligten. Das bedeutet aber nicht, dass moralisierende Urteile gefällt werden und die Beweiswürdigung immer zugunsten des moralisch „Einwandfreien" ausfällt. Aber es kann nicht ausgeschlossen werden, dass es unterschwellige Wertungen gibt, die sich in Details niederschlagen.

Gegen die Glaubhaftigkeit einer Aussage sprechen auch nicht Widersprüche bei lückenhafter Erstbefragung. Häufig war die erste Vernehmung orientierend, und die Antworten waren auch erst lückenhaft und fragmentarisch.

Trotzdem bleibt bestehen: Es ist alles eine Frage des Einzelfalls. Hier lassen sich keine allgemein gültigen Gesetzmäßigkeiten finden. Sonst könnte man ein Gericht durch Computer ersetzen. Im ärztlichen Bereich laufen Bestrebungen in dieser Hinsicht. Ob aber die Behandlungen des Patienten nach Programmen, Leitlinien und Computervorgaben sehr viel erfolgreicher sein werden als diejenigen nach der klinischen Einschätzung erfahrener Ärzte, bleibt abzuwarten. Auch in der Medizin ist letztlich alles eine Frage des Einzelfalls.

Literatur
Schünemann B (1998). Der deutsche Strafprozeß im Spannungsfeld von Zeugenschutz und materieller Wahrheit. Strafverteidiger: 391–401.

12.6   Die Strafzumessung

Die Strafe ist nie angemessen. Das Opfer wird sie meist als zu niedrig empfinden, der Täter meist als unangemessen hoch. Teile der Öffentlichkeit fordern für das vorsätzliche Zerkratzen von Autolack die Todesstrafe. „Aufhängen sollte man die alle! Einfach Rübe ab!" Eine Frage bliebe dann nur noch: In welcher Reihenfolge?

Was wollen wir in unserem demokratischen Rechtsstaat mit der Strafe erreichen? Das Bundesverfassungsgericht hat festgelegt: Vorrang hat die **Spezialprävention**. Das bedeutet, dass die Strafe in diesem speziellen Einzelfall die Wiederholung der Straftat verhindern soll. Bei Tötungsdelikten, die nicht den Hintergrund von Bandenkriminalität oder Berufskillertum haben, wirkt die Spezialprävention übrigens meistens. Das ist bei Sexualdelikten anders. Ein nicht geringer Prozentsatz von Sexualstraftätern begeht auch nach einer längeren Haftstrafe erneut Straftaten gegen die sexuelle Selbstbestimmung, wird also rückfällig. Hier gibt es mittlerweile ausführliche Rückfallstatistiken zu den einzelnen Delikten, die in jedem Fall eins belegen: So hoch, wie es die Stammtischparolen behaupten, sind die Rückfallzahlen keinesfalls, sie sind auch nicht in den letzten Jahren signifikant gestiegen.

Ein weiterer Strafzweck ist die so genannte **Generalprävention**. Diese entspringt dem Gedanken der Abschreckung und dem Gedanken der Vergeltung. Im Grunde genommen richtet sich dieser Strafzweck nicht gegen den Täter, sondern ist ein Signal an die Allgemeinheit: „Zur Nachahmung nicht empfohlen." Der Rechtsstaat macht damit deutlich, dass bestimmte Straftaten zu langjährigem Freiheitsentzug, zum zwangsweisen Aufenthalt unter unsympathischen Mitmännern und zu einem erheblichen Bruch in der privaten und beruflichen Lebenslinie führen. Nach einigen Jahren Gefängnis kann das Leben fast nie an der Stelle fortgesetzt werden, an der es vor der Verurteilung unterbrochen worden war. Die gesellschaftliche

Erfahrung zeigt tatsächlich, dass Gesetze, deren Übertretung nur mit Sanktionen bedroht werden, aber eben nicht diese Sanktionen zur Folge haben, rasch gewohnheitsmäßig übertreten werden. So entsetzlich moralisch sind wir alle nicht. Fragen Sie sich jetzt einfach mal innerlich still und ehrlich: Wie würde meine Steuererklärung aussehen, wenn Steuerbetrug nicht geahndet würde? – Na also!

Der Staat hat als **Strafmaß** und als Sanktion eine begrenzte Möglichkeit. Die Leibesstrafen sind bei uns seit mehr als 100 Jahren abgeschafft. Es wird nicht mehr verprügelt, verstümmelt, gequält, gefoltert oder hingerichtet. Die häufigste Strafe ist sicherlich die Geldstrafe. Damit es hier einen gerechten Umgang mit sozialen Unterschieden gibt, wird die Geldstrafe oft nach Tagessätzen verhängt. 120 Tagessätze sind dann für den Herzog von Obersachsen 400000 € und für den Sozialhilfe-Empfänger 60 €. So viel Gerechtigkeit würde man sich häufiger wünschen.

Freiheitsstrafen gelten entweder lebenslang oder zeitlich befristet, bis maximal 15 Jahre. Freiheitsstrafen unter zwei Jahren können zur Bewährung ausgesetzt werden, wenn dafür bestimmte Kriterien erfüllt sind. Da der Aspekt der Spezialprävention, also das Verhindern weiterer Straftaten dieses einzelnen Täters, weit vorne steht, werden Strafen so oft wie möglich zur **Bewährung** ausgesetzt, und viele Straftäter bekommen auch einen Rest der Freiheitsstrafe zur Bewährung erlassen, meist etwa ein Drittel, weil dann tatsächlich die Rückfallgefahr sinkt. Für manche Menschen ist es wirklich disziplinierend zu wissen: „Ich hab noch Reststrafe offen" oder „Ich bin noch auf Bewährung", um ihre Impulse besser steuern zu können.

Es können auch Nebenstrafen ausgesprochen werden, zum Beispiel ein Berufsverbot für einen Kinderarzt, der Kinder missbraucht hat, oder ein Fahrverbot bei einem Berufskraftfahrer, der am LKW-Steuer alkoholisiert einen Unfall verursacht hat.

War ein Täter zum Tatzeitpunkt schuldunfähig oder erheblich vermindert in der Lage, sich zu steuern oder nach seiner Einsicht zu handeln, und sind von diesem Täter auch in Zukunft mit Wahrscheinlichkeit erhebliche rechtswidrige Taten zu erwarten, dann ordnet das Gericht eine Maßregel der Besserung und Sicherung an. Das bedeutet die Unterbringung in einer Forensisch-psychiatrischen Fachabteilung oder in einer Entziehungsanstalt, die meist spezialisiert ist auf die Behandlung von Alkoholkranken oder von Abhängigen, die illegale Drogen zu sich nehmen. Beides erfordert ein deutlich unterschiedliches therapeutisches Vorgehen.

Die endgültige **Strafzumessung** geht dann von dem Strafrahmen aus, der in dem Straftatbestand festgelegt ist, dessen Kriterien nach Überzeugung des Gerichts am Ende der Beweiswürdigung erfüllt sind. Letztlich ist die Strafzumessung eine Entscheidung aus dem Bauch heraus, die dann aber mit vielen Worten in Abwägung strafverschärfender und strafmildernder Faktoren und Umstände begründet wird, die ihrerseits in der Tat selbst und in der Person des Täters begründet sind. Es ist kein Geheimnis, dass hierbei die Gruppendynamik des Gerichts, die Atmosphäre in der Öffentlichkeit, die Sympathie, die Opfer oder Täter bei den Prozessbeteiligten auslösen oder gerade nicht, das Bundesland und vieles Weitere hineinspielen. So sind traditionell die Strafzumessungen im Süden der Bundesrepublik Deutschland höher als im Norden.

Wenn ein Gericht jemanden zu sechs Jahren Gefängnis verurteilen will, dann wird es schon Gründe finden, gerade zu diesem Strafmaß zu kommen. Vielleicht passt es dem Gericht nicht so recht, dass der Psychiatrische Gutachter eine verminderte Steuerungsfähigkeit aufgrund der Alkoholisierung des Täters nicht mit letzter Sicherheit ausschließen kann. Um das Urteil revisionsfest zu machen, kommt das Gericht insgesamt zu einem Strafmaß von sieben Jahren, das dann aufgrund der nicht mit Sicherheit ausschließbaren Steuerungsfähigkeit um ein Jahr gesenkt wird. Und schon ist es wieder bei jenen sechs Jahren, die es aus dem Bauch heraus für angemessen gehalten hat. Auch hier: Das bedeutet nicht, dass die Strafzumessung willkürlich ist; sie beruht vielmehr auf einer Mischung von Erfahrungswerten und einzelfallbezogenen Strafzumessungskriterien, die sich letztlich mathematisch nicht erfassen lassen.

12.7   Nach dem Urteil

Nach dem Urteil ist möglicherweise noch nicht alles vorbei. Es kann sein, dass Prozessbeteiligte, durchaus auch die Staatsanwaltschaft, unmittelbar nach der Urteilsverkündung mitteilen: „Wir werden gegen dieses Urteil auf jeden Fall Revision einlegen." Rechtsmittel müssen binnen einer Woche nach Urteilsverkündung eingelegt werden. Zunächst einmal müssen Verteidiger, Nebenkläger und Staatsanwalt aber die schriftliche Urteilsbegründung abwarten, die durchaus von der in der Hauptverhandlung gegebenen mündlichen Urteilsbegründung abweichen kann. Auf der Grundlage dieser schriftlichen Urteilsbegründung und des Prozessprotokolls, das ein sehr wichtiges Dokument ist und deshalb auch von der stets anwesenden „Protokollführerin" nach feststehenden Regeln kontinuierlich angefertigt wird, begründen Prozessbeteiligte die Revision. Erst wenn die Revision gegen das Urteil eines Landgerichts vom BGH abgewiesen worden ist, ist das Urteil rechtskräftig. Es ist auch rechtskräftig, wenn die Prozessbeteiligten im Gerichtssaal einvernehmlich erklärt haben, dass sie auf die Revision, auf das Einlegen von Rechtsmitteln, verzichten. Dies geschieht beispielsweise, wenn es im Prozess zu Absprachen gekommen ist, die dies nicht selten als Bedingung enthalten: „Wenn mein Mandant gesteht, dann erwarten wir aber ein Urteil unter vier Jahren, und wir erwarten, dass Nebenklage und Staatsanwaltschaft auf eine Revision ausdrücklich verzichten." Solche Absprachen sind auch in Deutschland inzwischen legal, und sie sind nicht immer zum Nachteil von Opfern.

Ist das Urteil erst einmal rechtskräftig geworden, lässt die Justiz das Opfer quasi allein. Nach dem Verfahren gibt es keine Opferbetreuung mehr. Dann spätestens schlägt die Stunde der Therapeuten, dann können sie ihre Trauma-Therapie ungestört von juristischen Gemeinheiten und Erschwernissen erfolgreich zu Ende führen.

Ein Opfer fällt aber nach dem Urteil nicht selten in eine Art „Loch". Nicht immer wandert ein Täter unmittelbar aus dem Gerichtssaal in Haft. Manchmal ist die Haftstrafe auch so gering, dass sie nicht gleich im Gerichtssaal angetreten werden muss, sondern der Täter erst einmal nach Hause geht. Dann erfährt das Opfer möglicherweise gar nicht, ob der Täter jetzt seine Haftstrafe angetreten hat. Das Opfer erfährt auch nicht automatisch, ob die Haftstrafe schon nach Verbüßung der Hälfte zur Bewährung ausgesetzt worden ist, was in sehr seltenen Ausnahmefällen geschehen kann und in Deutschland fast nur bei weiblichen Strafgefangenen zur Anwendung kommt. Dies ist einer der seltenen Fälle einer krassen gesellschaftlichen Männer-Benachteiligung. Das Opfer kann aber immerhin beantragen, über den Stand der Strafvollstreckung informiert zu werden. Dann ist es darauf vorbereitet, dem Täter nach der Haftverbüßung und seiner Entlassung wieder in der Fußgängerzone begegnen zu können, und es wird nicht völlig überrascht.

Das Opfer wird übrigens nicht informiert, auch dann nicht, wenn es das beantragt, wenn ein höherwertiges Interesse der Information entgegensteht. Dies gilt beispielsweise bei drohender Blutrache. Wenn atmosphärisch im Raum steht: „Wenn der aus dem Knast kommt, bringen wir den um", dann erfahren das die Angehörigen oder Opfer der letzten Blutrache selbstverständlich nicht.

13 Der Strafvollzug

Der Strafvollzug soll verändern. Insofern ist es durchaus ein Behandlungsvollzug. In fast allen Strafanstalten werden inzwischen auch Therapiemöglichkeiten angeboten. Die Wahrnehmung dieser Therapiemöglichkeiten ist allerdings stets freiwillig. Zur Arbeit ist jeder Strafgefangene verpflichtet.

Die Teilnahme an Qualifizierungsmaßnahmen, Alphabetisierungskursen, beruflichen Nachqualifizierungen oder in Arbeitsangeboten hat allerdings Einfluss auf Vollzugslockerungen wie Ausgang oder Arbeit in Außengruppen und auf die Strafaussetzung zur Bewährung.

Arbeit wird zwar grundsätzlich angestrebt, wegen der Arbeitsmarktlage ist es aber nicht immer leicht, Firmen zu finden, die Aufträge in die Justizvollzugsanstalten vergeben. Mit diesem Problem sind nicht nur Strafvollzugsbehörden konfrontiert, sondern auch Einrichtungen für Behinderte oder Werkstätten für psychisch Kranke.

13.1 Die Sicherungsverwahrung

Sicherungsverwahrung (SV) ist etwas völlig anderes als die Maßnahme der Sicherung und Besserung in einer Forensisch-psychiatrischen Fachabteilung. Sicherheitsverwahrung dient der Sicherung der Allgemeinheit vor einem Täter, der eine besonders schwere Tat begangen oder gar schwere Taten wiederholt begangen hat. Gutachter müssen feststellen, wie die Prognose ist, ob also von dem Täter weiterhin gefährliche Taten zu erwarten sein werden. Dann ordnet das Gericht die Sicherungsverwahrung an. Seit neuestem kann die SV auch nachträglich ausgesprochen werden, wenn sich erst in der Haft herausgestellt hat, dass der Täter mit hoher Wahrscheinlichkeit auch künftig schwere Taten begehen wird. Wird SV angeordnet, dann wird zunächst die Strafe im Strafvollzug vollstreckt, in diesem Fall natürlich ohne Gewährung einer Aussetzung der Reststrafe zur Bewährung. Auch der Vollzug der SV kann aber zur Bewährung ausgesetzt werden, wenn einerseits eine Freilassung erprobt werden kann, andererseits aber die drohende SV im Nacken den Täter steuern und disziplinieren soll. Allerdings sind vor eine solche Erprobung erhebliche Hürden gesetzt.

SV kann bei Jugendlichen nicht verhängt werden, bei Heranwachsenden kann sie vorbehalten werden. Das bedeutet, dass erst nach einiger Zeit über die Sicherungsverwahrung endgültig entschieden werden kann. Der Gesetzgeber geht davon aus, dass man bei Jugendlichen und Heranwachsenden eben noch nicht sicher sagen kann, ob hier ein Hang zu schwersten Straftaten oder nur ein behebbares Erziehungsdefizit vorliegt.

14   Einlegen von Rechtsmitteln

Es wurde schon gesagt: Nicht immer sind nach einem Urteil alle Prozessbeteiligten mit dem Urteilsspruch uneingeschränkt glücklich und zufrieden. Dann schallt es halblaut durch den Gerichtssaal: „Dagegen werden wir Rechtsmittel einlegen!" Rechtsmittel einzulegen ist das gute Recht der Prozessparteien. Nur das Gericht kann gegen sein Urteil kein Rechtsmittel einlegen.

14.1   Berufung

Gegen Urteile des Amtsgerichts kann Berufung eingelegt werden. Diese Berufung muss binnen einer Woche erfolgen – vom Angeklagten, der Staatsanwaltschaft und/oder der Nebenklage. Wird die Berufung zugelassen, wird das Verfahren in einer neuen Tatsacheninstanz verhandelt. Berufungsinstanz gegen Urteile eines Amtsgerichts ist das zuständige Landgericht. Gegen Urteile der Landgerichte ist dann noch die Revision zulässig.

Da früher sehr viele Straftaten gegen die sexuelle Selbstbestimmung zunächst von dem Amtsgericht verhandelt wurden, war es fast schon die Regel, dass ein Opfer zwei Tatsacheninstanzen durchstehen musste. Das war eine ganz erhebliche Belastung. Der Gesetzgeber hat dies auch so gesehen. Deshalb werden heute die meisten dieser Verfahren direkt beim Landgericht als erster Tatsacheninstanz verhandelt. Gegen Urteile des Landgerichts ist aber auch für die Nebenklage nur die Revision möglich.

14.2   Revision

Revision bedeutet, dass eine rein rechtliche Überprüfung des Urteils erfolgt, um festzustellen, ob die juristischen Rahmenbedingungen korrekt erfüllt sind. In der Revision werden die Beweise nicht neu erhoben, sondern die Beweisführung, die rechtlichen Ausführungen und die Einhaltung der Verfahrensregeln in der Vorinstanz überprüft. Revision ist sowohl gegen Urteile des Amtsgerichts als auch gegen jene des Landgerichts möglich. Revisionen gegen Urteile des Amtsgerichts werden beim Oberlandesgericht (OLG) verhandelt, solche gegen Urteile des Landgerichts beim Bundesgerichtshof (BGH). Revision ist binnen einer Woche nach Urteilsverkündung von Staatsanwaltschaft, Angeklagtem und/oder Nebenkläger einzulegen. Hat die Revision Erfolg, was durchaus nicht sicher ist, erfolgen im Normalfall eine Zurückverweisung und eine neue Verhandlung vor dem Landgericht. Das kann auch bedeuten, dass nur das Strafmaß noch einmal verhandelt wird. Wenn jedoch festgestellt wird, dass die Verteidigung unzulässig eingeschränkt wurde oder dass wichtige Beweisfragen nicht genügend geprüft wurden, dann muss das ganze Hauptverfahren noch einmal erfolgen.

15 Das Adhäsionsverfahren

Die wenigsten Nicht-Juristen werden den Begriff „Adhäsionsverfahren" kennen. Gemeint ist damit, dass Schmerzensgeldforderungen bereits im Strafverfahren geregelt werden.

Grundsätzlich sind Strafverfahren und die Forderung nach Schmerzensgeld rechtlich zwei völlig unterschiedliche Anliegen. Wir haben uns bisher ausführlich damit beschäftigt, welche Rechtsgüter der Rechtsstaat mit welchen Mitteln im Strafverfahren verteidigt und durchsetzt. Schadensersatzforderungen und Schmerzensgeldforderungen sind Sache eines Zivilverfahrens. Vom Rechtsgrundsatz her müssen sie in einem gesonderten Zivilverfahren nicht mit den Instrumenten des Strafgesetzbuchs, sondern mit den Instrumenten des Bürgerlichen Gesetzbuchs (BGB) geltend gemacht werden. Der Nachteil ist, dass in einem neuen Prozess erneut ein Beweis erbracht werden muss, und die Beweislast liegt hier im zivilrechtlichen Sinne beim Kläger, also beim Opfer.

Deshalb sieht das Adhäsionsverfahren vor, dass im Strafprozess auf Antrag gleich über Schmerzensgeld mit entschieden werden kann. Wichtig sind die Formulierungen „auf Antrag" und „kann".

Das Adhäsionsverfahren wird auch heute noch selten zur Anwendung gebracht. Einmal sind nicht alle Strafrichter in zivilrechtlichen Fragen so absolut firm, dass sie auch gerne zivilrechtliche Entscheidungen – quasi nebenbei – treffen. Ein Psychiater wird ja möglicherweise auch zögern, eine Magenoperation durchzuführen. (Dass manche Chirurgen sich auch für gute Psychiater halten, steht auf einem völlig anderen Blatt.) Insofern kann es einfach wohlbegründete Vorsicht sein, wenn im Strafverfahren das Adhäsionsverfahren nicht zur Anwendung kommt.

Darüber hinaus hat vielleicht aber auch der Nebenklagevertreter als Rechtsanwalt gar nichts dagegen, wenn es noch ein Zivilverfahren gibt. Besser zwei abrechnungsfähige Verfahren als eins. Wir sagten es schon: Nicht allen Rechtsanwälten geht es in Deutschland momentan finanziell so gut wie führenden Schönheitschirurgen.

Die große Strafrechtskommission des Deutschen Richter-Bundes (DRB) hat nüchtern festgestellt: „Jeder kennt das Adhäsionsverfahren, aber keiner wendet es an!" Das galt allerdings für die alte Rechtslage. Damit Opfern der mühsame Zivilrechtsweg zumindest teilweise erspart werden kann, hat der Gesetzgeber das Adhäsionsverfahren ausgeweitet. Die Gerichte sind im Normalfall verpflichtet, einen entsprechenden Antrag des Opfers auch zu bearbeiten und eine Entscheidung zu treffen.

16 Das Opferentschädigungs-gesetz (OEG)

Der Staat zahlt Opfern Geld für bestimmte Schäden, die sie durch Straftaten erlitten haben. Dabei handelt es sich um staatliche Zuwendungen, die der Steuerzahler finanziert. Deshalb sind einige recht hohe Klippen im Gesetz enthalten, bevor jemand Leistungen aus der Steuerkasse beanspruchen kann und auch bekommt. Das Vorliegen der Anspruchsvoraussetzungen muss sorgfältig von einer Behörde (!) geprüft werden. Leistungen nach dem OEG sind Ländersache. Je nach Bundesland hat die prüfende Behörde eine etwas andere Bezeichnung. In vielen Bundesländern heißt diese Behörde „Versorgungsamt". In Niedersachsen ist es das „Landesamt für Soziale Angelegenheiten".

Am wichtigsten ist zum Verständnis des Ablaufs der § 1 Abs. 1 Satz 1 des OEG:

„Wer im Geltungsbereich dieses Gesetzes oder auf einem deutschen Schiff oder Luftschiff infolge eines vorsätzlichen rechtswidrigen tätlichen Angriffs gegen seine oder eine andere Person oder durch dessen rechtmäßige Abwehr eine gesundheitliche Schädigung erlitten hat, erhält wegen der gesundheitlichen und wirtschaftlichen Folgen auf Antrag Versorgung in Anwendung der Vorschriften des Bundesversorgungsgesetzes."

Geschichtlich ist dieses Gesetz geschaffen worden, um für Folgen aus der nationalsozialistischen Verfolgung, aus Kriegshandlungen oder Gefangenschaft eine Versorgungsgrundlage zu schaffen. Später ist dieses Gesetz ausgedehnt worden auf Opfer von Straftaten. Der Grundgedanke ist derjenige, dass ein Opfer einer Straftat vom Steuerzahler einen gewissen Ausgleich erhalten soll – auch dann, wenn vom Täter keinerlei Ausgleichszahlungen oder Wiedergutmachungen zu erwarten sind, weil der Täter unbekannt ist oder keine Geldmittel zur Verfügung hat.

Eine solche Möglichkeit öffnet dem Missbrauch natürlich Tür und Tor. Opfer sind wir doch irgendwie eigentlich irgendwo alle. In unserer Kindheit, in unserer Jugend sind wir schon mal ungerecht behandelt, benachteiligt oder hereingelegt worden. Deshalb sind ja auch die genannten hohen Klippen im Gesetzestext und seiner Auslegung eingebaut. Gleichzeitig verursachen diese Klippen Probleme für die berechtigten Antragsteller.

Die Berechtigung, Steuergelder zu erhalten, wird sorgfältig von einer Behörde geprüft, genauso wie Sozialhilfe oder Hartz IV von einer Behörde überprüft werden. Versorgungsämter sind Behörden und funktionieren als Behörden. Ein Antrag auf Leistungen nach dem OEG ist für eine Behörde prinzipiell nichts anderes als ein Antrag auf eine Baugenehmigung oder die Anlage einer Sickergrube für Schweinegülle in der Nähe eines Feuchtbiotops (früher „Tümpel" genannt). Entscheidungsprozesse in Behörden sind gründlich, langsam und undurchschaubar. Wer sich in diese Problematik literarisch einarbeiten möchte, kann mal wieder von Franz Kafka dessen Roman „Der Prozess" lesen.

Wir kennen ja schon das Subsumtions-Denken von Juristen, also auch von Verwaltungsjuristen. Die erste Klippe besteht darin, dass ein vorsätzlicher, rechtswidriger, tätlicher Angriff erfolgt sein muss. Damit entfällt jede Form von psychischer Gewalt wie Mobbing, aber auch Bedrohung, selbst wenn sie mit einer Waffe erfolgt ist. Bedrohung mit einer Waffe kann zwar das Tatmerkmal des Raubs erfüllen, nicht aber dasjenige des tätlichen Angriffs. Auch Stalking ist kein tätlicher Angriff.

Die in § 1 Abs. 1 Satz 1 OEG genannten Straftatbestände „sexueller Missbrauch" und „Vergewaltigung" erfüllen praktisch immer das Kriterium „vorsätzlicher, rechtswidriger, tätlicher Angriff". Darüber hinaus muss der rechtswidrige tätliche Angriff vorsätzlich gewesen sein. Damit entfallen fast alle Verkehrsunfälle, da dieses Wort ja schon beinhaltet, dass es sich um Unfälle gehandelt hat. Wenn jemand einen Mitmenschen vorsätzlich mit seinem Auto niederfährt, dann war das kein Unfall, sondern eine vorsätzliche Körperverletzung oder der Versuch eines Tötungsdelikts. Opfer von Verkehrsunfällen können auch Hilfen beantragen, aber dann bei der Verkehrsunfallhilfe. Das wissen ganz wenige. (Mit diesem Aspekt befassen wir uns in diesem Buch nicht.)

Der Paragraf beinhaltet auch die Situation, dass Sie in Notwehr jemanden verteidigen und dabei geschädigt werden. Dann haben Sie zur rechtmäßigen Abwehr eines vorsätzlichen, rechtswidrigen, tätlichen Angriffs gehandelt. Notwehr ist rechtmäßig.

Als nächstes Kriterium muss erfüllt sein, das jemand eine gesundheitliche Schädigung erlitten hat. Dieses Kriterium ist also nicht erfüllt, wenn jemand berichtet: „Ich hab mich furchtbar erschrocken und war den ganzen Nachmittag über noch ganz aufgeregt. Abends war es dann zwar schon wieder vorbei, aber den Nachmittag über hab ich doch heftig gelitten." Bagatell-Schäden fallen nicht unter dieses Gesetz. (Mit dem nächsten Kriterium „wegen der gesundheitlichen und wirtschaftlichen Folgen" werden wir uns in diesem Kapitel weiter unten befassen.)

Leistungen nach dem OEG werden auf Antrag bewilligt. Das Opfer muss dieses selbst beantragen. Mehr noch: Das Opfer steht in der **Beweispflicht**, dass die Anspruchsvoraussetzungen vorliegen. Und hier wird es kompliziert.

Das Opfer kann zum Beispiel als Beweismittel die Justizakte anbieten, die dann natürlich selbstverständlich komplett zum Versorgungsamt wandert. Wir hatten ja schon gesagt, dass sehr viele Menschen, insbesondere bei Behörden, aber auch bei Krankenkassen arbeitende, Einsichtsrecht in die Ermittlungsakte der Staatsanwaltschaft haben. Wenn die Staatsanwaltschaft ein Ermittlungsverfahren einstellt, dann sinken die Chancen, Leistungen nach dem OEG zu erhalten, ganz erheblich. In sozialpolitischen oder juristischen Fortbildungen wird zwar immer wieder darauf hingewiesen, dass das Versorgungsamt leisten kann, obwohl die Staatsanwaltschaft das Verfahren eingestellt hat, aber die Rechtswirklichkeit sieht hier anders aus. Das Opfer müsste dann schon das Vorliegen eines vorsätzlichen rechtswidrigen tätlichen Angriffs beweisen, obwohl die Staatsanwaltschaft diesen Straftatbestand im juristischen Sinne als nicht genügend bewiesen ansieht, um eine Anklage zu erheben. Das wird schwierig.

In den letzten Jahren sind vermehrt Anträge beim Versorgungsamt gestellt worden, weil Patientinnen in Therapien Zugang zu Erinnerungen an sexuellen Missbrauch und sexualisierte Gewalt in Kindheit und Jugend gefunden haben. Diese Straftaten liegen manchmal schon Jahrzehnte zurück, die möglichen Straftäter leben vielleicht gar nicht mehr, und es gibt auch keine schriftlichen Aufzeichnungen: keine Notizen beim Jugendamt, keine Strafanzeige, nichts; nur eben die Aussage des Opfers.

Auch dann ist eine Leistung im Prinzip möglich. In diesem Fall wird aber das Versorgungsamt sehr häufig eigenständig ein Glaubwürdigkeitsgutachten einholen. Dies muss das Opfer wissen. Es muss darauf vorbereitet sein, einmal, manchmal auch zweimal von Glaubwürdigkeitsgutachtern „begutachtet" zu werden. Ein solches Gutachten wird den gleichen Kriterien unterliegen wie ein Glaubwürdigkeitsgutachten im Ermittlungsverfahren oder für die Hauptverhandlung: Der Gutachter wird nach wissenschaftlich erarbeiteten Kriterien die Glaubwürdigkeit, besser: Glaubhaftigkeit der Angaben des Opfers überprüfen, hinterfragen, infrage stellen und einschätzen. Das Opfer wird bei dieser Begutachtung auch sehr genau und sehr detailliert über seine Schädigungen berichten müssen. Dies kann übrigens auch vorher schon durch eine Befragung von Behördenmitarbeitern der Versorgungsämter der Fall sein, die zur Überprüfung der juristisch vorgeschriebenen Kriterien schon genauere Angaben brauchen als die Mitteilung: „Ich bin mit acht Jahren missbraucht worden." Wird die Teilnahme an einem Glaubwürdigkeitsgutachten abgelehnt, wird der Antrag insgesamt fast immer abgelehnt.

Darüber hinaus kann und soll das Versorgungsamt eigenständig ermitteln, ob an dem Tatvorwurf etwas dran ist. Mitarbeiter von Versorgungsämtern werden Opfern deshalb oft sehr nahe legen, nunmehr Anzeige zu erstatten und juristisch gegen die Täter vorzugehen. Uns beiden sind auch Fälle bekannt, in denen Versorgungsämter ihre Befragungen des Opfers und den Inhalt des Glaubwürdigkeitsgutachtens an die beschuldigten Täter geschickt haben, mit der Aufforderung, dazu doch nun mal ausführlich Stellung zu nehmen. Diese Konstellation ist natürlich immer dann, wenn es sich um intrafamiliäre Gewalt oder sexuellen Missbrauch in der Familie handelt, eine familiendynamische Bombe. Dieses Vorgehen ist auch sicher nicht ganz rechtens, und es soll offiziell auch nicht so verfahren werden, aber es ist so schon verfahren worden. Solche Vorgehensweisen sind bekannt geworden von Versorgungsämtern in Schleswig-Holstein, Niedersachsen und Hessen. Ob die anderen Bundesländer hier sicher anders verfahren, entzieht sich im Einzelnen unserer Kenntnis.

Spätestens dann, wenn das Versorgungsamt Leistungen bewilligt hat und auszahlt, versucht es aktiv, sich dieses Geld von den Tätern zurückzuholen. Dazu ist das Versorgungsamt auch verpflichtet. Es ist nicht einzusehen, dass die Allgemeinheit, der Steuerbürger, Entschädigung bezahlt für Straftaten Einzelner. Das Versorgungsamt kann davon nur absehen, wenn ein solches Vorgehen „unbillig" ist. Dieser Begriff ist dann wieder Auslegungssache.

Für das Gutachten kommt jetzt noch eine zusätzliche Klippe: Die gesundheitliche Schädigung muss „infolge" des inzwischen vielfach zitierten vorsätzlichen, rechtswidrigen, tätlichen Angriffs erfolgt sein. Das hat im Gutachterbereich zu einer Situation geführt, die mit dem Gleichheitsgrundsatz der Verfassung unvereinbar ist.

Konstruieren wir folgende einfache Situation: Zwei 13-jährige Mädchen machen eine Klassenfahrt ins Ausland. Die eine stammt aus gesicherten, behüteten, intakten familiären Verhältnissen und ist Zeit ihres Lebens noch nicht verprügelt, geschweige denn sexuell missbraucht oder vergewaltigt worden. Die andere stammt aus einer sozialen Randschicht-Familie, war vielfachen Tätlichkeiten ausgesetzt, wurde schon als Kind sexuell übergriffig behandelt und in den letzten zwei Jahren vor der Klassenfahrt viermal von einem älteren Vetter vergewaltigt. Beide Mädchen lassen sich von zwei älteren Jungen abends an den Strand zu einem Spaziergang einladen, und beide werden am Strand vergewaltigt. Nach der Rückkehr geht es beiden schlecht, beide haben eine Posttraumatische Belastungsstörung mit allen klassischen Symptomen, und beide erstatten auch Anzeige, ohne dass die Täter ermittelt werden können.

Ein Jahr später stellen beide über ihre Eltern Antrag auf Leistungen nach dem OEG, weil sie beide unter sich chronifizierenden Folgen der Vergewaltigung leiden. Dann hat es das Mädchen aus behüteten Familienverhältnissen viel leichter nachzuweisen, dass ihre seelischen Störungen und Schwierigkeiten durch dieses Verbrechen verursacht worden sind und durch nichts anderes. Das Mädchen aus zerrütteten Familienverhältnissen könnte kaum beweisen, dass ihre Pubertätsschwierigkeiten, die sich anbahnende Persönlichkeitsstörung und die Symptome ihrer Komplexen Posttraumatischen Belastungsstörung nicht schon von den vier vorausgegangenen Vergewaltigungen durch den Vetter oder durch die Vernachlässigung in der Kindheit oder durch die körperlichen Misshandlungen verursacht wurden. Diese Gesetzeslage ist schreiendes Unrecht und Benachteiligung von mehrfach geschädigten, benachteiligten und gestörten Menschen, aber so ist die Rechtssituation im Moment.

Das ist natürlich auch den hohen Sozialgerichten bekannt. Es gibt eine Fülle von Urteilen, die diesem Gesetzesmangel Ausgleich verschaffen sollen. Aber: Solche Urteile werden dann oft erst von hohen Sozialgerichten nach vielen Jahren gefällt.

Ausgeglichen werden durch die Leistungen des OEG nur Körperschäden. Bezahlt werden können Arzt- und Therapiekosten. Deshalb wird das OEG manchmal genutzt, um eine Psychotherapie finanziert zu bekommen, wenn die Krankenkassenleistungen ausgelaufen sind. Entschädigt werden Kosten für medizinische Hilfsmittel. Es kann auch eine Rentenzahlung bei tatbedingter Minderung der Erwerbsfähigkeit (MdE) geben. Außerdem kann Bestattungs- und Sterbegeld gezahlt werden.

Wir sagten schon: Das OEG ist Ländersache. Es unterliegt ganz unterschiedlichen Vorgehensweisen der unterschiedlichen Bundesländer. In einigen Bundesländern ist das Verfahren so: Wenn ein Urteil vorliegt, wenn ein Täter verurteilt worden ist, dann gibt es eine schnelle Entscheidung. In anderen Bundesländern dauert die Entscheidung immer lange, oft zwischen zwei und drei Jahren. In einigen Ländern gibt es das Verfahrensmotto: keine Anzeige, keine Leistung – kein Glaubwürdigkeitsgutachten, keine Leistung. Andere Länder handeln hier flexibler und opferbezogener. Aber weil die OEG-Leistungen Ländersache und (fast) alle Länder pleite sind, gibt es auch Bundesländer, in denen der Eindruck besteht: Wenn das Land zur Leistung nicht in letzter Instanz verurteilt worden ist, dann zahlt das Land auch nicht. Hier ist eine Opferfeindlichkeit festzustellen, unter der ja auch die Opfer der nationalsozialistischen Verfolgung schon zu leiden hatten (Pross 1988).

Was kann also schlimmstenfalls auf einen Menschen zukommen, der Opfer eines intrafamiliären sexuellen Missbrauchs vor vielen Jahren geworden ist? Das Opfer wird von den Mitarbeitern der Versorgungsämter selbst detailliert befragt, und die sind nicht alle psychologisch ausgebildet. Das Opfer muss zumindest zustimmen, dass alle vorhandenen Unterlagen bei Jugendamt, Justiz und im Krankenhaus dem Versorgungsamt zur Verfügung gestellt werden. Dem Opfer wird wahrscheinlich nahe gelegt, Anzeige zu erstatten. Das Opfer muss bei ein, manchmal zwei Glaubwürdigkeitsgutachten aktiv mitwirken. Das Opfer muss Geduld haben, das Verfahren kann sich zwei bis drei Jahre bis zur Entscheidung hinziehen. Bekommt das Opfer einen Ablehnungsbescheid, kann es vor den Sozialgerichten Klage erheben. Diese Klage kann in zwei Instanzen verhandelt werden, in der Revision dann sogar in drei Instanzen. Dann können gut fünf Jahre vergangen sein, in denen das Opfer wieder und wieder mit seiner Schädigung konfrontiert worden ist und unterschiedlichsten Behörden und Gerichten plausibel machen musste, dass und wie es geschädigt wurde.

Lohnt sich das?

Sicherlich ist es grob fahrlässig, wenn ein Therapeut seiner Patientin sagt: „Stellen Sie doch Antrag nach dem OEG, das ist alles ganz easy, das geht leicht, dann bekommen Sie Geld und endlich auch Ihr Recht!" Der Therapeut sollte schon vertraut sein mit dem Umgang mit dem OEG in seinem Bundesland durch das zuständige Versorgungsamt. Besser ist es, wenn er seine Patientin auf einen langwierigen, mühsamen Ablauf vorbereitet und mit ihr den „worst case" durchspielt. In einigen Bundesländern ist der Ablauf auch gut strukturiert, übersichtlich und berechenbar. Da wird die Entscheidung anders aussehen als in Bundesländern, die in ihrer Finanznot opferfeindliche Ausführungsbestimmungen anwenden.

Jeder Therapeut wird Patientinnen kennen, deren Antrag bewilligt worden ist und die durch diese Bewilligung auch in der Therapie einen erheblichen Entwicklungsschritt gemacht haben. Der Staat hat anerkannt, dass eine Straftat stattgefunden hat, der Staat leistet Ausgleich, zahlt Rente oder finanziert die Therapie. Die Wahrheit hat sich durchgesetzt, es gibt in geringem Umfang eine gewisse Genugtuung. Das ist äußerst wichtig, genauso wie ein erfolgreicher Prozess. Aber der Weg dahin kann lang, mühsam und voller Klippen sein.

Es ist ein Unding, dass es hier keine Möglichkeit zum Ländervergleich gibt. Es gibt auch keine Leistungsstatistik der Versorgungsämter. Jedenfalls ist an solche Daten weder offiziell noch halboffiziell heranzukommen. Jedes Krankenhaus muss sehr detailliert aufführen, wie viele Patienten mit welchen Diagnosen von wie viel Personal in welchem Zeitraum behandelt wurden und warum für das Mittagessen nicht das billigste Bockwurst-Angebot genutzt wurde, sondern sogar nur das drittbilligste. Jede Staatsanwaltschaft und jede Polizeidienststelle muss detailliert aufführen, wie viele Anzeigen, wie viele Ermittlungen nach welchem Paragraf, wie viele Anklagen und Verfahrenseinstellungen in welchem Zeitraum durchgeführt wurden. Damit wird auch eine Arbeitsleistung dokumentiert, und es kann verglichen werden, warum die Anzeigen in Northeim höher liegen als in Goslar. Warum müssen die Versorgungsämter nicht jährlich eine einfache Leistungsstatistik vorlegen? Die könnte etwa so aussehen: 2003 wurden 50 Anträge auf Leistungen nach dem OEG gestellt. Dabei handelte es sich um 20 Anträge wegen Körperverletzungsdelikten, 20 Anträge wegen Delikten gegen die sexuelle Selbstbestimmung. 10 Anträge bezogen sich auf weitere Delikte. In den einzelnen Kategorien dauerte die Bearbeitung durchschnittlich 24 Monate (+/– 6 Monate). In den einzelnen Kategorien wurden jeweils 50% positiv beschieden. Die Antragsteller erhielten folgende Leistungen: 100 Sitzungen Psychotherapie oder eine MdE-Rente von 40% oder eine einmalige Zahlung von x €. Und so weiter. Jeweils 50% wurden abgelehnt, und zwar aus folgenden Gründen: ... Dann wären der Entscheidungsweg, die Zeit und das Resultat kalkulierbar. Dann wüsste jedes Opfer: Mit dieser Konstellation habe ich gute Chancen, mit jener Konstellation brauche ich es gar nicht erst zu versuchen.

Die Versorgungsämter selbst würden sich damit auch eher einen Gefallen tun. Ihre Arbeit wäre transparent, ein Vergleich der Arbeit der Bundesländer wäre möglich, es gäbe Entscheidungsstandards, und die Versorgungsämter könnten böswilligen Unterstellungen entgegentreten. Einige Beratungsstellen verbreiten schon im kleinen Kreis Folgendes: Es gebe Versorgungsämter, die aktiv darum werben, Anträge nach dem OEG zu stellen, um ihre Existenzberechtigung zu behalten, weil die Kriegsopfer langsam aussterben. Andererseits schmettern die Versorgungsämter so viele Anträge wie möglich nach so langer Zeit wie möglich ab, um den Politikern entgegenzukommen, die nichts bezahlen wollen und können. – Ein solches Vorgehen wäre ja schlichtweg perfide. Solchen unsachlichen Unterstellungen ist am besten durch sachliche, fundierte Information zu begegnen.

Leistungen nach dem OEG sind auch ein Politikum. Es kann keinen Zweifel mehr geben, dass sehr viele Menschen mit Persönlichkeitsstörungen, gerade stationär psychiatrisch behandlungsbedürftige Patienten, in Kindheit und Jugend wiederholt, manche kontinuierlich Opfer von Straftaten geworden sind (Kernberg et al. 2000; Sachsse 2004). Wollte die Gesellschaft all diesen Opfern innerfamiliärer Gewalt und sexualisierter Gewalt eine Rente zahlen, so wäre das eine erhebliche finanzielle Belastung für die Länder. Etwa die Hälfte aller wiederholt behandlungsbedürftigen psychiatrischen Patienten hätte dann Anspruch auf eine aus Steuergeldern zu finanzierende Zusatzrente nach dem OEG. Im Grunde genommen können die Länder sich das im Moment finanziell gar nicht leisten. Es ist aber höchst misslich, wenn es einen Rechtsanspruch gibt, der gar nicht finanzierbar ist. Dies gilt für sehr viele soziale Leistungsgesetze. Es ist auch ein Nachteil im Bereich der Hilfen und Unterstützungen für Jugendliche und junge Erwachsene oder für andere Sozialhilfebedürftige. Wenn der Rechtsanspruch und die finanzierbaren Leistungen zu weit auseinandergehen, bekommen die Menschen völlig berechtigt das Gefühl, der Staat breche seine eigenen Gesetze. Der Staat gibt mir ein Recht, das er mir auf der anderen Seite vorenthält. Steht mir das nun zu, habe ich darauf ein Recht, oder nicht? Inzwischen gibt es natürlich auch im Internet eine breite Diskussion zu „Erfahrungen mit dem OEG". Einige dieser Erfahrungen von einer Internet-Seite Multipler Persönlichkeiten, die inzwischen wieder gelöscht ist, möchten wir zum Abschluss des Kapitels zitieren:

> *„Vieles war sehr schwierig (...) gewesen und ohne den ständigen Rückhalt durch unseren Therapeuten wären wir nicht an die Sache rangegangen. Es gab Auslöser ohne Ende!! Und: Es hat zwei Jahre gedauert. Während der zwei Jahre hat es auch einmal so ausgesehen, als würde der Antrag abgelehnt. Was wir da gefühlt oder erlebt haben, wäre ohne kompetente therapeutische Hilfe unerträglich gewesen. (...) Es bedeutet unglaublich viel Gutes für mich, (...) diese Anerkennung als Gewaltopfer von der Außenwelt jetzt zu haben."*

> *„Wir haben öfter erlebt, dass Therapeutinnen und auch Beratungsstellen die antragprüfenden Behörden wie missgünstige Monster hinstellten, die den Antragstellerinnen absolut nichts gewähren wollen und nur Schwierigkeiten machen und die Betroffenen erniedrigen. Und dann haben sie auf die Behörden geschimpft und sich beklagt, dass man so machtlos ist und die so mächtig. (...) Ich habe mich gnadenlos allein gelassen gefühlt, besonders von der Therapeutin. Ich hätte mir gewünscht, dass sie (...) mir nicht bestätigt, dass alles ist wie früher: Ich ein Opfer im Kampf gegen eine übermächtige Komponente (...). Es hat sich angefühlt, als wenn sie (...) genauso hilflos ist wie ich. Dies (...) war irritierend und isolierend. (...) Die ganze Sache ist vielschichtig genug, Leute wie wir brauchen niemanden, der sich bei uns darüber beklagt. (...) Wir brauchen Leute, die eine gesunde Distanz einhalten können und sich nicht so lange mit uns solidarisieren, bis sie selbst im Opferstatus sind. (...) Uns hat es während der schweren zwei Jahre geholfen, dass unser Therapeut immer wieder unterstrichen hat, dass Ämter und Behörden nach eigenen Regeln funktionieren (...). Und dass die Welt nicht gerecht ist und dass nicht immer Recht kriegt, wer recht hat."*

Literatur

Kernberg OF, Dulz B, Sachsse U (Hrsg) (2000). Handbuch der Borderline-Persönlichkeitsstörungen. Stuttgart, New York: Schattauer.

Pross C (1988). Wiedergutmachung. Der Kleinkrieg gegen die Opfer. Frankfurt a. M.: Athenäum.

Sachsse U (2004). Traumazentrierte Psychotherapie. Theorie, Klinik und Praxis. Stuttgart, New York: Schattauer.

17 Das Gewaltschutzgesetz

Seit dem 01.01.2002 ist ein Gesetz in Kraft, das sich bereits jetzt in vielerlei Hinsicht segensreich auswirkt: das Gewaltschutzgesetz.

Bis zu diesem Zeitpunkt galt sehr weitgehend: Was in Familien abläuft, geht den Staat nichts an, wenn es sich nicht um sehr massive Formen der Körperverletzung oder gar um Tötungsdelikte handelt. Deutschland hat eine lange Geschichte von massiven Eingriffen des Staats in die Familien. Sowohl die Nazis als auch die Kommunisten haben die Familien dominiert und massiv in die Familien hineinspioniert. Vonseiten des Gesetzgebers der Bundesrepublik Deutschland war der innerfamiliäre Bereich deshalb ein großer Freiraum, in dem Gesetze erst relativ spät griffen bzw. zur Anwendung kamen. Diese Situation wurde zunehmend unbefriedigend. Nachbarn unterließen Anrufe bei der Polizei, wenn sie zweimal die Erfahrung gemacht hatten, dass die Polizei unverrichteter Dinge und konsequenzlos wieder fortgegangen war, und wenn sie dann auch noch Bedrohungen durch den gewalttätigen Nachbarn ausgesetzt waren. Polizeibeamte waren demotiviert und frustriert, wenn sie an einer Tür klingelten, hinter der ganz offenkundig ein hochgradig alkoholisierter Mann Frau und Kinder verprügelte, die Frau dann mit einem blauen Auge und verheulten Wangen die Tür aufmachte und den Beamten sagte: „Hier ist alles in Ordnung, das ist unsere Sache, bitte gehen Sie wieder." Dann musste die Polizei nämlich abdrehen und konnte nur die Achseln zucken, wenn die Frau nicht doch noch bewusstlos zu Boden sank.

Der Gesetzgeber hat eingesehen, dass der Privatraum von sehr hohem öffentlichen Interesse ist. Statistische, soziologische und neurobiologische Daten beweisen unabweisbar, dass die Gefahr, kriminell, dissozial oder psychisch schwer krank zu werden, mit schlechten Kindheitserfahrungen eng korreliert. Wenn die Gesellschaft also akzeptiert, dass Kinder von ihren Eltern massiv geschädigt werden, dann produziert sie damit ihre nächste Generation an kriminellen oder psychisch schwer kranken Menschen. Hier hat ein Umdenken stattgefunden. Der Umgang mit Kindern ist nicht mehr nur Elternsache, ist nicht mehr nur Privatsache, und auch der Umgang mit Frauen geschieht innerfamiliär nicht in einem rechtsfreien Raum.

Das Gewaltschutzgesetz steht quasi unter dem Motto: „Wer schlägt, muss gehen." Das ist statistisch gesehen im Allgemeinen der Mann. In einigen Fällen ist das im Landgerichtsbereich Göttingen aber auch schon die Frau gewesen. Es entspricht vielleicht nicht ganz den gängigen Männlichkeits-Klischees, aber im

NLKH Göttingen sind zweimal auch schon (etwas ältere) Männer aufgenommen worden, die von ihren gewalttätigen, jüngeren Frauen sehr heftig geschlagen worden waren.

Die §§ 1 und 2 des Gewaltschutzgesetzes legen fest, dass bei Körperverletzung oder massiver Bedrohung auf dem Wege der einstweiligen Anordnung ein Betretungsverbot der Wohnung ausgesprochen werden kann. Dies gilt auch dann, wenn der Täter zum Beispiel nicht zurechnungsfähig ist. An dieser Stelle ist das Schutzinteresse des Opfers höher als das Interesse des Täters daran, aufgrund einer Unzurechnungsfähigkeit keine Nachteile zu erhalten. Umgangssprachlich und im Polizei-Jargon heißt dieses Betretungsverbot „Hausverbot". Die Polizei kann also unmittelbar anordnen: „Sie packen jetzt ein paar Sachen zusammen, verlassen mit uns gemeinsam diese Wohnung und gehen zu Verwandten, ins Hotel, in die Jugendherberge oder zur Heilsarmee, ganz egal wohin. Aber Sie betreten in den nächsten 24 (oder 48) Stunden diese Wohnung nicht mehr!" Dann muss der Mensch, der geschlagen hat, die Wohnung verlassen und darf auch nicht zurückkehren.

Nun muss das Opfer allerdings in kurzer Zeit einen Antrag stellen, damit der Täter weiterhin der Wohnung verwiesen wird. Das Opfer muss zum Amtsgericht gehen und diesen Antrag stellen. Ein Richter verfügt dann über einen Zeitraum von maximal zwei Monaten, dass der Täter der Wohnung fernbleiben muss.

Die Umsetzung dieses Gesetzes unterliegt Länderhoheit. In allen Bundesländern ist es so, dass die Polizei einschreiten muss, wenn sie wegen innerfamiliärer Gewalt von Nachbarn oder Angehörigen gerufen wird. In Niedersachsen schreitet die Polizei auch ein, und sie kommt postwendend. Fast alle Polizeibeamten sehen ein, dass sie hier eine zentrale sozialpräventive Funktion ausüben, die ihrem Berufsverständnis entspricht und entgegenkommt. In Niedersachsen wird nach den Sofortmaßnahmen sofort eine Beratungs- und Interventionsstelle informiert, die das Opfer von sich aus aufsucht und es aktiv über seine Möglichkeiten berät. Das ist keine konkrete Rechtsberatung, die dürfen nur Rechtsanwälte geben. Aber es ist doch eine Information und eine kompetente Unterstützung.

Besonders wichtig sind dann die Regelungen, die bei Verstoß gegen diese Anordnungen greifen. Wenn ein Täter gegen die Anordnungen verstößt, macht er sich strafbar. Es handelt sich dabei nicht um eine Ordnungswidrigkeit, um ein Kavaliersdelikt oder um mehr oder weniger groben Unfug. Es handelt sich um eine Straftat! Damit wird die Justiz selbst aktiv und wird gegen den Täter ein Ermittlungsverfahren einleiten. Das hat sich offenkundig auch relativ rasch herumgesprochen, denn die Anzahl der Verstöße gegen diese Anordnungen nach dem Gewaltschutzgesetz ist gar nicht sehr hoch. Zumindest ist die Anzahl der Verstöße nicht hoch, die der Polizei oder den Staatsanwaltschaften zur Kenntnis gelangen. Weil der Täter sich strafbar macht, kann das Opfer neben der Polizei beispielsweise auch einen Gerichtsvollzieher mit der Durchsetzung seiner Rechte beauftragen. Das ist insbesondere bei einem Platzverbot von Relevanz, wenn ein Typ einfach in der Wohnung sitzt und nicht hinausgeht. Dann kann diese Anordnung durchgesetzt werden, und sie wird dann auch durchgesetzt.

Kein Gesetz der Welt kann seelische Widersprüchlichkeit, Schwanken und Ambivalenz verhindern oder ausgleichen. Auch das Gewaltschutzgesetz ist machtlos bei Menschen, die ihre Haltung dem Partner gegenüber zweimal täglich verändern, hin und her gerissen sind, sich selbst ständig widersprechen und völlig inkonsequent handeln. Alle Beratungsstellen, alle Frauenhäuser, alle Polizeibeamten, psychiatrischen Versorgungskliniken, aber auch alle Polizeidienststellen und Staatsanwaltschaften kennen diese Menschen. Das fällt dann nicht mehr unter den Kompetenzbereich der Justiz, sondern unter denjenigen der Psychotherapie.

18 Traumazentrierte Psycho-therapie versus juristische Verfahren

Juristinnen werfen Therapeutinnen zu Recht vor, dass ihre Therapie den Verfahrensablauf behindert und die Wahrheitsfindung erschwert, weil die Aussage und die Erinnerungen des Opfers geradezu verfälscht werden können. Da ist was dran.

Wir haben ja schon deutlich gemacht, dass Therapeutinnen völlig anders denken und arbeiten als Juristen. Wir haben auch deutlich gemacht, dass das menschliche Gehirn und die Erinnerung gar nicht die Funktion haben, historische Wahrheit abzuspeichern und abrufbar bereit zu halten, sondern die Funktion, Erinnerungen als Erfahrung zur Bewältigung der aktuellen Situation nutzen zu können. Nacht für Nacht arbeiten unsere Träume daran, unsere Alltagserfahrungen und die während des Alltags nicht verarbeiteten Tagesreste so zurechtzubiegen, dass sie in unsere Weltsicht, in unsere so genannten „Schemata" hineinpassen und uns bereichern und nicht stören, keine so genannten „kognitiven Dissonanzen" hinterlassen. Die schätzt unser Gehirn nämlich gar nicht.

Wenn eine Psychotherapeutin also beginnt, eine gute Trauma-Therapie durchzuführen, dann kann das die Erinnerungen eines Opfers beeinflussen oder verändern. Dann schimpfen die Juristen: „Die Aussage war im Prozess so glatt, so abgerundet, so frei von Widersprüchen, aber inzwischen auch so selbstsicher und abgeklärt, dass atmosphärisch gar nichts mehr rübergekommen ist. Was dem Opfer durch die Tat angetan wurde, war gar nicht mehr spürbar. Das Opfer hat eher den Eindruck hinterlassen: War eigentlich gar nicht so schlimm."

Diese Einstellung ist problematisch. An sich wird mit Aussagen von Menschen im Bereich der Justiz wissenschaftlich unkorrekt umgegangen. Eine Aussage sollte behandelt werden wie ein Tatort. Sie sollte gesichert werden. Am besten wäre es, die Aussage so umfassend und umfangreich wie möglich per Tonträger und Video zu sichern und im Hauptverfahren zur Verfügung zu stellen. Ein Tatort wird ja auch fotografiert, vermessen, auf Fingerabdrücke und Giftspuren untersucht und umfangreich dokumentiert. Kein Mensch würde sagen: „Wir suchen in einem Jahr den Tatort mal auf, dann schauen wir mal im Rahmen der Hauptverhandlung, was wir so unmittelbar wahrnehmen." Jeder wüsste: Der Tatort hat sich verändert, die Spuren haben sich verändert, die Natur baut organische Stoffe ab und lässt an Dingen Gras wachsen, wo vorher gar kein Gras gewachsen ist. Dies gilt im Grunde genommen auch für eine Erinnerung oder eine Erfahrung. Auch sie unterliegt natürlichen Veränderungsprozessen wie ein Garten, in dem eine Straftat begangen wurde. Also sollte eine Erinnerung wie ein Tatortbefund betrachtet und behandelt werden.

Eine seelische Verletzung wird von der Justiz auch ganz anders behandelt als eine körperliche Verletzung. Wenn ein Opfer mit einem Messer durch den Brustkorb bis aufs Schulterblatt durchstochen wird, dann wird die Wunde fotografiert, dokumentiert, chirurgisch gründlich und gut versorgt und zur Verheilung und zum Vernarben gebracht. So schnell wie möglich erhält das Opfer Atemgymnastik, Krankengymnastik und funktionelle Bewegungstherapie. In keiner Hauptverhandlung würde die Zumutung gestellt: „Bis aufs Schulterblatt ging die Stichverletzung? Das muss ich selber sehen. Öffnen Sie die Wunde bitte doch noch mal, damit wir sie jetzt unmittelbar im Hauptverfahren zur Kenntnis nehmen können." Seelische Verletzungen sind aber körperliche Verletzungen. Es wird nicht mehr lange dauern, bis im Gehirn sehr präzise nachgewiesen werden kann, welche Körperverletzung dieses traumatische Ereignis im Gehirn ausgelöst und hinterlassen hat. Insofern besteht im Gehirn eigentlich schon jetzt kein kategorialer Unterschied zwischen einer Stichverletzung im Brustkorb und einem Trauma durch Todesgefahr. Beides sind Körperverletzungen. Warum mit der einen Form von Körperverletzung völlig anders umgegangen wird als mit der anderen, ist medizinisch nicht nachvollziehbar. Auch die posttraumatische Gehirnveränderung, die Veränderung der Funktionsabläufe im Gehirn, muss so schnell wie möglich behandelt und so weit wie möglich normalisiert werden.

Die Notwendigkeit, im Hauptverfahren noch unmittelbar aussagen zu müssen, erschwert die traumazentrierte Aufarbeitung der Posttraumatischen Belastungsstörungen. Therapieziel der traumazentrierten Psychotherapie ist es, dass Vergangenes Vergangenheit wird und die Gegenwart so wenig wie möglich belastet. Die doppelte Ungerechtigkeit und schicksalhafte Gemeinheit einer Traumatisierung besteht darin, dass eine wichtige Zeit in der Vergangenheit geschädigt worden ist und dass diese Schädigung in der Vergangenheit einem auch noch die Gegenwart belastet und schädigt. Traumazentrierte Psychotherapie zielt darauf, durch bestimmte Techniken die Aktualisierung der traumatischen Erinnerungen zu vermindern, die Physiologie aus den Erinnerungen herauszunehmen, die Menschen zu desensibilisieren, damit die Vergangenheit erinnerungsfähig wird, ohne Schäden zu hinterlassen.

> Traumazentrierte Psychotherapie ist weitgehend abgeschlossen, wenn ein Mensch das, was ihm widerfahren ist, erinnern kann, ohne depressiv zu werden, im falschen Film und heftig aufgewühlt zu sein, Erinnerungsstörungen zu bekommen, sich betrinken zu müssen, suizidal zu werden, sich selbst zu verletzen oder Drogen zu nehmen.

Wenn ich als Opfer in einem Strafprozess aussagen will, soll oder muss oder wenn ich als Opfer im OEG-Verfahren Beamte und Gutachter überzeugen will, soll oder muss, dann muss ich meine Schädigung lebendig halten. Ich muss im Prozess oder im Gutachten spürbar werden lassen, wie schlimm die Sache für mich war, wie sehr sie mich geschädigt hat und wie weitgehend ich auch heute davon noch geschädigt bin. Mein Ziel muss es also gerade sein, das Trauma und die Trauma-Folgen weiterhin zu aktualisieren oder zumindest aus der Latenz rasch aktualisierbar zur Verfügung zu haben. Das ist den Behandlungsstrategien der traumazentrierten Psychotherapie diametral entgegengesetzt. In der Therapie soll Vergangenes vergangen werden, bei laufenden juristischen Verfahren muss die Vergangenheit aktuell gehalten werden.

Das hat dazu geführt, dass viele Trauma-Therapeutinnen ambulant und stationär keine Patientin traumazentriert behandeln, bei der noch ein juristisches Verfahren offen ist. Das heißt natürlich nicht, dass Menschen in einem laufenden Ermittlungsverfahren oder bis zur Hauptverhandlung keine psychotherapeutische Unterstützung bekommen. Es ist aber ein nichtauflösbarer Zielkonflikt, mit Techniken der traumazentrierten Psychotherapie die Traumatisierungen erfolgreich zu behandeln und gleichzeitig im Hauptverfahren die Aussagen lebendig zu halten.

Wie bei einer Stichverletzung hat die medizinische Versorgung natürlich einen gewissen Vorrang. Kein Jurist kann verlangen, dass ein Opfer medizinisch unzureichend versorgt wird, um seine Aussage in der Hauptverhandlung möglichst lebendig zu halten. Dann ist es aber unabdingbar, vor Beginn der traumazentrierten Aufarbeitung zumindest alle wichtigen Vernehmungen abgeschlossen und diese sehr gut und umfangreich dokumentiert zu haben.

18.1 Trauma-Therapie

Was machen eigentlich Psychotherapeutinnen mit Patientinnen bei dieser neuen, modernen, modischen, ominösen „Trauma-Therapie" (Sachsse 2004)? Sie behandeln ein Trauma. Was ist ein Trauma? Ein Trauma wird ganz unterschiedlich definiert, der Begriff wird ganz unterschiedlich verwendet.

Umgangssprachlich nennen wir ein Ereignis traumatisch, wenn es für uns besonders schlimm, ganz unerträglich und nicht zu verarbeiten ist. Traumatisch hat hier also einfach die Bedeutung von „besonders schlimm".

Dann wird der Begriff des Traumas verwendet im Bereich zwischenmenschlicher Beziehung. Das hat eine lange wissenschaftliche Tradition aus der Psychoanalyse, der Bindungsforschung und der Entwicklungspsychologie. Mit Bindungstrauma und Beziehungstrauma wird zunächst eine sehr unzureichende oder schädliche Förderung des Kindes bezeichnet. Im angloamerikanischen Sprachgebrauch wird unterschieden zwischen „Neglect" einerseits, was nur unzureichend mit „Vernachlässigung" übersetzt ist, besser als „Unterstimulierung" bezeichnet werden müsste, und „Abuse" andererseits, was mit der üblichen Übersetzung „Missbrauch" ebenfalls nicht gut erfasst wird, sondern besser als „Überstimulierung" bezeichnet wird. Eltern und Erziehungspersonen, die mit dem „Stressor Säugling" nicht gut umgehen können, tendieren dazu, das Kind entweder überzustimulieren oder unterzustimulieren, sich ihm entweder zu heftig zuzuwenden oder sich gar nicht um das Kind zu kümmern. Solche frühen Bindungserfahrungen können sich nachweislich bis ins Erwachsenenleben auswirken. Und auch die Bindungserfahrungen, die wir nach der Säuglingszeit machen, haben auf unsere weitere Entwicklung erheblichen Einfluss. Das aktuell am häufigsten diskutierte Beziehungstrauma ist das so genannte „Mobbing", die Kehrseite des Kündigungsschutzes. Wenn ein Arbeitgeber einen Mitarbeiter legal nicht loswerden kann, wird er versuchen, diesen Mitarbeiter so schlecht wie möglich zu behandeln, zu „mobben", damit der von sich aus geht. Solche Erfahrungen können ganz erhebliche seelische Schäden verursachen, bis hin zur Suizidalität.

Im engeren Sinne ist ein Trauma definiert in den großen Manualen der Psychiatrie. Das eine ist das Diagnostische und Statistische Manual der Amerikanischen Psychiatrischen Assoziation DSM-IV (APA, Saß et al. 1994), das andere ist die Internationale Klassifikation von Krankheiten ICD-10 (Dilling et al. 1994), das von der Weltgesundheitsorganisation WHO zusammengestellt worden ist. Beide definieren ein Trauma als eine lebensgefährliche Bedrohung, die von außen kommt. Das kann eine Naturkatastrophe sein wie ein Vulkanausbruch, ein Blitzschlag oder eine Überschwemmung. Das kann eine Bedrohung durch ein wildes Tier sein. Besonders häufig aber ist es eine Bedrohung durch einen Mitmenschen, einen Bankräuber, Geiselnehmer oder Vergewaltiger.

Jetzt müssen wir einen kleinen Ausflug in die biologischen Grundlagen des Säugetiers Mensch machen. Lebensgefahr und Lebensbedrohung sind für das Säugetier Mensch in den vergangenen Jahrtausenden keine Ausnahmen, sondern eher der Normalzustand gewesen. Sicherlich leben wir in Deutschland in den letzten 60 Jahren in einem außergewöhnlich sicheren und geschützten Zustand. Die Pest war in der Vergangenheit viel bedrohlicher als die Vogelpest für uns heute, wir hatten mit unserem Erbfeind Frankreich fast in jeder Generation einen Krieg, unsere Lebenserwartung betrug durch Hungersnöte und Unfälle weniger als die Hälfte unserer heutigen Lebenserwartung und vieles mehr. Diese wenigen Jahrzehnte relativer Ruhe und Sicherheit haben auf unsere Biologie noch keinerlei Einfluss genommen. Unsere Biologie ist darauf eingerichtet, dass wir in Lebensgefahr kommen.

Lebensgefahr ist im Grunde genommen nichts anderes als der maximale Stress. Und Stress ist nun auch nichts Ungewöhnliches, sondern ein ganz natürlicher Normalzustand. Wenn wir gar keinen Stress mehr haben, sind wir tot. Das können Sie einfach ausprobieren, indem Sie mal zehn Minuten lang die Luft anhalten. Schon nach einer halben Minute werden Sie merken, dass Ihr Körper heftig dagegen rebelliert, sein Kohlendioxid nicht mehr abatmen zu können und keinen neuen Sauerstoff zu bekommen. Wenn Sie nicht eine gut trainierte Perlentaucherin sind, werden Sie diese wenigen zehn Minuten ohne Luftaustausch nicht überleben. Und auch ohne Wasser kommen Sie nur in Ausnahmefällen über die nächsten zwei oder drei Tage. Ohne Nahrung können wir es etwas länger aushalten. Das haben unsere Körper aber noch nicht begriffen. Sie bilden weiterhin Fettdepots, und wir ernähren uns ganz selbstverständlich weiterhin so, als ob es im nächsten Februar wieder die jährliche Hungersnot geben wird.

Auch mit dem Extremstress können wir umgehen. Wir haben Stressbewältigungssysteme, wahrscheinlich sogar mehrere. Die Stress-Gelehrten streiten sich zurzeit darüber, ob wir ein großes Bewältigungssystem mit Unterfunktionen haben oder ob wir über mehrere Stressbewältigungssysteme verfügen, die nebeneinander bestehen, zusammenwirken oder sich gegenseitig die Arbeit schwer machen. Aus dem klinischen Alltag heraus liegt es nahe, dass es möglicherweise konkurrierende Stressbewältigungssysteme geben mag. Diese Position wird von einem Herrn Panksepp vertreten, während ein Herr LeDoux eher vertritt, es handle sich um ein einheitliches Stressbewältigungssystem.

Als Kliniker favorisiere ich gegenwärtig die Hypothese von Panksepp (1998), und ich möchte Ihnen im Folgenden die bisher bekannten Stressbewältigungssysteme etwas vorstellen. Das wichtigste Stressbewältigungssystem ist seit 100 Jahren gut bekannt und bestens erforscht. Es ist das System, welches in Zeitungen und Zeitschriften wie Stern, Spiegel, Bild der Wissenschaft als „Stress-System" bezeichnet wird. Panksepp bezeichnet dieses System als **Furchtsystem**. Eine Außengefahr führt in weniger als einer halben Sekunde dazu, dass im Nebennierenmark Adrenalin in den Körper ausgeschüttet wird und im Gehirn aus dem blauen Kern, dem Locus coeruleus, Noradrenalin ins Gehirn gelangt. Durch diesen Adrenalin-Stoß bekommen wir eine Sympathikus-Reaktion: Das Herz fängt an zu rasen, die Muskelspannung ist heraufgesetzt, der Blutdruck steigt, alle Zuckerreserven werden ausgeschüttet, und das Gehirn schaltet auf Wachsamkeit. Machen Sie einen Spaziergang durch den Wald, beobachten Sie Rehe und brechen Sie dann einen Zweig durch, sodass es knackt! Sofort werden die Rehe angespannt, wachsam, beobachten die Umgebung und unterbrechen das Äsen. In diesem Zustand sind wir reflexhaft in der Lage zu flüchten oder anzugreifen. Dieses System liegt der Empfehlung zugrunde „Hilf dir selbst!". Mit diesem System können wir flüchten, kämpfen oder aber nachdenken. Über die Furchtkonditionierung sind wir in der Lage, aus Lebenserfahrungen zu lernen, wir werden aus Schaden klug.

Beruhigt wird dieses System durch einen siegreichen Kampf. Samstagabends können Sie häufiger mal einen langen Austausch zwischen Männern beobachten, die miteinander kämpfen. Am Schluss hat der eine gewonnen, ist sichtlich glücklich und springt durch den Ring wie ein siegreicher Gorilla, klopft sich auf die Brust und reißt die Arme nach oben. Manchmal erinnert auch sein Siegesgeheul durchaus an Menschenaffen. Der andere wirkt im wahrsten Sinne des Wortes niedergeschlagen und überlegt sich vielleicht eine Umschulungsmaßnahme.

Wer sich intensiver mit diesem Stressbewältigungssystem auseinandersetzen möchte, kann dies in einer umfangreichen Lehrfilmreihe tun. Es gibt inzwischen 21, sicher bald 22 DVDs mit der Märchengestalt „James Bond 007". Dieser Übermensch kommt mit diesem System durch alle Schwierigkeiten. Die eine Hälfte der Filme ist er intelligent auf der Flucht, entkommt übermächtigen Verfolgern und rettet dabei nebenbei meistens noch schöne Frauen. Die andere Hälfte des Films kämpft James Bond. Er kann fechten, schießen, boxen, Karate, Mikado, Maschinengewehr, Harpune, Degen und auch vieles andere noch. Er fährt Auto, Motorrad, Fahrrad, Hubschrauber, Düsenflugzeug und Mondrakete. Er kann rennen, Ski fahren, klettern, tauchen und Fallschirm springen. Er kann einfach alles.

Solche Menschen wurden in früheren Zeiten als Helden verehrt. Und meistens wurden Menschen erst dann zu Helden, wenn sie verstorben waren. Lebende Menschen eignen sich nicht gut als Helden, weil es in der Wirklichkeit keinen Menschen gibt, der alles kann und mit diesem System sicher durch alle Schwierigkeiten hindurchkommt. Wir sind eben nicht immer in der Lage, wie James Bond alle Probleme alleine heldenhaft zu lösen. Inzwischen gibt es übrigens auch weibliche Helden wie die Drei Engel für Charlie oder Lara Croft. Besonders überzeugend ist Colonel Ripley im Kampf gegen Alien I bis IV. Mit Aliens kommen Frauen einfach besser zurecht.

Können wir uns nicht selbst helfen in einer Lebensgefahr, dann steht uns ein zweites Gefahrenbewältigungssystem zur Verfügung: das **Bindungssystem**. Panksepp bezeichnet es als Paniksystem, was aber irreführen kann, weil Panikattacken sympathikoton sind und damit auch dem Furchtsystem zugerechnet werden können. Das Bindungssystem arbeitet mit anderen Botenstoffen, nicht mit Adrenalin, sondern mit Glutamat. Es greift auf andere Kerne im Gehirn zurück, sowohl im Hirnstamm als auch auf der Ebene des limbischen Systems, das für unsere Gefühle zuständig ist. Dieses Bindungssystem ist bei uns von Geburt an aktiv, denn der Säugling kann nicht nur atmen, schlucken und bald auch verdauen, sondern er kann recht schnell auch Bindung und Beziehung herstellen. Wenn der Säugling Bindung sucht, dann macht er das sehr lautstark deutlich, und ein lautstarker Säugling ist ein Stressor. Wir hatten schon darauf hingewiesen, dass manche Eltern mit dem „Stressor Säugling" wie mit anderen Stressoren auch überfordert sein können, was zu Problemen führt. In Video-Aufnahmen kann gezeigt werden, dass ein schreiender Säugling bei Eltern manchmal ein Abschalten auslöst, einen Tunnelblick, ein Vor-sich-Hinstarren ohne Reaktion. Manche Eltern nehmen dann Alkohol oder Medikamente, um den Stress, der von dem schreienden Säugling ausgelöst wird, nicht spüren zu müssen. Denn diesem intensiven Stress wären sie innerlich nicht gewachsen. Diese Eltern reagieren auf den „Stressor Säugling" mit Bindungsabbruch, Unterstimulierung, Neglect, Vernachlässigung, Deprivation. Das Gegenteil wäre eine Überreaktion. Insbesondere Männer tendieren dazu, auf einen Stressor wie ein undifferenzierter Jugendlicher zu reagieren: „Machst du mir Stress, mache ich dich platt!" Immer wieder wird in Prozessen von Männern gesagt: „Ich hab' den Säugling nur geschlagen, damit er endlich Ruhe gibt. Ich wollte meine Ruhe haben. Ich hab' nichts gegen den, ich mochte den sogar ganz gerne." Beides sind Primitivreaktionen, die Säuglinge schädigen und dazu führen, dass Stressverarbeitungsstörungen über die Generationen hinweg weitergegeben werden können.

Das Bindungssystem bleibt bei der Herdentier-Spezies Mensch während des ganzen Lebens erhalten. Auch als alte Menschen können wir in der Not noch „Mama" rufen, und bis zu unserem Tode können wir um Hilfe rufen.

Beruhigt wird dieses System durch eine gute Mutter, einen guten Vater, eine gute Freundin oder einen guten Freund. Gute Beziehungen sind das beste Beruhigungsmittel der Welt. Jedenfalls fast das beste Beruhigungsmittel. In raffinierten Tierversuchen ist festgestellt worden, dass eine gute Beziehung bei Affen fast allen Beruhigungsmedikamenten überlegen ist. Besser als ein befreundeter Affe sind eigentlich nur die Opiate, insbesondere das Heroin. Wer Opium und Heroin hat, braucht keine Beziehungen mehr. Und eine gute Beziehung führt auch zur körpereigenen Opiatausschüttung, zur Endorphinausschüttung. Gute Beziehungen wirken über die Endorphine, aber auch über das Beziehungshormon Oxytozin, das eine große Rolle spielt bei der Geburt, beim Stillen und bei der Sexualität.

Kann ich mir selbst helfen, hinterlässt eine traumatische Situation keine posttraumatische Störung. Wird mir geholfen, dann habe ich vielleicht drei bis sechs Monate lang mit der traumatischen Situation zu tun. Dann ist sie aber verarbeitet. Das Fachwort für die Verarbeitung eines Traumas lautet „Integration". Mit diesem Wort ist nichts anderes gemeint, als dass ich an ein Trauma denken kann, ohne dass mir das Symptome macht, ohne dass ich hinterher davon Symptome bekomme. Darauf werden wir noch zu sprechen kommen.

Kann ich mir nicht selbst helfen, wird mir nicht geholfen, dann bin ich hilflos in Lebensgefahr. Genau diese Situation ist es, auf die wir biologisch schlecht vorbereitet sind. Hilflosigkeit ist etwas, das in der Natur möglichst wenig vorkommen sollte. Hilflosigkeit ist schlichtweg unfunktional fürs Überleben. In der Situation der Lebensgefahr, verbunden mit Hilflosigkeit, kann ich nur noch erstarren. Erstarren kann ich zum Beispiel in gespannter Erstarrung. Dann bin ich hochgradig sympathikoton, mein Herz rast, mein Blutdruck ist hoch, und ich bin auf dem Sprung, um möglichst schnell flüchten zu können. Das passt sehr gut zur Symptomatik der Panikattacken, und aktuell wird überlegt, ob dieser Zustand mit Panikattacken zu tun haben könnte, zumal in diesem Zustand das Sprachzentrum gelähmt ist. Ich bin mucksmäuschenstill und bringe kein Wort heraus. Das lässt sich übrigens mit bildgebenden Verfahren im Gehirn abbilden.

Diesen Zustand gespannter Aufmerksamkeit, in dem ich hochgradig unter Stress bin und jederzeit flüchten kann, kann ich nur einen begrenzten Zeitraum aufrechterhalten. Dann kippt dieser Zustand irgendwann um in innere Kapitulation. Ich gebe auf, rolle mich auf den Boden in Embryonalhaltung, werde wahrscheinlich im Gehirn von Endorphinen überflutet und schalte ab. Dann ist es mir egal, ob ich von diesem wilden Tier gefunden und totgebissen werde oder ob die Feinde mich fangen. Ich habe kapituliert, ich habe aufgegeben. Dann kann ich nur noch abschalten, vielleicht meinen Körper verlassen und neben mir stehen, alles von außen wahrnehmen. Oder ich kann die Wirklichkeit verlassen, in eine andere Realität flüchten und mich dort aufhalten wie Alice im Wunderland oder Alice hinter den Spiegeln. Dieser Zustand wird als Dissoziation bezeichnet, entweder als Depersonalisation mit Verlassen des eigenen Körpers oder Derealisation als Verlassen der Wirklichkeit. Diesen Bewältigungsmechanismus kann ein Kind lernen, aber auch Erwachsene können ihn sich antrainieren, wenn sie etwa wiederholter Folter ausgesetzt sind oder immer wieder damit rechnen müssen, vergewaltigt zu werden.

Ein Trauma im engeren Sinne ist exakt diese Situation: Lebensgefahr oder ernsthafte Gesundheitsgefährdung mit ausgeprägter, totaler Hilflosigkeit. Eine solche Situation wird in unserem Gehirn anders abgespeichert als eine übliche Erinnerung. An die Lektüre einzelner Artikel dieses Buchs werden Sie sich hoffentlich morgen noch erinnern. Sie haben etwas gelesen, und Ihr Arbeitsspeicher hat sich

auf den Inhalt dessen, was Sie gelesen haben, fokussiert. Im Arbeitsspeicher bleiben Inhalte maximal zwei Minuten. Entweder waren diese Inhalte für Sie wichtig,
dann waren sie für Sie emotional wichtig. Auch wenn Sie sich gesagt haben: „Das
muss ich mir auf jeden Fall merken!", dann war es die Begleitemotion, die dazu geführt hat, dass dieses Erinnerungselement über den Arbeitsspeicher hinausgelangt
ist in eine Art Zwischenspeicher, den so genannten Hippocampus. Dort lagern,
wie vor 100 Jahren Sigmund Freud schon richtig feststellte, unsere Tagesreste,
die für uns während des Tages emotional bedeutsam waren, aber nicht gleich
verarbeitet werden konnten. Wenn Sie abends das Gefühl haben: „Ich hab' den
Kopf so voll", dann ist das falsch. In Ihrem Kortex, Ihrer Großhirnrinde, können
Sie so unendlich viel speichern, dass Sie davon in einem ganzen Leben kaum 20%
wirklich nutzen. Voll ist aber wahrscheinlich Ihr Hippocampus. Und den müssen
Sie in der Nacht wieder leeren. Das tun Sie auch drei- oder viermal während des
Traums. Dabei bewegen Sie die Augen von rechts nach links, und die Informati-
onen aus dem Hippocampus strömen in beide Hirnhälften in die Großhirnrinde.
Dort wird durchgeprüft, wozu diese Informationen wohl passen können, und das
gibt dann ganz lustige Kombinationen. Diese aktuellen Tagesreste mit den alten
Inhalten im Gedächtnisspeicher ergeben ganz interessante, wirre, nicht immer lo-
gische Bildfolgen und Geschichten. Traumdeutung ist spannend und anregend.
Wenn Sie am nächsten Morgen wach werden, dann ist Ihr Hippocampus wieder
ein wenig entlastet, und Sie haben den Eindruck: „Mein Kopf ist frei." Wenn Ihnen mehrere Nächte hintereinander das Träumen unmöglich gemacht worden ist,
dann werden Sie erst verrückt, und dann können Sie sogar sterben. Das Träumen
ist für uns überlebensnotwendig. In den Träumen werden wichtige Inhalte auch
immer wieder wiederholt. Schließlich landen sie im Langzeitgedächtnis und sind
dort in Form von Molekülen chemisch niedergelegt. Erst dann hat sich uns etwas
eingeprägt, erst dann haben wir etwas behalten.

Dieser komplizierte Vorgang der Gedächtnisbildung, der noch dadurch kompliziert wird, dass das Abrufen von Gedächtnisinhalten wieder etwas anderes ist
als das Abspeichern, wird in einem Trauma unterlaufen. Die traumatische Situation speichern wir anders. Sie prägt sich uns unmittelbar ein in limbischen
Zentren, also in Zentren des Gefühlserlebens. Diese Abspeicherung ist unpräzise,
schemenhaft. Sie beinhaltet Wortfetzen, kurze Bildsequenzen, Geräusche, Körperempfindungen und insbesondere Gerüche. Diese Abspeicherungen sind aber sehr
hartnäckig und dauerhaft. Wenn nun unmittelbar nach einer traumatischen Situation etwas geschieht, was auf irgendeinem Sinneskanal auch nur entfernt an das
Trauma erinnert, dann springt unser Alarmsystem sofort an. Wir sind dann sofort
mit allen unseren Stressbewältigungssystemen „online" und können in ganz kurzer Zeit reflexhaft reagieren. Das ist in der Savanne überlebensnotwendig. Wenn
wir mit knapper Not einem Löwen entkommen sind, dann kann es gut sein, dass
der Löwe erneut versucht, uns zu verspeisen. Wenn ein Vulkan ausgebrochen ist,
dann ist es wahrscheinlich, dass er in nächster Zeit erneut ausbrechen wird. Einem
Erdbeben folgen fast immer Nachbeben. Wenn der Nachbarstamm mich ange-
griffen hat, dann wird er das vielleicht erneut versuchen. Insofern ist in der Natur
damit zu rechnen, dass eine Lebensgefahr dann, wenn das Einzelereignis vorbei

ist, noch nicht generell vorbei ist. Genau darauf reagieren wir mit diesem post-traumatischen Zustand. Wir sind dann dünnhäutig, reizbar, gleich im Hochstress und betrachten jeden Reiz als Gefahrensignal. Diese Gestimmtheit ist ein wenig vergleichbar mit der Atmosphäre in einem Horrorfilm, in dem eine wehende Gardine, eine knarrende Treppe oder ein vorbeifahrendes Auto zum Gefahrensignal wird.

Wichtig ist es, dass dieser posttraumatische Zustand normal, sinnvoll und überlebensnotwendig ist. Für die Umgebung wirkt ein solcher Mensch dünnhäutig, reizbar, schreckhaft, „voll auf Horror", wie ein Jugendlicher es formulieren könnte.

Natürlicherweise würde unsere Familie, unsere Herde oder Horde uns in einer solchen Situation Schutz geben. Die anderen nehmen uns in den Arm, halten uns fest, lassen uns zittern, lassen uns vor Entsetzen schluchzen und weinen, und sie sind zu 100% solidarisch, auf unserer Seite. Sie übernehmen unseren Schutz, nehmen uns in ihre Mitte, verteidigen uns nach außen und ermöglichen uns, dass wir die Situation durchträumen und sicher schlafen können. Dieses Sicherheitsgefühl direkt nach einem Trauma ist unentbehrlich, und es ist der natürliche Bewältigungsmechanismus einer traumatischen Situation.

Sofern eine solche Situation gegeben ist, sofern ein soziales Netz besteht und gute Bindungen und Beziehungen, werden traumatische Ereignisse zu 90% in drei bis sechs Monaten verarbeitet. Wir Menschen haben aber Schwierigkeiten mit der Verarbeitung von Vergewaltigung und Folter. Da bleibt auch bei einem guten Sozialnetz in über 50% der Fälle eine posttraumatische Störung zurück.

Was ist nun eine posttraumatische Störung (Flatten et al. 2001)? Der deutsche Ausdruck **Posttraumatische Belastungsstörung (PTBS)** ist meines Erachtens schlechter als der englische Ausdruck **Posttraumatic Stress Disorder (PTSD)**. Stress Disorder beinhaltet, dass es sich um eine Stressverarbeitungsstörung handelt. Dieser Ausdruck ist präzise. Wir haben anschließend Schwierigkeiten, mit Stressoren angemessen umzugehen, Stress so zu verarbeiten wie vorher.

Das äußert sich einmal darin, dass kleine Reize, aber auch Reizarmut wie abendliche Ruhe, dazu führen können, dass wir vom traumatischen Ereignis innerlich wieder vereinnahmt werden. Man spricht in diesem Fall von **Intrusionen und Flashbacks.** *Intrudere* bedeutet „sich aufdrängen". Intrusionen sind Bilder, Gefühle und Gedanken, die sich mir aufdrängen, an die ich immer wieder denken muss, obwohl ich das gar nicht will. Flashbacks sind Körperempfindungen und Bilder, die mir plötzlich präsent sind, obwohl es dafür gar keinen Grund gibt, allenfalls einen harmlosen Auslöser wie einen vorbeifahrenden Krankenwagen mit Signalhorn und Blaulicht. Im Schlaf schrecke ich hoch von Albträumen, in denen das traumatische Ereignis wieder und wieder abläuft.

Eine solche intrusive Symptomatik ist extrem belastend, weil ich dadurch immer wieder in Stress gerate, im falschen Film bin und so reagiere, als sei ich gerade in Lebensgefahr. Also werde ich versuchen, diese Situation zu vermeiden. **Vermeidungsverhalten** ist ein sinnvoller Schutzmechanismus nach einem Trauma. Ich gehe nicht mehr beim Zebrastreifen über die Straße, weil ich auf einem Zebrastreifen angefahren wurde. Vielleicht sehe ich nicht mal mehr Tierserien aus

Afrika, weil ich keine Zebras sehen kann. Und vielleicht weiß ich nicht mal, warum Zebras mich immer wieder so aufregen. Nicht jedes Vermeidungsverhalten, nicht jede Phobie ist traumatisch bedingt. Es kann aber durchaus ein Einzelereignis auslösend sein. Und das Vermeidungsverhalten kann dann sogar irgendwann so intensiv werden, sich so sehr generalisieren, sich so sehr ausbreiten, dass es schließlich die posttraumatische Symptomatik verdeckt. Dann hat ein Mensch eine Agoraphobie, eine Platzangst, eine generalisierte Angststörung oder eine Phobie, aber keine posttraumatische Symptomatik mehr.

Das Gleiche gilt für den nächsten Symptomkomplex, die **Konstriktion**, das innere Abschalten. Acht bis zwölf Wochen nach einem Trauma berichten viele Menschen davon, dass sie allmählich wieder ruhiger werden. Sie reagieren nicht mehr so heftig, schlafen besser, schrecken nicht mehr von Albträumen auf und wirken auch auf ihre Umgebung ruhiger. Dann wird der erfahrene Trauma-Therapeut hellwach. Ich werde nachfragen, wie es denn mit den schönen Dingen des Lebens ist, ob jemand wieder gerne Musik hört, wieder gerne Essen geht, wieder gerne Tennis spielt oder gerne im Garten ist. Und wenn mir ein Mensch dann sagt, dass das Trauma ihm zwar nicht mehr so nahe gehen würde, alles andere aber auch nicht mehr so, dann bin ich alarmiert. Dann kann es sein, dass sich daraus eine Depression, eine Versteinerung, eine allgemeine Unfähigkeit entwickelt, glücklich zu sein, das Leben zu genießen. Der Fachausdruck dafür heißt Anhedonie. Depression, Anhedonie, inneres Abschalten und Versteinern sind häufig gefährlicher als die heftige, aufwühlende intrusive Symptomatik. Solch eine Entwicklung ist nicht selten still, aber sehr langwierig und schwer behandelbar.

Dieses Abschalten kann natürlich auch erfolgen durch Medikamente, Alkohol oder Drogen. Auch hierbei kann es so sein, dass die **Suchtentwicklung** schließlich die posttraumatische Symptomatik völlig überlagert. Fast die Hälfte aller schwer drogenabhängigen Patienten bewältigt mit ihrer Drogensucht eine Posttraumatische Belastungsstörung.

Wenn erst mal Seele und Körper so abgespalten, so versteinert sind, dann wird der eigene Körper oft nur noch über Spannungen und Schmerzen wahrgenommen. Natürlich ist nicht jedes Schmerzsyndrom, ist nicht jede Somatisierungsstörung auf ein Trauma oder auf traumatische Erfahrungen zurückzuführen, aber zu einem Drittel ist das zumindest ein Faktor unter mehreren. Insofern ist das Trauma selten als Einzelereignis schädlich, kann aber eine Problematik extrem erschweren oder im Zusammenwirken mit anderen Problemen zu langfristigen Beeinträchtigungen führen.

Sofern ein Mensch unter allem gleichzeitig leidet, unter Intrusionen, Flashbacks, Realitätsverkennungen, Drogen- und Alkoholabusus, Depressionen, Depersonalisation, Derealisation, anderen Formen der Dissoziation, Beziehungsverzerrungen und Übererregbarkeit, dann kann die Diagnose einer **Borderline-Persönlichkeitsstörung** zutreffend sein (Kernberg et al. 2000; Schäfer et al. 2006a). Sicherlich gibt es unterschiedliche Formen der Borderline-Persönlichkeitsstörung. Diese Störung kann ausschließlich durch unglückliche Konstellationen in der Kindheit ausgelöst werden, ohne dass ein Kind ein einziges Mal vergewaltigt oder körperlich misshandelt wurde. Aber zwei Drittel der Patientinnen mit einer Borderline-Persönlichkeitsstörung haben schwere Formen sexuellen Kindesmissbrauchs erfahren, und zwei Drittel der männlichen Borderline-Patienten, die sich vielfach in Gefängnissen und Forensischen Psychiatrien wiederfinden, sind als Kinder lebensgefährlich körperlich misshandelt worden. Insofern ist es schon sinnvoll, dass unsere Gesellschaft die Kindererziehung nicht mehr wie in der Vergangenheit komplett zur Privatsache der Familie erklärt, da eine fehlgelaufene Kindererziehung sich im Erwachsenenalter ganz erheblich schädigend auswirken kann auf den Betroffenen selbst, aber auch auf unsere Gesellschaft.

Wir haben schon darauf hingewiesen, dass wir Menschen Selbstheilungssysteme in unserer Sozialstruktur haben, mit denen wir Traumata verarbeiten. Deshalb ist es auch gar nicht sinnvoll, sich nach einem Trauma am gleichen Tag noch auf einen traumatisierten Menschen zu stürzen und ihn mit Trauma-Therapie zu überschütten. Erfahrene Trauma-Therapeuten werden eher etwas zuwarten, da sein, begleiten, wachsam sein. Wenn nach sechs bis acht Wochen die intrusive Symptomatik mit wiederkehrenden Bildern, Albträumen und Schlafstörungen noch so da ist wie am ersten Tag oder wenn sich eine konstriktive Depression anbahnt, dann muss gehandelt werden. Es gibt inzwischen gute Kriseninterventionsprogramme von 10 bis 15 Sitzungen, durch die die Entwicklung einer Posttraumatischen Belastungsstörung zu fast 100% verhindert werden kann – wenn nicht Vortraumatisierungen und Vorschädigungen vorgelegen haben (Schäfer et al. 2006b). Gab es zum Zeitpunkt der Traumatisierung bereits eine Borderline-Persönlichkeitsstörung, eine Suchtkrankheit, eine schwere Depression oder eine Angsterkrankung, dann kommt es zu ganz komplizierten Interaktionen, die natürlich eine längerfristige Behandlung benötigen als eine solche Krisenintervention (Sachsse 2004).

In der Krisenintervention wird die Trauma-Therapeutin zunächst alle gesunden Seiten der Patientin stärken. Sie wird ihre **Ressourcen** suchen, ihre Fähigkeiten, ihre gesunden Anteile, ihre Lebenserfolge. Diese Seiten werden gezielt aufgesucht, intensiviert, bestätigt, und die Patientin soll Dinge tun, die ihr vor dem Trauma gut getan haben und die sie genossen hat.

Dann wird mit einigen wenigen Sitzungen **Trauma-Exposition** das traumatische Ereignis gezielt aufgesucht. Als Techniken haben sich drei Verfahren durchgesetzt. Am längsten bekannt sind imaginative Verfahren, die als **Bildschirm-Technik oder TV-Technik** bekannt sind. Dabei sieht die Traumatisierte das Trauma als Film von außen. Sie ist Betrachterin des Ereignisses, schaut es sich dissoziiert von außen an und wird von der Therapeutin dabei unterstützt, von ihren Gefühlen nicht überwältigt zu werden, den Realitätsbezug nicht zu verlieren und wieder in das alte Ereignis hereinzurutschen. Mit bestimmten Vorgehensweisen kann die Traumatisierte dann in das Bild hineingehen, das Geschehen assoziiert erleben und wieder heraustreten, dissoziiert von außen betrachten. So etwas machen wir meist spontan, es läuft automatisch ab. Wir stecken drin in der Situation, betrachten sie von außen, stecken drin, betrachten sie von außen, stecken drin usw. Dieser Vorgang wird therapeutisch begleitet und sehr aktiv gesteuert.

Das Gleiche gilt für die **Prolongierte Exposition**, ein verhaltenstherapeutisches Verfahren. Dabei lernt die Patientin Selbststabilisierung über Atemtechniken, aktiviert dann traumatische Erfahrungen mit möglichst vielen Sinneseindrücken und bleibt in dieser Erfahrung, bis sie sich wieder beruhigt hat, bis die Situation „habituiert" ist. Ein solcher Vorgang darf nicht abgebrochen werden, weil dann die Lernerfahrung zurückbleibt: „Ich bin dem Trauma nicht gewachsen, ich werde von meinen inneren Vorgängen überflutet, ich bin hilflos. Früher hat das Trauma mich überwältigt, jetzt überwältigt mich die Erinnerung an das Trauma." Das ist ein unguter Therapieverlauf, den die Therapeutin verhindern muss.

Die dritte Technik nennt sich **Eye Movement Desensitization and Reprocessing** (EMDR, Hofmann 1999). Auf den ersten Blick wirkt sie wie Hokuspokus und Scharlatanerie. Die Patientin wird aufgefordert, in einer bestimmten Form gesteuert das traumatische Ereignis zu aktivieren, sich selbst zu triggern, und während sie es erlebt, soll sie mit den Augen Bewegungen von rechts nach links machen. Diese bilaterale Stimulierung des Gehirns lässt sich auch durch akustische Reize herbeiführen, durch Handtaps auf den Handrücken oder die Kniescheibe. Dieses Vorgehen wirkt nachweislich auf mehreren Ebenen. Einmal beruhigt es im Zustand der Übererregung. Es ist nachgewiesen, dass das Vegetativum ruhiger wird, der Herzschlag sinkt und der Hautwiderstand ebenso. Gleichzeitig laufen offenkundig traumähnliche Verarbeitungsprozesse ab. Es ist immer wieder faszinierend zu beobachten, wie das Gehirn das traumatische Ereignis verarbeitet und einbaut in seine bisherige Erfahrungswelt. Und genau hier liegt für den Juristen das Problem.

Wir haben bereits darauf hingewiesen, dass unser Gedächtnis keine historischen Wahrheiten abbilden will, sondern die Welt danach absucht, was uns hilfreich ist und unser Überleben erleichtert oder ermöglicht. Ein Trauma wird von einem Menschen in seinen bisherigen Lebenserfahrungstext eingebaut. Kleinigkeiten werden verändert, das Trauma wird erträglich gemacht, es verliert seinen überwältigenden Charakter und wird zu einer Erinnerung. Das genau ist auch das Ziel der Trauma-Therapie. Eine solche Verarbeitung traumatischer Inhalte, eine solche Integration geschieht natürlich in jedem sozialen Kontext. Darum wird auch in einer Gerichtsverhandlung häufig gefragt: „Haben Sie denn auch mit anderen über das Geschehen gesprochen? War das Gesprächsthema im Verwandtenkreis und mit Ihrem Ehepartner?" Denn jede erfahrene Richterin kennt den Vorgang, dass soziale Dissonanz ausgeglichen wird. Ein Verkehrsunfall, fünf miteinander bekannte Zeugen; anfangs fünf verschiedene Sichtweisen, dann nähern diese Sichtweisen einander immer mehr an. Dieser normale Vorgang geschieht auch in einer Psychotherapie, weil unser Gehirn einfach so funktioniert.

Deshalb noch einmal: Die Aussage eines Opfers ist nichts anderes als ein Tatortbefund. Wissenschaftlich ist es am besten, diese Aussage einmal oder zweimal relativ nahe am Tatgeschehen festzuhalten, zu dokumentieren und in dieser Form wie einen Tatortbefund im Strafprozess zur Verfügung zu stellen. Dann muss das Opfer therapeutisch behandelt werden können. Seine körperlichen Wunden müssen heilen können, aber auch sein Gehirn muss heilen können.

Während es bei Akuttraumatisierungen nur um Nuancen der Verarbeitung geht, die sicher so auch schon bei einem guten Gespräch mit der besten Freundin oder nahen Angehörigen eintreten können, wird die Situation sehr kompliziert bei Traumatisierungen, die lange zurückliegen oder gar in der Kindheit und Jugend geschehen sind. Hierzu verweisen wir auf das Kapitel 6 (Abschnitt 6.1, „Das Glaubwürdigkeitsgutachten"), in dem auf diese Problematik noch etwas genauer eingegangen wird.

Literatur

Dilling H, Mombour W et al. (Hrsg) (1994). Internationale Klassifikation psychischer Störungen ICD-10, Kapitel V. Bern: Huber.

Flatten G, Hofmann A et al. (2001). Posttraumatische Belastungsstörung. Leitlinie und Quellentext. Leitlinien Psychosomatische Medizin und Psychotherapie. Stuttgart, New York: Schattauer.

Hofmann A (1999). EMDR in der Therapie psychotraumatischer Belastungssyndrome. Stuttgart, New York: Thieme.

Kernberg OF, Dulz B, Sachsse U (Hrsg) (2000). Handbuch der Borderline-Persönlichkeitsstörungen. Stuttgart, New York: Schattauer.

Panksepp J (1998). Affective Neuroscience. The foundations of human and animal emotions. New York, Oxford: Oxford University Press.

Sachsse U (2004). Traumazentrierte Psychotherapie. Theorie, Klinik und Praxis. Stuttgart, New York: Schattauer.

Saß H et al. (1994). Diagnostisches und Statistisches Manual Psychischer Störungen DSM-IV. Göttingen, Bern, Toronto, Seattle: Hogrefe.

Schäfer U, Rüther E, Sachsse U (2006a). Borderline-Störungen. Ein Ratgeber für Betroffene und Angehörige. Göttingen: Vandenhoeck & Ruprecht.

Schäfer U, Rüther E, Sachsse U (2006b). Hilfe und Selbsthilfe nach einem Trauma. Ein Ratgeber für seelisch schwer belastete Menschen und ihre Angehörigen. Göttingen: Vandenhoeck & Ruprecht.

19   Anzeigen! – Anzeigen?

Wir sind am Ende unseres Ausflugs durch zwei unterschiedliche Welten angekommen. Am Ende steht die Frage: Kann einer Patientin, kann einer Klientin geraten werden, einen Täter anzuzeigen, oder besser nicht?

Die Antwort darauf sollte auf keinen Fall emotional erfolgen. Emotional wäre eine Antwort in Überidentifikation mit der Patientin, überengagiert oder gar naiv. Die Antwort sollte rational, nüchtern, ausgewogen und informiert erfolgen. Damit Therapeutinnen informiert und kompetent beraten können, wurde dieses Buch geschrieben.

Es ist uneingeschränkt zu empfehlen, alle möglichen sicherbaren Spuren unmittelbar nach einer Straftat so schnell wie möglich sichern zu lassen. Wenn der Weg nicht gleich über die Ermittlungsbehörden, über die Polizei gehen soll, dann ist in jedem Fall eine rasche Spurensicherung durch eine kompetente Gynäkologin sinnvoll und auch unschädlich. Diese Gynäkologin kann unter Schweigepflicht gestellt werden, das Opfer kann aber auf diese Spuren dann zurückgreifen, wenn es sich doch noch zu einer Anzeige entschließt.

Sinnvoll sind Anzeigen meistens dann, wenn die Straftat kurze Zeit zurückliegt. Liegen dann auch noch Spuren vor, so gibt es doch eine gewisse Wahrscheinlichkeit, dass das Geschehen angezeigt wird und eine Hauptverhandlung folgt. In dieser Zeit ist stabilisierende Psychotherapie sinnvoll. Viele Psychotherapeutinnen sind aber auf diesem Feld nicht spezifisch kompetent und ausgebildet. Sie sollten sich dann nicht scheuen, die Unterstützung etwa von Frauenberatungsstellen oder Opferhilfebüros mit in Anspruch zu nehmen. Und sie sollten ihrer Patientin so rasch wie möglich einen Nebenklage-Anwalt oder eine Nebenklage-Anwältin vermitteln.

Je länger die Straftat zurückliegt und je psychisch kränker und gestörter die Patientin war oder ist, umso unwahrscheinlicher wird eine Verurteilung. Dann können die Belastung des Ermittlungsverfahrens, die mögliche Zerstörung der Familie und die Enttäuschung durch das Einstellen des Verfahrens oder den Freispruch sehr viel mehr schaden als nutzen.

Schwierig wird es, wenn ein Opfer Hinweise hat, dass ein Täter auch in der nächsten Generation wieder sexuell übergriffig handelt. Dann kann es auch sinnvoll sein, eine Anzeige ohne Aussicht auf Anklage oder Verurteilung zu erstatten. Die Anzeige würde dann nur dazu dienen, dem Täter unmissverständlich zu verdeutlichen: Deine Taten bleiben nicht verborgen, sie werden der Polizei zur Kenntnis gebracht, du gehst ein Risiko ein.

Die kompetente Begleitung eines Opfers im Ermittlungsverfahren bis zur Hauptverhandlung und zum Urteil ist im Grunde genommen ein Ablauf, an dem mehrere Professionen beteiligt sein sollten. Der Staatsanwalt sollte objektiv alles ermitteln, was den Täter entlastet und belastet. Die Polizei sollte vernehmen, Spuren sichern, inhaftieren. Der Weiße Ring, das Opferhilfebüro oder die Beratungsstelle sollten stützen, über die Abläufe im Prozess informieren, das juristische Denken nahe bringen und dabei beraten, eine kompetente Rechtsanwältin oder einen kompetenten Rechtsanwalt als Nebenklagevertreter zu gewinnen. Der Nebenklagevertreter sollte alle juristischen Möglichkeiten nutzen, das Opfer zu schützen, dem Opfer zu seinen Rechten zu verhelfen und bei der Wahrheitsfindung aus Opferperspektive mitzuwirken. Der Therapeut sollte über die juristischen Prozesse informiert genug sein, um die Realitätsprüfung aufrechtzuerhalten, Wissen zu vermitteln, Verteidiger zu entdämonisieren, Funktionen zu erklären und kompetent zu stabilisieren.

> Wenn jeder genau das tut, wofür er ausgebildet worden ist, was seine Funktion ist und was er gut beherrscht, und wenn jeder dann noch den Kompetenzen und Funktionen der anderen informiert und mit Respekt begegnet, dann steht einem Erfolg der Veranstaltung „Juristischer Prozess" nichts mehr im Wege. Jeder tue das, was er am besten beherrscht und wofür er ausgebildet ist.

Oder noch einmal anders herum: Eine Staatsanwältin ist kein psychotherapeutisches Hilfspersonal zur Optimierung der psychotherapeutischen Effizienz. Ein Psychotherapeut ist kein juristisches Hilfspersonal zur Optimierung der Aussage eines Zeugen oder Opfers. Juristen sind nicht dazu da, Psychotherapie zu verbessern. Psychotherapeuten sind nicht dazu da, der Wahrheit im Prozess zum Sieg zu verhelfen.

Die Zeiten sind vorbei, als Priesterkönige oder Priesterköniginnen alles waren: Ärzte, Psychotherapeuten, Priester, Richter und Herrscher der Stadt. Eigentlich schade, dass diese Funktionen heute alle auseinanderfallen.

Oder ist es nicht so vielleicht doch besser, wie es heute ist?

Sachverzeichnis